东华理工大学学术专著出版基金资助

涂海丽 ◎ 著

社会化电子商务推荐模型研究

Research on Social Commerce
Recommending Model

中国财经出版传媒集团
经济科学出版社
Economic Science Press

图书在版编目（CIP）数据

社会化电子商务推荐模型研究/涂海丽著 . —北京：
经济科学出版社，2018.7

ISBN 978 - 7 - 5141 - 9575 - 0

Ⅰ. ①社…　Ⅱ. ①涂…　Ⅲ. ①电子商务 - 研究

Ⅳ. ①F713. 36

中国版本图书馆 CIP 数据核字（2018）第 169180 号

责任编辑：李　雪
责任校对：隗立娜
责任印制：邱　天

社会化电子商务推荐模型研究

涂海丽　著

经济科学出版社出版、发行　新华书店经销

社址：北京市海淀区阜成路甲 28 号　邮编：100142

总编部电话：010 - 88191217　发行部电话：010 - 88191522

网址：www. esp. com. cn

电子邮件：esp@ esp. com. cn

天猫网店：经济科学出版社旗舰店

网址：http：//jjkxcbs. tmall. com

固安华明印业有限公司印装

710 × 1000　16 开　17. 75 印张　260000 字

2018 年 7 月第 1 版　2018 年 7 月第 1 次印刷

ISBN 978 - 7 - 5141 - 9575 - 0　定价：60. 00 元

（图书出现印装问题，本社负责调换。电话：010 - 88191510）

（版权所有　侵权必究　打击盗版　举报热线：010 - 88191661

QQ：2242791300　营销中心电话：010 - 88191537

电子邮箱：dbts@ esp. com. cn）

前　　言

　　社会化电子商务是指融合社会化媒体特征的一种电子商务衍生形式，通过运用 Web 2.0 技术，给予消费者购物过程中广泛参与、分享和互动，以辅助用户做出购买决策、促进产品或服务销售。社会化电子商务相对于传统电子商务最大的特点是充分满足用户社会化购物的需求，将现实生活中人们购买商品前后向信任的人咨询、相互推荐、分享商品信息的需求通过网络环境来满足，提供了一个用户参与、用户分享、用户交互的在线交易平台。

　　社会化电子商务中用户的大量参与产生的社会关系网络和用户生成内容是用户需求挖掘的重要源泉，而如果不对这些内容进行组织和利用将会产生新的信息过载，让消费者再次陷入因信息来源过多而难以全面获取和正确选择，以致最终还是花巨大时间和精力成本才能找到所需商品的无奈境地。商品推荐被认为是解决信息过载的有效手段，通过商品推荐可以将消费者可能需要的产品主动推荐给消费者。传统的推荐方法虽然能够实现商品信息的有序组织，有效缓解信息过载的同时提高了商品个性化服务水平，但由于商品属性的复杂性和推荐所需数据的稀疏性，导致推荐的准确性并不理想。

　　本书从社会化元素利用的角度出发，以面向用户的商业个性化服务为目标，用户需求挖掘为基础，提出面向社会化电子商务环境下的商品推荐模型研究。该模型主要基于用户需求层次划分中的社交需求、尊重需求以及自我价值实现的需求在社会化电子商务中的具体体现，将本书研究的商品推荐体系分为三个部分：基于信任关系的推荐、基于评论挖掘的推荐和基于标签—本体的推荐。分别运用合适的算法，实现每个方法的推荐并进行实验分析。

本书是面向应用的理论和方法研究，全文共8章，各章节主要内容如下：

（1）引言部分

阐述了本书研究的背景和意义，梳理了商品推荐的研究现状，提出了本书研究的目标、内容和思路。首先，从宏观环境与微观需求、现实矛盾与技术瓶颈等方面阐述了本书研究的必要性，从提高商品服务质量的现实意义、丰富与拓展知识的理论意义两方面阐述了研究意义；其次，通过国内外文献计量分析，将目前关于商品推荐研究分为基于传统推荐技术及其改进的研究、用户建模、基于数据挖掘技术的推荐、基于语义与本体的推荐、基于大数据技术的推荐和社会化推荐几大主题；最后，提出社会化电子商务环境下的商品推荐研究要达到的目标、研究的主要内容、研究方法及技术路线。

（2）理论基础部分

梳理了相关概念和研究的理论基础，界定了本书研究问题。首先，厘清了本书的研究对象——社会化电子商务，包括定义、类型与特征，为后续用户需求数据源的获取提供依据；其次，梳理了用户需求相关概念、马斯洛需求层次理论和需求建模的一般过程和基本方法，为后续社会化电子商务用户需求建模及推荐模型框架的提出提供理论指导，对传统电子商务推荐方法进行了梳理，为本书商品推荐提供思路上的借鉴；再次，对消费者购买行为及其心理倾向理论进行疏导，为研究用户需求产生原因提供理论依据；最后，本书试图在数据稀疏性、推荐的准确性和用户需求漂移等问题的改进方面进行研究。

（3）研究了社会化电子商务中的用户需求模型构建

本章阐述了社会化电子商务用户需求模型构建过程，根据社会化电子商务用户行为特征和用户模型构建的一般过程构建了社会化电子商务用户需求模型，然后分别分析了用户需求获取、表示、模型更新的过程和方法。本章确定用户生成内容、用户社交关系作为用户需求获取的主要信息源。针对用户标签，获取用户标签进行预处理后，用权重标签表达用户需求；针对用户社交关系中隐含的用户需求，先基于社会关系网络构建用户信任网络，计算用户之间的信任度值，为基于信任的推荐提供依据；针对用户评论，进行情感倾向分类，并向用户需求转化，为后续章节基于评论挖掘的推荐提供数据源。本章内容是后续开展面向社会化电子商务推荐的前提和基础。

（4）面向社会化电子商务推荐模型的总体阐述

首先，根据网络消费者购物流程分析了用户的行为和需求表现；其次，根据马斯洛需求层次理论及社会化电子商务特征，分析了用户的社交需求、尊重需求、自我实现的需求分别具体表现为社会化电子商务中用户的社会关系、产品评论和购物分享（主要表现形式为社会化标签）；最后，通过社会关系挖掘用户之间的信任关系、通过产品评论挖掘用户的偏好、通过购物分享挖掘用户的购物兴趣，在此基础上，总结了基于信任关系的商品推荐、基于评论挖掘的商品推荐和基于兴趣标签—本体的商品推荐的方法体系。本章内容是后面商品推荐研究的总体框架，为后续研究提供逻辑上的梳理。

（5）基于标签—本体的商品推荐研究

在总结相关文献的基础上，本章提出一种社会化电子商务环境下基于标签—本体的商品推荐模型。综合考虑用户使用标签的频繁度和标注日期远近因素来计算用户对产品的偏好，并基于标签特征和电子商务网站中商品检索中的检索条件，构建某一主题商务社区中商品本体，利用本体规范化用户标签语义，并对商品进行分类，然后寻找含有用户偏好的类簇，计算该类簇中商品与用户偏好商品的相似度，将与用户偏好相似的商品推荐给用户，实现个性化推荐。实验证明，基于标签—本体的商品推荐方法较利用标签的协同过滤推荐方法更有效。

（6）基于隐性信任的商品推荐研究

总结用户之间信任的影响因素——用户之间的互动关系（具体包括

关注、评论与回复)、互动用户的社会影响力(粉丝人数与自己关注人数之比)、用户之间的联系频率(评论与回复的次数)作为构建社会化电子商务用户之间信任关系的潜在因子、构建社会化电子商务用户之间的信任网络,将这些潜在因子作为信任值计算的依据,并设置相应的权重,计算此信任网络中的直接信任度,根据信任网络的传递性,计算间接信任度。结合用户信任度和用户关于商品的兴趣相关度(用户标签的相似度),构建信任值、商品兴趣相似度综合推荐算法,预测用户评分,将得分高的商品推荐给目标用户。实验表明,考虑信任影响因子权重的推荐效果明显好于仅基于二值信任得到的推荐。

(7)基于评论挖掘的商品推荐研究

通过用户关于产品评论的挖掘,构建用户偏好模型,预测用户对未评分产品的满意度,将满意度高的 k 个产品推荐给用户。首先,在明确定义问题的基础上,构建了本章的方法模型,基于此方法模型,研究内容分为三个阶段:第一阶段是评论挖掘阶段,对评论中提取的主观句进行特征—意见词抽取,补充隐含特征,设置情感极性值规则,计算所有产品的所有特征的情感极性均值及其总评均值。第二阶段是用户偏好计算阶段,通过用户评论过的特征及其情感极性值对用户分类,计算用户对产品特征的关注度和需求度,并基于关注度和需求度计算用户对产品特征的偏好程度。第三阶段是产品推荐阶段,根据用户的偏好程度预测用户对每个产品的满意度,将满意度高的 k 个产品作为推荐的候选产品,过滤掉部分相似度低或价格相差太远的产品,将其余产品推荐给目标用户;最后,实验验证了该方法相对基于评分的协同过滤推荐方法具有更高的准确度。

(8)全书总结和展望

对本书研究的主要内容进行了总结,并指出了各阶段研究的不足,提出了进一步研究的方向。

目录

1 引言 / 1

1.1 选题背景与研究意义 / 3

1.1.1 选题背景 / 3

1.1.2 研究意义 / 9

1.2 商品推荐的国内外研究现状 / 11

1.2.1 国内研究现状 / 13

1.2.2 国外研究现状 / 23

1.2.3 国内外研究述评 / 40

1.3 研究内容、方法与创新点 / 42

1.3.1 研究目标与内容 / 42

1.3.2 研究思路与方法 / 44

1.3.3 创新之处 / 46

2 社会化电子商务推荐理论基础 / 48

2.1 社会化电子商务基本理论 / 48

2.1.1 社会化电子商务的概念与特征 / 49

2.1.2 社会化电子商务的分类 / 58

2.1.3 面向社会化电子商务的推荐 / 61

2.2 用户需求相关理论 / 62

    2.2.1 用户需求、偏好与兴趣 / 62

    2.2.2 马斯洛需求层次理论 / 68

    2.2.3 用户需求建模过程及方法 / 69

    2.2.4 社会化电子商务中的用户需求 / 74

2.3 电子商务推荐理论 / 75

    2.3.1 电子商务推荐系统原理与分类 / 76

    2.3.2 主要推荐方法 / 78

    2.3.3 社会化推荐 / 83

    2.3.4 推荐效果评价指标与方法 / 85

2.4 消费者心理与行为理论 / 87

    2.4.1 消费心理理论 / 87

    2.4.2 消费者行为理论 / 91

2.5 研究问题界定 / 95

2.6 本章小结 / 97

3 社会化电子商务用户需求建模 / 99

3.1 社会化电子商务中用户需求获取 / 101

    3.1.1 社会化电子商务中的用户需求信息源 / 101

    3.1.2 社会化电子商务中用户需求获取方法 / 103

3.2 社会化电子商务用户需求表示 / 106

    3.2.1 基于标签的用户需求向量空间表示 / 107

    3.2.2 社交关系中的用户需求表示 / 108

    3.2.3 社区评论中的用户需求表示 / 110

3.3 用户需求模型的更新 / 113

    3.3.1 用户需求模型更新方法 / 113

    3.3.2 社会化电子商务用户需求模型的更新 / 114

3.4 本章小结 / 116

4 社会化电子商务推荐的模型框架 / 117

4.1 社会化电子商务推荐模型框架的构建 / 119

4.1.1 社会化电子商务中的用户行为 / 119

4.1.2 社会化电子商务中的用户需求表现 / 123

4.1.3 社会化电子商务中的商品推荐思路 / 125

4.2 社会化电子商务中的商品推荐方法体系 / 127

4.2.1 基于标签—本体的商品推荐方法 / 130

4.2.2 基于信任关系的商品推荐方法 / 131

4.2.3 基于评论挖掘的商品推荐方法 / 133

4.3 本章小结 / 135

5 基于标签—本体的商品推荐 / 137

5.1 基于标签—本体的商品推荐问题定义 / 140

5.2 基于标签—本体的商品推荐模型构建 / 145

5.2.1 产品本体构建 / 146

5.2.2 用户偏好建模 / 153

5.2.3 个性化商品推荐 / 158

5.3 实验及结果分析 / 160

5.3.1 实验数据的描述与处理 / 160

5.3.2 数据分析 / 161

5.3.3 实验对比与结果分析 / 163

5.4 基于标签—本体的商品推荐的适用平台 / 166

5.4.1 基于标签—本体的商品推荐的应用前提、优缺点 / 166

5.4.2 基于标签—本体的商品推荐的应用平台归纳 / 167

5.5 本章小结 / 168

6 基于信任关系的商品推荐 / 169

6.1 基于信任关系的商品推荐理论基础与问题定义 / 171

6.1.1 信任相关理论 / 171

6.1.2 社会化电子商务中用户之间信任的影响因素 / 176

6.1.3 基于信任关系的商品推荐问题定义 / 179

6.2 基于信任关系的商品推荐模型构建 / 182

6.2.1 用户信任网络构建 / 185

6.2.2 用户之间信任度计算 / 187

6.2.3 基于标签的用户兴趣相似度计算 / 194

6.2.4 基于信任关系的商品推荐算法 / 194

6.3 实验及结果分析 / 196

6.3.1 实验数据的描述与处理 / 196

6.3.2 评估指标与对比方法 / 197

6.3.3 实验与结果讨论 / 198

6.4 基于信任关系的商品推荐的适用平台 / 200

6.4.1 基于信任关系的商品推荐的应用前提、优缺点 / 200

6.4.2 基于信任关系的商品推荐的应用平台归纳 / 201

6.5 本章小结 / 201

7 基于评论挖掘的商品推荐 / 203

7.1 基于评论挖掘的商品推荐问题定义 / 204

7.1.1 基于评论挖掘的推荐问题描述 / 204

7.1.2 基于评论挖掘的推荐框架 / 206

7.2 面向商品推荐的评论挖掘 / 210

7.2.1 评论数据收集与预处理 / 210

7.2.2 特征—意见对抽取 / 212

7.2.3 情感极性判断及产品评分计算 / 218

7.3　用户偏好分析 / 221

　　7.3.1　基于消费心理理论的评论用户分类 / 221

　　7.3.2　基于关注度与需求度的用户满意度计算 / 224

7.4　个性化商品推荐 / 226

　　7.4.1　商品相似度计算 / 226

　　7.4.2　基于用户满意度的商品协同推荐 / 227

7.5　实验及结果分析 / 228

　　7.5.1　实验数据的描述与处理 / 228

　　7.5.2　推荐测评方法与结果 / 230

7.6　基于评论挖掘的商品推荐的应用平台 / 231

　　7.6.1　基于评论挖掘的商品推荐的应用前提、优缺点 / 231

　　7.6.2　基于评论挖掘的商品推荐的应用平台归纳 / 232

7.7　本章小结 / 233

8　总结与展望 / 234

8.1　总结 / 235

8.2　不足 / 239

8.3　展望 / 241

参考文献 / 243

后记 / 269

引　言

　　2005 年，雅虎平台上首次出现"social commerce"（社会化电子商务，简称社会化商务）一词，但直到 2007 年，该词才在学术期刊上出现。近几年，受社会化媒体发展的推动，社会化电子商务得到了学术界和业界的广泛关注，来自市场营销、计算机技术、社会学、心理学等领域的学者对社会化电子商务的概念定义、商业模式类型划分等方面进行了理论研究。由于社会化电子商务受关注领域的不同，目前人们对社会化电子商务还没有统一的认识。市场营销领域的学者认为以 Web 2.0 为标志的社会化媒体工具为网络营销提供了新的技术支持，它有利于帮助消费者决策，促进购买达成，将是网络市场新的发展趋势；计算机技术领域的学者认为社会化电子商务是 Web 2.0 技术及互动平台在商业环境中的组合运用；社会学领域的学者关注社会影响对于个人购买的促进或负面作用，而网络社区是其典型环境，也是公司重点利用的；心理学的学者也对社会化电子商务进行了定义，认为消费者之间有交流的需求，而移植利用社会化媒体的用户广泛参与特征，可以大大提高消费者网络购物体验，使得人们在购物中可以广泛交流，提供或获得具有重要价值的购物参考信息。

　　本书认为，社会化电子商务（social commerce），又称社交电子商务，简称社会化商务，是社会化媒体（social media）与电子商务融合催生的一种新的商业模式，即基于社会化媒体的广泛用户参与，将用户分享内容和用户互动关系融入传统电子商务过程的一种商务活动，以支持用户购买决策和促进销售。

国内外传统电子商务平台向社会化电子商务平台延伸以及社会化媒体平台的商务化运作都已经开展。脸书自 2011 年开始，尝试该平台向电子商务平台的链接指引和在脸书上开店；高朋通过千万买家互动实现向卖家的讨价还价；天涯社区 2010 年 30% 的收入来自电子商务网站；淘宝的淘江湖和淘帮派实现来自草根的购物达人购物经验分享，增强用户信任，实现销售促进；京东商城 3C 产品评论社区聚集了大量评论库。据《金融时报》消息，近几年，美国社会化电子商务网站数量每年在成倍增长。我国的大部分电子商务网站也都融入了社区、评论、用户生成的商品内容、用户推荐、社交媒体工具等让用户广泛参与的社会化元素。同时，也不断涌现出新的社会化电子商务运作模式，社会化电子商务的时代已经来临。

当大量社会化元素与电子商务融合时，更大量的用户生成内容和商品信息将会产生，这势必会产生新的信息过载，使得消费者很难从大量用户评论、分享的商品信息中获得自己想要的商品信息。而商品推荐被称为是解决商品信息过载的有效途径，同时，传统商品推荐方法较少考虑用户生成内容和用户关系等社交特征，存在推荐不准确、数据稀疏性等问题。因此，利用社会化电子商务的社会化特征实现商品推荐，既可以缓解社会化电子商务环境下新的信息过载问题，又可以获得新的隐式评分数据，提高传统推荐方法的效果，是一项重要的研究课题。

社会化电子商务环境下的个性化推荐研究目前只有为数不多的成果，且大多只针对单一要素的推荐研究，如基于信任关系的推荐，缺乏从整体的视角提出面向多种社会化电子商务要素的个性化推荐框架和模型。基于此，本书从社会化电子商务用户行为入手，挖掘用户需求，从而提出面向社会化电子商务的个性化推荐框架，基于此框架，研究社会化电子商务个性化推荐的实现方法，并进行实证，以期丰富社会化电子商务理论，为社会化电子商务环境下的销售促进、提升用户体验、提高顾客满意度和忠诚度提供实践参考。

1.1　选题背景与研究意义

1.1.1　选题背景

（1）电子商务与社交媒体的融合催生了社会化电子商务的兴起

自 20 世纪 90 年代中后期中国电子商务开始以来，中国网购人群和交易额逐年上升。2014 年中国的网购用户数量达到 3.61 亿人，占网民总数的 55.7%，电子商务交易额超 13 万亿元，中国的阿里巴巴、腾讯、百度和京东商城 4 家互联网企业居全球网络企业前 10 强之列，互联网经济成为中国经济的最大增长点。而 21 世纪初兴起的社交媒体发展至今也已呈现多元化格局，微信、微博、社交网站、博客、论坛等社交媒体（social media）为广大网民提供了一个宽松的自由分享、参与评论、广泛交流、内容生成、兴趣收藏的平台和环境。2014 年中国的社交媒体应用中，QQ、微信等即时通信的使用者已达到网民总数的 90%，使用社交网站（包含 QQ 空间）的用户已占 61.7%，使用微博的用户达到 43.6%[①]。

从宏观上看，经过多年的平台完善和人气聚集，电子商务网站和社交媒体的运营逐步走向成熟、稳健和专业化。然而，随着发展走向纵深区，各自遇到了发展的困境：电子商务网站缺用户参与，社交媒体缺内

---

① 第 35 次中国互联网络发展状况统计报告 [EB/OL]. [2015 - 02 - 03]. http://www. cnnic. net. cn/hlwfzyj/hlwxzbg/hlwtjbg/201502/t20150203_51634. htm.

容。凑巧的是，双方所缺正是对方所有，于是电子商务与社交媒体的融合成为一件顺理成章的事。

从微观上看，随着社交媒体的广泛应用，消费者并不满足于单纯的网络购物，他们自然而然地想到把社交媒体与网络购物相结合：人们会在选购商品的时候参考其他已购该商品的用户关于该商品的评论，也会信任亲人、朋友、熟人甚至网购达人对该商品的推荐，最终做出理性的购买决策；在购买过程中，人们也会借助在线社交工具与商家讨价还价或商讨配送事宜；在购买结束后，人们不忘在社交媒体上对满意的商品或商家进行赞美、分享和推荐一番，或对不满意的商品发一顿牢骚。商家为了迎合消费者这种网购需求趋势的变化，更是看准了社交媒体对产品宣传推广、营销体验、客户管理等社会化的一面，也纷纷通过电子商务平台与社交媒体的融合，来辅助商品的购买和销售行为，从而推动着电子商务向社会化电子商务迈进。

因此，探索同时拥有社交和商务两种功能的社会化电子商务的有效运作模式成为一个重要的研究方向。

（2）用户需求日趋复杂多变，需求获取难度加大

仇学琴（2001）认为，需求之所以能产生，其根本原因是客观缺乏与主观愿望的矛盾状态，这种矛盾状态促使主体不断地去自动平衡，这种自动平衡倾向称为需求①。这种动态平衡过程通过内在因素和外在因素的共同作用，引导需求向动机和行为转化。其中，内在因素包括人的性格、心理和认知，外在因素包括人口统计学特征，如性别、年龄、家庭型态、居住地等；社会环境，如职业、收入、教育程度、社会地位等。由此可见，需求是一个动态概念，它有高度的时空和情境依赖性，随着时空的变化，需求会发生质和量的变化；随着情境的不同，需求呈现由此及彼的迁移。按照不同的标准，可将需求分为不同的类型。如按

① 仇学琴. 论情感分享与饭店营销［J］. 思想战线（云南大学人文社会科学学报），2001（3）：42－441.

照需求持续的时间，分为长期需求和短期需求；按照需求的呈现程度，将需求分为显性需求和隐性需求，前者指有具体满足物的、已经意识到的、能够清楚表达出来的需求，后者指潜意识、未明确表述的需求。从以上需求的本质和影响因素可见需求的多变性，从分类的多样性足见其复杂性。

需求的获取是用户需求建模的基础，而需求建模的目的是为了准确描述用户需求，以便提供个性化的推荐。因此，研究推荐问题必须先准确定位用户需求。目前，研究用户需求获取一般先按需求的呈现程度分类，然后进行需求的转化。显性需求一般通过调研的方法来获取；隐性需求是在行动、意志、情感和认知四个层面的缺失状态，由于隐性需求的复杂性和经济价值，挖掘用户隐性需求既是一项具有难度，同时又是值得研究的课题，成为用户需求研究领域学者的关注重点。关于隐性需求开发，各种方法被国内外学者提出。这些方法归纳起来分为两类，社会调查法和数理分析法。前者在社科研究中较为常见，如访谈、观察；后者则是自科研究中关于需求挖掘或获取的主要方法，如数据挖掘中的分类、聚类和关联分析，基于统计学的方法以及基于系统动力学方法等。虽然这些方法在研究不同行业或领域的用户需求问题时应用广泛，但其效果究竟如何，难以给出确定的评价，这些方法是否适用于其他领域，即是否具有可扩展性，或有没有一种方法能够获得广泛认可，也不得而知。

网络是一个虚拟的环境，很难通过听其言、观其行的方法来描述和推测用户需求，尤其是社交媒体环境下，虽有大量的用户生成内容和社会网络关系，蕴含着大量用户需求信息有待挖掘，但其体量大、异构、复杂的特性，更是加大了用户需求获取的难度。

（3）庞大网络用户群和海量消费信息与精准营销之间的矛盾

电子商务网站中沉淀着大量的用户及其消费信息，社交媒体中也承载着大量消费者关系以及消费者生成内容（CGC），这些信息中都蕴含了消费者的兴趣偏好、行为规律和需求动向，为用户需求的获取提供了丰富数据源，有待深入挖掘和充分利用。然而这些数据的特点注定了获取和利用的难度：首先，这些数据都游离在不同的电子商务网站的服务器中，多源异构；其次，这些数据涉及商业机密和用户隐私，不可能从不同的电子商务网站中全面获取某个人或某群人的消费信息来准确研究其行为规律和需求动向；再次，正是因为体量大和更新快阻碍着有用信息的获取；最后，也是最关键的，用户需求不仅隐藏在用户行为中，而且随时随地在变化，靠跟踪捕捉用户需求的方法不太可行，只能靠尽量全面获取可能的需求因子来推测用户需求。

目前的大数据技术关注总体而非样本或个体，关注相关关系而非因果关系，关注效率而非精准定位，利用云计算、统计分析、数据挖掘等技术与方法，获得大数据有趣的模式和对使用者有价值的信息。这些模式或信息是一个概率结果或规律总结，并不能精确定位到某一个个体，这与目前营销管理领域倡导的精准营销是有差距的。精准营销（尤其是个性化推荐）要求从市场细分转为关注个体，通过分析个体消费者的特征、历史消费记录和情境，对个体需求进行判断和预测，为每一个消费者提供量身定做的产品或服务。因此，如何利用有效的方法从庞大网络用户群和海量消费信息中精准定位消费者，并准确分析其需求，从而提供个性化服务，是营销科学领域亟待解决的问题。

（4）推荐系统在解决信息过载的同时面临着技术瓶颈

Web 1.0 时代，网络上出现了铺天盖地的信息，用户可以免费接收大部分信息。到了 Web 2.0 时代，用户不仅可以免费接收到大量信息，也成了信息的主人，可以自己生成并管理信息内容。我们即将或正在迈入 Web 3.0 时代，有人说这个时代是物联网时代，不仅人可以产生信息，唱主角的恐怕是机器，信息的主要制造者将是机器设备。从 Web 1.0 到 Web 3.0 的演变过程中唯一不变的是信息的高速增长，世界上的数据经历着每 2 年增长一倍的增长速度（digital universe report，IDC）。人们正承受着从信息缺乏（information lack）的无奈到信息过载（information overload）的烦恼。信息过载指的是由于信息的高速增长，无用信息对人们的干扰增强，人们越来越难以从海量信息中找到自己需要的信息，信息获取难度加大，信息利用率下降。

解决信息过载问题的一个有效办法是主动推荐信息，它是通过分析用户的信息偏好、需求或兴趣，有针对性地主动向用户推荐项目（包括信息、产品、人或服务等）的个性化服务方案。其基本原理是：首先构建用户需求模块和推荐对象模块，然后运用合适的推荐算法进行计算筛选，将前者的兴趣需求信息与后者的特征信息匹配，将相匹配的项目推荐给对应的用户。推荐系统不仅能为用户提供个性化的服务，解决信息过载的问题，一个好的推荐系统还能在不泄漏用户隐私的前提下，持续为用户提供满意的服务，提高用户黏度。

但是，反观推荐系统的实际应用效果，却又有些令人尴尬的局面。越来越多的消费者对推荐系统产生抱怨："我一次就吃腻了，不要再天天向我推荐了""我已经买了台电视机，还在向我推荐，难道要让我再买一台吗""前几天已经买了件全棉 T 恤，还整天给我推荐，点进去一看，没一款适合我的体形"……这是推荐算法固有的缺陷造成的。以上抱怨反映的是基于历史购买记录的推荐不能动态更新、个性化程度低的问题。

因此，推荐的准确性、个性化、隐私保护问题成为用户关注的焦点。用户的心声是："我买了手机，你可以给我推荐耳机、手机套；到了夏季，可以给我推荐夏季服装、防晒霜、遮阳伞等；等到了冬季，可以推荐冬装、围巾、手套等""我在携程上订购了机票，就可推荐当地酒店、特产等""我买了孕妇防辐射服，七八个月之后就可以推送婴儿用品"。实际上最主流的协同过滤算法都存在数据稀疏性、冷启动、新用户和推荐质量受数据集的影响等问题，解决这些技术瓶颈问题，一直是推荐系统相关研究者的主要工作。

（5）社会化电子商务为商品推荐带来新的研究思路

社会化电子商务（social commerce）简称社会化商务，有狭义和广义之分：狭义的社会化电子商务是指借助社会化媒体的传播途径，通过利用用户关于产品信息或购买信息的生成内容以及用户社交互动等手段，来帮助用户进行购买决策，促进销售①。广义的社会化电子商务从组织战略视角来定义，指组织通过网络资源的整合和有效利用，来重塑品牌形象、提高与消费者沟通的效率、提升组织内部管理和创新商业模式②。不管是狭义的还是广义的定义，都强调社交网络的媒介与传播作用，都重视用户生成内容和用户交互，不同的是前者关注社交媒介和用户关系及其生成内容对销售促进的影响，后者还侧重于这些因素对组织管理和商业运作的影响。

广大网民使用社交网络逐步深入以及网络购物成为网民的一种习惯，二者共同推动着社会化电子商务的兴起。美国网民中有80%以上的用户使用社交网络，而花在社交网站和博客上的时间占了这些网民上网时间的将近四分之一，使用社交网络的网民中约有七成会同时通过网络购买商品。而社会化电子商务网站也成为了各种企业进行产品宣传和品牌植入的重要场所之一。权威咨询公司高德纳的一份报告显示，2015年，通过社交网络和移动互联网终端销售的产品占企业网络销售额的50%。据另一家著名的咨询公司思略特估计，2015年，300亿美元的销售额将在社会化电子商务网站中产生。中国网购者的分享意识也在突显，愿意在社交媒体或社会化电子商务网站中分享自己的购物经验及商品信息的网民，接近网民总数的25%，由于我国网民基数大，这个群体非常庞大。而接受推荐并有意愿购买的网民也超过35%。尼尔森发布的全球广告信任度调查显示③，91%的中国在线消费者不同程度地信任熟人所推荐的商品。

社会化电子商务相对传统电子商务而言掺入了社会化媒体的媒介传播功能，丰富了其营销手段，也更重视消费者的社会网络关系、消费者

---

① 社会化商业 [EB/OL]. [2014 - 10 - 01]. http://baike. baidu. com/view/4545837. htm.

② 社会化电子商务 [EB/OL]. [2015 - 05 - 05]. http://baike. baidu. com/view/4033709. htm.

③ 尼尔森. 全球消费者在线调查 [EB/OL]. [2009 - 07 - 20]. http://cn. nielsen. com/site/0720cn. shtml.

生成内容和意见领袖对商品销售的作用。商品推荐也可以尝试分析用户之间的信任关系、社群特征、消费者生成内容和购物达人的作用，以及这些要素的演化规律，发现并挖掘其隐含的用户需求（兴趣或偏好），开发合适的推荐算法，将需求与商品匹配，实现面向社会化电子商务的个性化推荐。

1.1.2　研究意义

在社会化电子商务兴起的今天，有效的商品推荐服务开展方式和手段对满足用户需求、增加商品销量乃至促进经济发展至关重要，需要相关的理论和技术支撑。多年来，学术界从多个视角对电子商务推荐系统进行了大量的研究探讨。但面向电子商务新的形势——社会化电子商务的推荐研究还处于摸索阶段，相关研究较少。本书将在对社会化电子商务的特征进行深入剖析的基础上，找出这些特征中隐藏的用户需求，实现面向社会化电子商务的个性化推荐，本书的研究具有如下理论意义和现实意义。

1.1.2.1　理论意义

（1）丰富了社会化电子商务理论知识

目前，国外社会化电子商务的理论研究主要侧重于社会化电子商务的定义、演化历程、商业模式、平台设计、网站用户接受、用户购买意愿及行为研究六个方面；国内在社会化电子商务方面的研究更少，侧重于社会化电子商务与传统电子商务的比较分析、用户在社交网站购物意愿与购物态度的影响因素的实证研究、基于社交网站的品牌传播策略研究、社会化电子商务的网站技术分析等。可见，国内外学者已经对社会化电子商务有了初步的探讨，但缺乏深入的理论研究和相关实践研究。本书拟从个性化推荐的视角，利用社会化电子商务中的社交网络特征、用户特征，研究社会化电子商务的技术改进，将丰富社会化电子商务理论知识。

（2）促进了多种方法与技术的融合

以往的研究运用多种技术解决用户建模中用户需求表达的全面性和推荐算法的准确性、有效性等问题。例如将人工智能技术中的遗传算法和神经网络等演化算法用于建构用户兴趣模型，融入情境等因素、混合多种推荐算法实现个性化推荐。本书将延续多种方法和技术融合的思路，运用统计分析、社会网络分析和时间切片等方法分析社会化电子商务中用户需求及其变化规律，在此基础上，使用隐式评分方法，实现个性化商品推荐。

（3）拓展了个性化商品推荐的研究视角

以往的个性化商品推荐研究主要侧重于电子商务环境下基于显式或隐式评分的推荐，对单一推荐算法进行改进或综合多种推荐算法，研究的侧重点集中在推荐算法的改进上，也有关于用户建模数据源的研究。而基于社会关系、社会标签的推荐方法主要用于社会化媒体中的信息推荐与好友推荐，很少用于商品推荐。本书尝试剖析社会化电子商务中用户兴趣、用户关系、用户生成内容等特征，挖掘用户需求及其变化规律，开展个性化商品推荐的研究，拓展个性化商品推荐的研究视角。

1.1.2.2　现实意义

（1）深度挖掘用户需求

社会化电子商务是社交媒体与电子商务的有机结合，其中沉淀了大量用户消费信息、用户兴趣偏好和用户关系信息，是用户需求挖掘的重要数据源。通过统计分析，可以了解用户的购物风格和购物习惯，从而推测用户在何时何境购买何物；通过用户简介、兴趣标签、转发内容、评论的帖子内容可以挖掘用户的兴趣偏好；通过社会网络分析，可以挖掘出用户之间的强弱关系、意见领袖以及具有相似偏好的用户；通过时间因素分析，可以发现用户需求的变化规律。

（2）提高推荐服务质量

良好的推荐效果不仅体现在准确性上，也体现在多样性和实时性上。本书通过基于内容的分析，保证推荐的准确性；通过用户—资源直接的相互联系和用户之间的信任关系，提高推荐的多样性，发现商品中的"睡美人"；通过需求随时间的运动规律的揭示，保证推荐的实时性，有效提升推荐服务质量。

1.2　商品推荐的国内外研究现状

个性化推荐作为解决网络环境下信息超载现象的有效方法，在电子商务、信息服务等领域取得了长足的发展，开发的个性化推荐系统在一些大型的电子商务网站应用效果明显，相关的理论研究成果斐然，特别是在一些突出问题的解决上尝试了多种方法，推动着个性化推荐算法在原有基础上的不断改进，取得了重要进展。随着网络社会的不断演变，近年来，电子商务和社会化媒体的融合催生了社会化电子商务的兴起，国内外学者针对这一新的商务模式展开了一系列研究，继续推动着社会化电子商务理论与实践向前发展。本书主要从期刊论文及重要会议论文、专著、博士论文及优秀硕士论文等文献入手，在国内外知名数据库中对相关文献进行主题检索，选出个性化商品推荐相关文献后，利用可视化工具，展示其研究主题和进展；并对重要文献进行分析，系统总结当前个性化商品推荐的研究现状。

在国内数据源方面，本书选择了中国知网网络期刊总库、中国博士学位论文数据库和优秀硕士学位论文全文数据库，并以万方数据知识服务平台作为补充。检索方案为"SU =（'电子商务'＋'商品'＋'社会化电子商务'＋'产品'）×'个性化推荐' OR SU =（'社会化媒体'＋'社交媒体'＋'微博'＋'社区'＋'博客'＋'社会标签'＋'社会关系'＋'社会网络'）×（'商品'＋'产品'）×'个性化推荐'"，检索时间为 2015 年 5 月 10 日，论文发表的起止时间不限。通过去掉重复项及与主题不相符的论文，检索得到相关论文 848 篇。

在国外数据源方面，本书选择汤森路透科技信息集团的 Web of Sci-

ence 数据库平台进行文献的搜集和整理。检索策略为 TS =（'product'
OR 'commodit ×' OR 'E – commerce' OR 'Social commerce' OR 'So-
cial e-commerce'）AND（recommend × system）OR TS =（'Personalized
Recommend ×'），时间跨度默认为 1900 ~ 2015 年，数据库 = SCI – EX-
PANDED，SSCI，A&HCI，CPCI – S，CPCI – SSH，即 Web of Science 核
心合集中不包括化学索引的所有引文索引，通过去除与主题不相符的文
献，共获得相关文献 1477 篇。

2002 ~ 2014 年国内外关于个性化推荐相关研究的成果情况见图 1 – 1。
从纵向看，不管是国内还是国外，该主题的研究成果数量总体上呈不断
上升趋势。这说明该主题的研究越来越受到了国内外学者的关注，不断
有新的成果出现；同时随着网络应用不断演变产生的新机遇与挑战以及
推荐基础技术固有的问题，个性化推荐在扩大应用领域、应用新技术进
行推荐方法的改进、推荐的效果评价及隐私保护等方面还需进一步深入
研究，以解决不断出现的新问题，最终实现个性化服务。从横向对比，
在国外文献未统计博士论文和优秀硕士论文的情况下，国外研究成果在
数量上还是占有较大优势，而且近几年国内与国外在成果数量上的差距
有扩大的趋势，说明国内关于该领域关注度的提升幅度比国外小。

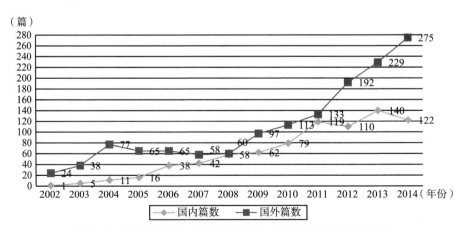

图 1 – 1　国内外关于"个性化推荐"研究历年发文情况比较

通过以上关键词共现聚类分析和历年相关发文量的比较，获得当前研究的基本概况后，再通过题目和摘要筛选出重要的相关文献，通过数据库检索获得文章的内容，进一步系统总结国内外在个性化推荐研究中的重要进展和不足。

1.2.1　国内研究现状

运用文献题录信息统计分析工具 SATI 3.2 对获取的中文文献进行关键词共现处理，取出现的次数大于等于 6 的关键词共 61 个，获得 61 × 61 的关键词共现矩阵，将结果保存在 Excel 中，并用 UCINET 的 MDS 聚类工具进行共现关键词聚类。

根据聚类结果，可将国内关于个性化推荐方面的研究成果分成以下几个主题。第一是基于传统推荐技术的电子商务个性化推荐模型及系统研究，特别是基于协同过滤技术的研究以及混合推荐技术的研究；第二是数据挖掘包括 Web 挖掘方法在电子商务个性化推荐中的应用，尤其是利用数据挖掘方法对协同推荐算法的改进；第三是个性化推荐中的用户（兴趣/偏好）建模；第四是针对社会化媒体环境、移动环境的用户生成内容、社会化标注、用户关系、情境等特征开展面向社会化媒体、移动商务的个性化推荐，如利用社会标签的推荐、利用社会网络的推荐、信任推荐和情境推荐等，统称为社会化推荐；第五是研究推荐中数据稀疏性、相似度计算等问题，引入一些新技术（如人工智能、云计算技术）来解决这些问题。

（1）基于传统技术的个性化推荐

通常所说的传统推荐技术指的是协同过滤推荐、基于内容的推荐、基于规则的推荐以及基于知识的推荐，当然，有些学者也开展了利用用户统计信息和效用函数的推荐研究。其中应用广泛或研究最多的还是协同过滤推荐及其与其他技术混合的推荐。

国内关于个性化推荐的研究最早可以追溯到 2002 年，围绕个性化服务技术展开。清华大学计算机科学与技术系的三位学者曾春、邢春晓、周立柱（2002）在其合著的《个性化服务技术综述》中系统阐述了实现个性化服务的关键技术及其研究成果，包括用户描述文件的表达与更新、资源描述文件的表达、个性化推荐技术、个性化服务体系结构，并介绍了国外三个典型个性化服务系统（基于规则的系统 ILOG、基于内容过滤的系统 Personal Web Watcher 和基于协作过滤的系统 Group Lens）的功能结构[①]。该文是对国外截至当时的个性化技术的系统性总结，也为国内个性化推荐技术研究提供了框架指导，是迄今为止个性化推荐研究领域被引数最高的论文。

郭艳红、邓贵仕（2008）分析了协同推荐的不足，针对数据极度稀疏情况，提出根据相似近邻逐个预测目标用户评分，得到预测评分矩阵，再综合所有评分，寻找目标用户的相似用户，根据相似度值预测用户最终评分[②]。

宋真真等（2008）提出将维数简化和聚类的方法运用到协同过滤技术中，从而较好地解决了协同过滤推荐技术中存在的数据稀疏、时间复杂度高和推荐不准确的问题[③]。

宣照国等（2010）提出了将目标用户的邻居进行扩展，以获得较多参考信息的协同过滤算法，在一定程度上提高了推荐的准确性[④]。

艾丹祥等（2013）定义了 C2C 平台中不同于 B2C 平台的三维推荐空间和推荐问题，并针对该问题对传统二维协同过滤方法和基于内容推

---

① 曾春，邢春晓，周立柱. 个性化服务技术综述［J］. 软件学报，2002，13（10）：1952 –1961.

② 郭艳红，邓贵仕. 协同过滤的一种个性化推荐算法研究［J］. 计算机应用研究，2008，01：39 – 41.

③ 宋真真，王浩，杨静. 协同过滤技术在个性化推荐中的运用［J］. 合肥工业大学学报（自然科学版），2008，07：1059 – 1062.

④ 宣照国，苗静，党延忠，等. 基于扩展邻居的协同过滤算法［J］. 情报学报，2010，29（3）：443 – 448.

荐的方法进行混合和扩展①。首先利用卖家特征属性计算卖家相似度，并基于销售关系和卖家相似度对三维评分数据集进行填补，以解决评分数据的稀疏问题，再利用填补后的评分数据计算买家相似度，获取最近邻并预测未知评分。实验证明，该方法能较好地解决 C2C 平台中的个性化推荐问题，在形成卖家和商品组合推荐时具有较好的性能。

李霞、李守伟（2013）将二分网络引入协同推荐，并引入"灰色关联度"进行用户和项目的相似度计算，将加权汇总的相似度用于评分预测，产生 Top N 推荐列表，实验表明了该方法在准确度和可靠性方面有所改进②。

刘畅、吴清烈（2014）在产品定制环节引入了协同过滤推荐算法的思想，并结合大规模定制的特点，对推荐算法进行适当改进后，提出了一种新的面向大规模定制的个性化推荐算法。文中给出一个手机定制的实例，对算法产生推荐结果的具体过程进行了模拟与分析③。

王伟军、宋梅青（2014）提出了一种面向用户偏好定向挖掘的协同过滤算法，该算法以时间为约束，先寻找基于项目的弱相似用户，而后基于用户关联性和属性相似性进行定向挖掘，形成推荐集合，该算法解决了协同过滤推荐的可扩展性问题和数据稀疏性问题④。

陈洪涛等（2014）提出了一种新颖的融合物品推荐潜力的个性化混合推荐模型，根据最近短时间段和最近长时间段的物品访问率计算趋势动量，利用趋势动量计算出当前物品的推荐潜力值，将物品推荐潜力值融入到个性化推荐模型中得到混合推荐模型，实验证明该方法能够提高

---

① 艾丹祥，左晖，杨君.面向 C2C 电子商务平台的三维个性化推荐方法研究 [J].现代图书情报技术，2013，01：36 – 42.

② 李霞，李守伟.面向个性化推荐系统的二分网络协同过滤算法研究 [J].计算机应用研究，2013，07：1946 – 1949.

③ 刘畅，吴清烈.基于协同过滤的大规模定制个性化推荐方法 [J].工业工程，2014，04：24 – 28.

④ 王伟军，宋梅青.一种面向用户偏好定向挖掘的协同过滤个性化推荐算法 [J].现代图书情报技术，2014，06：25 – 32.

推荐系统的推荐精度①。

（2）利用数据挖掘技术的推荐

协同过滤等推荐技术在电子商务中的广泛应用提高了个性化服务的质量，但其弊端也逐步显现，如数据稀疏性问题带来的推荐准确度下降、向新用户推荐的冷启动问题等。因此，需要通过一定的方式来克服这些弊端，数据挖掘中的聚类、分类、关联规则等算法为解决这些问题提供了思路。聚类、分类可以将具有某种特征的一类用户或推荐项目集在一起，通过隐式评分来解决数据稀疏性问题，关联规则可以实现评分预测。早期的数据挖掘技术面向的是结构化的数据库中的数据，随着网络规模的扩大，半结构化和非结构化的网络数据铺天盖地，因此面向网络应用的 Web 挖掘应运而生，Web 挖掘包括 Web 结构挖掘、Web 内容挖掘和 Web 使用挖掘，这三种挖掘方式在电子商务个性化服务中对解决基于用户行为隐式评分的推荐起到了关键作用。事实上，数据挖掘技术特别是 Web 挖掘已被广泛用于个性化推荐。

丁振国、陈静（2003）根据关联规则，设计了一个相关产品推荐系统 ARecom，实现了电子购物中的个性化服务②。岳训等（2003）提出一种基于"矩阵聚类"的电子商务网站个性化推荐系统，通过分析 Web server 日志文件中的访问页面序列行为数据，构建较高购买者的顾客行为的矩阵模型，并使用一种新型的"矩阵聚类"算法挖掘潜在购买者与较高购买者的相似特征，从而帮助顾客发现他所希望购买的产品信息，用于提高实际购买量③。鲍玉斌等（2003）结合关联规则和聚类分析提出了一种个性化推荐的方法，实验表明该方法可以显著地提高推荐的准确率，而将关联规则和聚类分析互补使用的推荐方法具有较高的推荐覆

---

① 陈洪涛，肖如良，倪友聪，杜欣，龚平，蔡声镇. 融合推荐潜力的个性化趋势预测的混合推荐模型［J］. 计算机应用，2014，01：218－221.

② 丁振国，陈静. 基于关联规则的个性化推荐系统［J］. 计算机集成制造系统——CIMS，2003，10：891－893.

③ 岳训，苗良，巩君华，岳荣. 基于矩阵聚类的电子商务网站个性化推荐系统［J］. 小型微型计算机系统，2003，11：1922－1926.

盖率①。闫艳、王锁柱（2007）采用多 Agent 技术并结合 Web 日志挖掘技术，将传统的个性化推荐系统中的功能模块构建为智能体，提出了一个基于多 Agent 的电子商务个性化推荐系统（MAPRS）的整体架构模型，并讨论了模型中各组成部分的功能与系统的运作流程②。

邓晓懿等（2011）提出一个基于事务矩阵和用户兴趣度的关联规则挖掘算法（Matrix – and – Interestingness – based Association RulesMining，MIbARM）。该算法仅需扫描一次数据库，并在挖掘过程中不断缩小算法搜索空间以避免生成冗余候选项，同时避免了冗余规则挖掘，从而提高了挖掘效率③。吴昊（2013）采用数据挖掘技术获取顾客的个性化喜好特性，并将产品和顾客喜好表示成相同数据结构的向量，根据产品和顾客的喜好匹配程度生成个性化产品推荐表④。朱清香等（2015）针对传统关联规则挖掘算法中频繁信息不完善和电子商务中关联因素不均衡贡献问题，提出一种多关联因素加权的协同推荐算法，并在考虑虚拟行为水平加权和多源关联垂直加权的基础上引入最小支持数概念作为剪枝的依据，进一步结合该模型对个性化推荐流程进行概述⑤。

（3）个性化推荐中的用户建模

按照信息系统的数据处理流程可将系统功能分为输入、处理和输出⑥，个性化推荐系统输入的是用户需求，包括显性需求（如用户购物信息）和隐性需求（如用户注册信息、用户偏好和兴趣），因此需要识

① 鲍玉斌，王大玲，于戈. 关联规则和聚类分析在个性化推荐中的应用［J］. 东北大学学报，2003，12：1149 – 1152.

② 闫艳，王锁柱. 基于多 Agent 的电子商务个性化推荐系统模型研究［J］. 情报杂志，2007，05：59 – 61.

③ 邓晓懿，金淳，樋口良之，等. 面向个性化推荐的快速关联规则挖掘算法［J］. 情报学报，2011，30（9）：963 – 972.

④ 吴昊. 基于数据挖掘的个性化推荐［J］. 河南师范大学学报（自然科学版），2013，03：167 – 170.

⑤ 朱清香，侯会茹，刘晶，戴培森，晏霄. 基于矩阵多源加权关联规则在个性化推荐中的应用［J］. 科技管理研究，2015，01：183 – 187.

⑥ 崔春生. 电子商务推荐系统的理论与应用研究［M］. 经济科学出版社，2013，10：9 – 10.

别、获取和表达用户需求信息，以便采取适当的算法实现推荐，这就是用户建模。用户建模是个性化推荐的前提，用户需求表达的准确性、实时性是用户建模的目标，对此，学者们进行了多种尝试。

宋媛媛、孙坦（2004）提出了基于本体论（Ontology）的用户模型的设想①。王勋等（2005）依据 Web 日志挖掘用户兴趣页面时综合考虑了访问次数、浏览时间和页面长度。通过对 Web 日志和缓存数据挖掘得到的兴趣页面的有效分类，构造不同用户的兴趣模型②。林霜梅等（2007）提出了一种基于向量空间模型的用户模型表示及其动态学习算法，研究了用户建模中的特征选择，提出一种新的特征选择方法，该方法结合了词频和 TF – IDF 方法。实验证明了这种动态学习算法能实时捕捉并记录用户最新的兴趣需求③。陈冬玲等（2008）提出利用 PLSA 分析文档语义，并对相似兴趣用户聚类形成用户兴趣文档，实验表明该方法能够准确地挖掘到用户的潜在兴趣④。

严隽薇等（2010）在建立基于本体的用户兴趣模型基础上，通过模型更新提高稳定性，建立用户群实现用户模型管理⑤。龚卫华等（2011）针对用户兴趣偏好多变问题，提出一种兴趣特征权重随时间而变化的迭代计算方法⑥。构造了用户兴趣特征与主题类间的二部图关系，并在此基础上提出了一种基于主题的用户兴趣聚类算法（TBC），改变了聚类对象"非此即彼"的硬划分方式；该算法所形成的基于主题的用

———————————

① 宋媛媛，孙坦．个性化推荐系统中的用户模型问题［J］．图书馆杂志，2004，12：53 – 56．

② 王勋，凌云，费玉莲，等．基于 Web 日志和缓存数据挖掘的个性化推荐系统［J］．情报学报，2005，24（3）：324 – 328．

③ 林霜梅，汪更生，陈弈秋．个性化推荐系统中的用户建模及特征选择［J］．计算机工程，2007，17：196 – 198．

④ 陈冬玲，王大玲，于戈，于芳．基于 PLSA 方法的用户兴趣聚类［J］．东北大学学报（自然科学版），2008，01：53 – 56．

⑤ 严隽薇，黄勋，刘敏，朱延波，倪亥彬．基于本体用户兴趣模型的个性化推荐算法［J］．计算机集成制造系统，2010，12：2757 – 2762．

⑥ 龚卫华，杨良怀，金蓉，丁维龙、基于主题的用户兴趣域算法［J］．通信学报，2011，01：72 – 78．

户兴趣域结构，不仅充分表达了用户的多域兴趣特征和域间主题的联系，还能适应用户兴趣变化。实验表明，TBC 算法比传统的 K – MEANS 算法以及属于软划分方式的 FCM 聚类具有更好的用户兴趣划分效果。

俞琰、邱广华（2012）提出一种重启动随机游走推荐算法①，该算法在考虑用户兴趣漂移的同时，利用聚类算法计算用户当前兴趣度，并形成用户转移概率矩阵，并做出推荐，实验验证了该算法的有效性。

段建勇等（2013）通过对网络查询日志进行聚类分析，将相似度大的查询词聚类，建立用户兴趣模型对用户的兴趣进行分析②。扈维等（2014）从用户对不同标签的"认同度"和"依赖度"两方面衡量用户的标签兴趣，并使用"标签基因"对用户的兴趣进行分解。在真实数据集上的实验结果表明，对用户兴趣把握的准确率和召回率都有提高③。

石伟杰、徐雅斌（2015）不仅通过挖掘用户自身微博数据识别出用户兴趣，而且进一步挖掘其关注用户的微博数据以及他们之间的社交联系，计算微博用户与其关注用户的亲密度和兴趣相似度来发现用户兴趣。最后将从两方面发现的兴趣进行合并，得出用户的兴趣。基于爬取的新浪微博数据集进行实验，准确率和召回率较传统的方法提升 15% 以上④。

（4）社会化推荐

社交媒体或社会化媒体（social media）上聚集了大量评价、标注等用户生成内容和关注、分享等用户关系，这些内容和关系蕴含了用户的兴趣或需求，基于 social media 上用户生成内容和关系挖掘而开展的社会

① 俞琰，邱广华．用户兴趣变化感知的重启动随机游走推荐算法研究［J］．现代图书情报技术，2012，04：48 – 53.
② 段建勇，魏晓亮，张梅，徐骥超．基于网络日志的用户兴趣模型构建［J］．情报科学，2013，09：78 – 82.
③ 扈维，张尧学，周悦芝．基于社会化标注的用户兴趣挖掘［J］．清华大学学报（自然科学版），2014，04：502 – 507.
④ 石伟杰，徐雅斌．微博用户兴趣发现研究［J］．现代图书情报技术，2015，01：52 – 58.

化推荐便应运而生。社会化推荐充分挖掘用户生成内容和用户关系中蕴含的用户兴趣，拓展了传统个性化推荐的数据源，也提高了推荐项目的新颖性和多样性，得到学者们的广泛关注，并取得了丰富的研究成果。现有关于社会化推荐的研究集中在四个方面——利用社会化标签产生推荐、利用评价信息产生推荐、利用用户关系产生推荐和前三种形式的综合推荐。

毛进等（2012）提出了一种基于用户标签网络的个性化推荐算法。利用标签网络计算标签权重，用权重标签表示用户兴趣，计算用户兴趣与标注的资源的相似度，从而产生推荐[①]。顾亦然、陈敏（2012）在用户—标签—对象三部分图网络结构中，结合标签使用频率和用户添加标签的时间，提出了一种利用标签时间加权的资源推荐算法[②]。王国霞等（2015）将万有引力定律引入商品推荐[③]，把用户标签看作用户感兴趣物体的组成颗粒，标注项目的标签被看作项目物体的组成颗粒，计算用户喜好物体和项目物体间的万有引力，并把该引力大小作为二者的相似度度量，引力越大，对应的项目物体就越有可能被用户喜欢。

曾子明、周红（2015）研究用户声誉在资源选择过程中的作用，与项目的声誉结合来解决同质资源泛滥的问题[④]。李湛、吴江宁（2013）提出了一种基于隐性信任的协同过滤推荐方法[⑤]，通过对用户评分行为的分析建立用户对其邻居和对项目的隐性信任模型，根据用户与信任邻居的历史喜好的相似性，向用户推荐项目。

---

① 毛进，易明，操玉杰，等. 一种基于用户标签网络的个性化推荐方法 [J]. 情报学报，2012，31（1）：24-30.

② 顾亦然，陈敏. 一种三部图网络中标签时间加权的推荐方法 [J]. 计算机科学，2012，08：96-98.

③ 王国霞，刘贺平，李擎. 基于万有引力的个性化推荐算法 [J]. 工程科学学报，2015，02：255-259.

④ 曾子明，周红. 知识网络社区中基于声誉的协同过滤推荐技术研究 [J]. 情报理论与实践，2015，05：116-120.

⑤ 李湛，吴江宁. 基于用户行为特征分析的隐性信任协同过滤推荐方法 [J]. 情报学报，2013，32（5）：490-496.

　　唐晓波、张昭（2013）通过融入用户社会行为和社会关系，构建混合图，进行个性化信息推荐①。郭磊等（2014）提出了一种结合推荐对象间关联关系进行推荐的算法②。黄世平等（2013）将信任机制引入推荐过程，将信任值作为用户评分相似度计算的权重因子，产生推荐，并动态更新信任对象③。

　　周超、李博（2014）利用用户信任网络产生推荐④。首先，融合用户的基本信任关系、角色影响力、属性相似关系、偏好相似关系构造带权重的社会网络；其次，基于此网络提出关键路径发现算法以发现满足约束条件的用户信任网络；最后，基于用户信任网络进行推荐。琚春华等（2014）通过建立基于标签的群体用户模型进行资源推荐⑤，首先定义了用户群体的概念，研究利用用户的特征属性发现用户群体，建立基于群体的用户模型，然后融合社会化评分和标签计算用户对资源的兴趣度。于洪、李俊华（2013）提出一种结合社交与标签信息的协同过滤推荐算法⑥。

　　李慧等（2015）提出一种融入上下文信息与社交网络信息的个性化推荐系统⑦。陈平华等（2015）提出一种综合 LBS 和社会网络标签的个

①　唐晓波，张昭．基于混合图的在线社交网络个性化推荐系统研究［J］．情报理论与实践，2013，02：91 – 95.

②　郭磊，马军，陈竹敏，姜浩然．一种结合推荐对象间关联关系的社会化推荐算法［J］．计算机学报，2014，01：219 – 228.

③　黄世平，黄晋，陈健，汤庸．自动建立信任的防攻击推荐算法研究［J］．电子学报，2013，02：382 – 387.

④　周超，李博．一种基于用户信任网络的推荐方法［J］．北京邮电大学学报，2014，04：98 – 102.

⑤　琚春华，鲍福光，刘中军，等．基于社会化评分和标签的个性化推荐方法［J］．情报学报，2014，12：131 – 149.

⑥　于洪，李俊华．结合社交与标签信息的协同过滤推荐算法［J］．小型微型计算机系统，2013，11：2467 – 2471.

⑦　李慧，马小平，胡云，施珺．融合上下文信息的社会网络推荐系统［J］．智能系统学报，2015，02：293 – 300.

21

性化推荐方法①，通过引入网络标签和用户社会关系，从用户标注的标签资源中找到拥有共同兴趣爱好的用户关系，以及从社会网络中找到与目标用户关系紧密的用户，同时结合考虑用户兴趣爱好随空间不断变化的特点，依据协同过滤算法，计算用户社会关系度和用户空间相似性，依此得到目标用户的最近邻集合，在最近邻集基础上给出推荐结果。

（5）个性化推荐的技术问题及其改进

在以社交网络、云计算、物联网等信息发布方式和技术为载体的大数据时代，数据具有异构复杂、增长剧烈的特征，用户对信息的个性化、知识化、专业化、智能化的需求，给商务网站个性化推荐服务带来极大挑战②。利用一些大数据、智能处理技术来解决个性化推荐技术面临的问题迫在眉睫。

危世民、戴牡红（2014）为了进一步提高电子商务推荐系统中商品推荐的准确性和高效性，提出了多 Agent 的电子商务推荐系统模型③。贺桂和、曾奕棠（2013）提出借助于本体技术和 Agent 技术，实现基于情境感知的个性化商品推荐④。刘晶等（2014）针对移动电子商务用户兴趣变化快、私密性强、项目属性跨度大以及对位置、场景敏感等特性，提出多源关联动态自适应性架构，为用户提供信息粒度更为细致、情景更为关联的便携式个性化服务⑤。

赵伟等（2015）以 MapReduce 的并行方法设计了基于海杜普（Hadoop）云平台下的协同过滤算法，利用 MapReduce 的并行方法，将传统

---

① 陈平华，何婕，梁琼. 一种综合 LBS 和社会网络标签的个性化推荐方法 [J]. 计算机应用与软件，2015，06：83 - 86.

② 王茜，钱力. 大数据环境下电子商务个性化推荐服务发展动向探析 [J]. 商业研究，2014，08：150 - 154.

③ 危世民，戴牡红. 多 Agent 协同的电子商务推荐系统模型 [J]. 计算机应用，2014，04：1118 - 1121.

④ 贺桂和，曾奕棠. 基于情境感知的电子商务平台个性化推荐模型研究 [J]. 情报理论与实践，2013，06：81 - 84.

⑤ 刘晶，李妍，侯会茹. 移动电子商务多源关联个性化推荐架构 [J]. 情报理论与实践，2014，04：98 - 100.

的协同过滤算法并行化，改进的并行化的协同过滤算法在运行速度和执行效率方面有明显的提高，更适合处理大数据[①]。田保军等（2015）针对协同过滤算法在面临大数据处理时的扩展性问题，将改进后的算法移植到云平台，利用海杜普在分布式计算、存储等方面的优势来解决[②]。张亚明、刘海鸥（2014）利用云计算技术深入探讨面向云环境的移动信息服务情景化协同过滤推荐机制，并提出 MapReduce 化的协同过滤推荐方法，应用于面向云环境的"旅游景点移动信息服务情景化推荐系统"[③]。

1.2.2　国外研究现状

同国内文献处理一样，国外文献也运用文献题录信息统计分析工具 SATI 3.2 进行关键词共现处理，取出现的次数大于等于 9 的关键词共 62 个，获得 62×62 的关键词共现矩阵，将结果保存在 Excel 中，并用 UCI-NET 的 MDS 聚类工具进行共现关键词聚类。

根据聚类结果，可将国外关于个性化推荐方面的研究成果分成以下几个主题：第一是基于传统技术的个性化推荐系统研究，也包括关于推荐方法的改进及其实验研究、用户或项目相似性的计算、算法性能的评价等；第二是语义网、本体在个性化推荐中的应用；第三是个性化推荐中的用户建模研究；第四是社交网络中基于信任的推荐和社会化推荐。

（1）基于传统技术的个性化推荐系统及方法改进

国外在 20 世纪 90 年代中期就在开展个性化推荐系统的研究，比较著名的系统有网飞（Netflix）电影推荐、潘多拉（Pandora）音乐推荐、

---

①　赵伟，李俊锋，韩英，张红涛. Hadoop 云平台下的基于用户协同过滤算法研究 [J]. 计算机测量与控制，2015，06：2082-2085.

②　田保军，张超，苏依拉，刘利民. 基于 Hadoop 的改进协同过滤算法研究 [J]. 内蒙古农业大学学报（自然科学版），2015，01：132-138.

③　张亚明，刘海鸥. 面向云环境的移动信息服务情景化协同过滤推荐 [J]. 情报学报，2014，33（5）：508-519.

亚马逊（Amazon）电子商务推荐等。这些推荐系统将今天被称为是传统的推荐技术带入研究者的视野，也成为了不可动摇的经典。推荐系统的目的是为用户提供个性化的在线产品或服务推荐，以处理日益增加的网络信息过载问题，加强客户关系管理。它显得如此重要并获得高度关注不仅是因为理论研究成果，更重要的是在推荐系统的实际发展情况。其在电子政务、电子商务、电子购物、数字图书馆、电子学习、电子旅游、电子资源服务和电子组活动等领域获得广泛应用。

常见的推荐技术有协同推荐、基于内容的推荐和基于规则的推荐。随着推荐技术研究的深入，一些新的技术也逐渐被开发，如基于知识的推荐、基于效用函数的推荐、基于人口统计信息的推荐等，以及两种或两种以上方法的混合推荐。随着应用的推进，不同的推荐技术在彰显其自身特有的优势的同时，一些新的问题和挑战接踵而至，其弊端也不断突显。

最成熟的基于协同过滤的推荐（简称协同推荐），由于其依靠用户显性评分来预测相似用户，从而向目标用户推荐近邻用户喜欢的项目，存在着评分数据的稀疏性、推荐精度受评分规模的影响、新用户的冷启动、推荐的多样性不足等问题。基于内容的推荐需要收集用户的购买评价或浏览历史向其推荐类似的项目，同样存在着数据稀疏性、冷启动问题；由于要对推荐项目特征进行分析，存在项目属性复杂难以分类的问题。而知识或信息的获取困难是基于知识的推荐和基于人口统计信息的推荐面临的主要问题。基于规则的推荐和基于效用的推荐存在静态推荐、灵活性差等问题。因此，学者们针对这些个性化推荐技术的问题提出了各种改进措施，以提高推荐系统的性能。

在推荐的准确性方面，E. 罗杰萨塔拉特等（E. Rojsattarat et al.，2003）提出了利用基于支持向量机和传统的协同过滤相结合来提高基于内容的预测推荐的性能[①]。田等（Tian L. F. et al.，2004）提出利用机器

---

① E. Rojsattarat, N. Soonthornphisaj. Hybrid Recommendation：Combining Content – Based Prediction and Collaborative Filtering ［J］. Springer Berlin Heidelberg，2003，2690：337 – 344.

学习技术，了解最佳的用户相似性度量以及用户的评价方式，从而提高推荐准确度①。张等（Zhang Y. et al.，2009）采用高斯随机字段来模拟前 N 个推荐任务作为半监督学习，并有效利用随机游走（ARW）算法，直接为个人产生前 N 个建议②。蒋毅等（Jiang Y. et al.，2010）通过运用新的关联分类模型，以最大限度地提高在线推荐系统客户满意度③。钟将等（Zhong J. et al.，2010）提出了一个结合用户和项目的潜在的和外部特征进行准确推荐的方法。出台了一个文本分析的映射方案以及概率潜在语义分析来计算基于历史数据的评级④。

冀俊忠等（Junzhong Ji et al.，2011）提出一个基于多客户模型的推荐框架，基于贝叶斯概率推理，产生一个单独的商品推荐⑤。杨等（Yang et al.，2012）针对大多数 CF 方法忽略用户的反应模式而可能产生偏颇参数估计的问题，将用户的响应模型合并到概率矩阵分解（PMF），建立一个响应感知概率矩阵分解（RAPMF）框架，并实证了其优势⑥。甘明鑫等（Gan M. et al.，2013）通过用户相似的强规则的调整，提高了个性化推荐的精度和多样性⑦。乐黄山（Le H. S.，2015）提出了 HU – FCF + +方法以解决推荐中的冷启动问题，该方法利用现有

① Tian L. F.，Cheung K. W. Learning User Similarity and Rating Style for Collaborative Recommendation [J]. Information Retrieval，2004，7（3）：135 – 145.

② Zhang Y.，Jiang – Qin W. U.，Zhuang Y. T. Random walk models for top – N recommendation task [J]. Journal of Zhejiang Universityence A，2009，10（7）：927 – 936.

③ Jiang Y.，Shang J.，Liu Y. Maximizing customer satisfaction through an online recommendation system：A novel associative classification model [J]. Decision Support Systems，2010，48（3）：470 – 479.

④ Zhong J.，Li X. Unified collaborative filtering model based on combination of latent features [J]. Expert Systems with Applications，2010，37（8）：5666 – 5672.

⑤ Junzhong Ji，Chunnian Liu，Zhiqiang Sha，et al. Personalized Recommendation Based on a Multilevel Customer Model [J]. International Journal of Pattern Recognition & Artificial Intelligence，2011，19（7）：895 – 916.

⑥ Yang，Haiqin，Ling，Guang，Su，Yuxin，et al. Boosting Response Aware Model – Based Collaborative Filtering [J]. IEEE Transactions on Knowledge & Data Engineering，2012，27：1 – 11.

⑦ Gan M.，Jiang R. Improving accuracy and diversity of personalized recommendation through power law adjustments of user similarities [J]. Decision Support Systems，2013，55：811 – 821.

的推荐技术的优点，规避他们的不足，实验证明该方法取得了较好的准确率①。

在相似性计算上，罗伯斯等（Robles V. et al.，2003）提出在协同过滤推荐中应用朴素贝叶斯分类器和它的一些变种②。德施潘德等（Deshpande，M. et al.，2004）提出了一个基于模型的分类推荐算法，首先确定各项目之间的相似性，然后利用它们来确定一类被推荐项目③。阿尔卡达等（Alqadah et al.，2015）提出了一种利用近邻双聚类获取前 N 个推荐项目的协同过滤方法④。帕特拉等（Patra B. K. et al.，2015）提出利用巴氏相似性计算每一对用户所有评分相似性的基于近邻的协同过滤方法⑤。

在数据稀疏性上，许智能等（Hsu C. N. et al.，2004）认为概率图形模型可以更有效地处理嘈杂和稀疏的数据。通过构建协同过滤算法的概率框架，得出 HyPAM（混合泊松分布模型），为个性化购物推荐服务⑥。缪驰远等（Miao C. et al.，2007）提出了基于模糊认知代理的个性化推荐⑦，能够通过扩展模糊认知图表示知识，从近期情况学习用户的喜好，并帮助客户通过数值计算逻辑演绎进行推理和决定，该方法灵

① Le H. S. HU – FCF + +：A novel hybrid method for the new user cold-start problem in recommender systems ［J］. Engineering Applications of Artificial Intelligence，2015，41：207 – 222.

② Robles V.，Larranaga P.，Menasalvas E.，et al. Improvement of naive Bayes collaborative filtering using interval estimation ［C］//Web Intelligence，2003. WI 2003. Proceedings. IEEE/WIC International Conference on IEEE，2003：168 – 174.

③ Deshpande，M；Karypis，G. Item-based top – N recommendation algorithms ［J］. Acm Transactions on Information Systems，2004，22（1）：143 – 177.

④ Alqadah，Faris｜Reddy，Chandan K.｜Hu，Junling｜Alqadah，Hatim F. Biclustering neighborhood-based collaborative filtering method for top-n recommender systems ［J］. Knowledge and Information Systems，2015，44（8）：475 – 491.

⑤ Patra B. K.，Launonen R.，Ollikainen V.，et al. A new similarity measure using Bhattacharyya coefficient for collaborative filtering in sparse data ［J］. Knowledge – Based Systems，2015，82：163 – 177.

⑥ Hsu C. N.，Chung H. H.，Huang H. S. Mining Skewed and Sparse Transaction Data for Personalized Shopping Recommendation ［J］. Machine Learning，2004，57（1 – 2）：35 – 59.

⑦ Miao C.，Yang Q.，Fang H.，et al. A cognitive approach for agent-based personalized recommendation ［J］. Knowledge – Based Systems，2007，20（4）：397 – 405.

活有效地支持电子商务应用。唐奇尔等（Tong Q. L. et al.，2008）提出基于隐式反馈的协同过滤推荐①。哈迈拉塔等（Hemalatha et al.，2011）提出基于熵值协同过滤技术的个性化推荐系统②。福尔托索等（Formoso V. et al.，2013）使用配置文件扩展技术，以缓解新用户问题③。王（Wang，2013）提出了一种新的通过采用高阶奇异值分解（HOSVD）技术来缓解高稀疏性问题，并在一个模拟的个性化移动服务环境的实验表明了该方法的有效性④。

在推荐结果的多样性上，孙金声（Sun J. et al.，2015）认为将在线情感文本整合到推荐模型中能解决数据稀疏性问题，OCCF 方法更适用于社交媒体方案，但推荐的项目有限。对此，提出了一种新的情绪感知的社交媒体推荐框架（SA_OCCF），将推断情绪的反馈信息应用到 OCCF 模型来提高推荐的性能⑤。耿等（Geng B. et al.，2015）认为推荐系统的任务可以被建模为一个多目标优化问题，提出一种多目标进化算法的推荐系统，实验结果表明，该算法在推荐结果多样性和新颖性方面是有效的⑥。

在动态推荐上，邓勇辉等（Deng W. Y. et al.，2011）针对基于 SVD 和监督学习为基础的推荐方法存在计算上昂贵和缺乏动态自适应性的问

① Tong Q. L.，Park Y.，Park Y. T. A time-based approach to effective recommender systems using implicit feedback［J］. Expert Systems with Applications，2008，34（4）：3055 – 3062.

② Hemalatha Chandrashekhar，Bharat Bhasker. Personalized Recommender System Using Entropy Based Collaborative Filtering Technique［J］. Journal of Electronic Commerce Research，2011，12（3）：214 – 237.

③ Formoso V.，Fernández D.，Cacheda F.，et al. Using profile expansion techniques to alleviate the new user problem［J］. Information Processing & Management，2013，49（3）：659 – 672.

④ Wang. Applying HOSVD to Alleviate the Sparsity Problem in Context-aware Recommender Systems［J］. 电子学报：英文版，2013，22（4）：773 – 778.

⑤ Sun J.，Wang G.，Cheng X.，et al. Mining affective text to improve social media item recommendation［J］. Information Processing & Management，2015. 51：444 – 457.

⑥ Geng B.，Li L.，Jiao L.，et al. NNIA – RS：A multi-objective optimization based recommender system［J］. Physica A Statistical Mechanics & Its Applications，2015，424：383 – 397.

题，提出了基于自适应学习的个性化推荐[1]。洪伟等（Hong W. et al.，2012）针对传统的推荐算法忽略了用户不同的行为周期下的不同需求，采用手工方法进行产品分类，构建基于用户生命周期的行为的个性化推荐模型[2]。唐昕等（Tang X. et al.，2013）提出了一种动态的个性化推荐算法，其中包含评分和个人资料内容的信息被用来探索评分之间的潜在关系，一组动态的功能是用来描述多个阶段用户的喜好，通过自适应加权特性进行推荐[3]。侯赛因等（Hussein et al.，2013）提出基于记忆的和基于模型的两种推荐技术混合的个性化推荐系统[4]。陈等（Chen et al.，2015）针对以往的推荐忽略了时间因素的影响，提出了利用排名算法构建一个时间感知图的项目种类个性化推荐方法，并实证了该方法的优越性[5]。

其他基于上下文感知等综合研究，黄杰等（Huang J. et al.，2014）为了保护用户隐私，提出一种发布基于查询日志的位置服务的第三方推荐服务，重点是收集匿名用户的查询日志[6]。夏鹤（Xia H. et al.，2015）针对协同推荐系统的恶意攻击，提出一种使用动态时间间隔分割技术进行项目异常检测的方法[7]。王伟等（Wang Wei et al.，2015）提

---

[1] Deng W. Y.，Zheng Q. H.，Lian S.，et al. Adaptive personalized recommendation based on adaptive learning [J]. Neurocomputing，2011，74（11）：1848－1858.

[2] Hong W.，Li L.，Li T. Product recommendation with temporal dynamics [J]. Expert Systems with Applications，2012，39（16）：12398－12406.

[3] Tang X.，Zhou J. Dynamic Personalized Recommendation on Sparse Data [J]. Knowledge & Data Engineering IEEE Transactions on，2013，25（12）：2895－2899.

[4] Hussein W.，Ismail R. M，Gharib T. F.，et al. A Personalized Recommender System Based on a Hybrid Model [J]. Journal of Universal Computerence，2013，19（15）：2224－2240.

[5] Chen C.，Hou C.，Nie P.，et al. Personalized Recommendation of Item Category Using Ranking on Time－Aware Graphs [J]. Ieice Trans. inf. & Syst，2015，98（4）：948－954.

[6] Huang J.，Qi J.，Xu Y.，et al. A privacy-enhancing model for location-based personalized recommendations [J]. Distributed & Parallel Databases，2014，33（2）：253－276.

[7] Xia H.，Fang B.，Gao M.，et al. A novel item anomaly detection approach against shilling attacks in collaborative recommendation systems using the dynamic time interval segmentation technique [J]. Information Sciences，2015，306：150－165.

出了一种新的 CF 方法以提高推荐的性能①。首先，提出了一种新的信息熵驱动的用户相似性测量模式来衡量评分之间的相对差。其次，基于曼哈顿距离模型，通过估计相对活跃用户平均得分来解决胖尾问题。该方法对公共和私人的数据集的实验证明是有效的。江等（Jiang et al.，2015）提出了一种基于作者主题模型的协同过滤方法（ATCF）以方便为社会化用户提供全方位的景点推荐②。用户的偏好主题，如文化、市容、地标，从作者的主题模型中抽取有文本描述限制的图片地标，而不是从 GPS 定位的地标抽取，在大量收集的数据集中验证了该方法的优越性能。

周曦（Zhou X. et al.，2015）认为在"大数据"时代，推荐系统面临显著的挑战，比如如何高效、准确地处理海量数据。设计出具有良好扩展性的基于奇异值分解的增量算法，其结合了奇异值分解算法（SVD）和近似奇异值分解算法（ApproSVD），简称增量近似奇异值分解算法。严格的误差分析证明了增量 ApproSVD 算法性能的有效性③。邹等（Zou et al.，2015）提出了并行张量分解算法，加速大型数据集的张量分解支持高效上下文感知的推荐④。

（2）基于语义、本体的推荐

语义、本体在准确、有序表达用户偏好和描述推荐项目方面具有不可替代的作用，因此基于语义、本体的推荐算法或系统的开发成为个性化推荐的重要分支。

科拉洛等（Corallo et al.，2006）提出利用语义推荐引擎实现 eTour-

---

① Wang Wei, Zhang Guangquan, Lu Jie. Collaborative Filtering with Entropy – Driven User Similarity in Recommender Systems［J］. International Journal of Intelligent Systems, 2015, 30: 854 – 870.

② Jiang S., Qian X., Shen J., et al. Author Topic Model – Based Collaborative Filtering for Personalized POI Recommendations［J］. Multimedia IEEE Transactions on, 2015, 17: 907 – 918.

③ Zhou X., He J., Huang G., et al. SVD – based incremental approaches for recommender systems［J］. Journal of Computer & System Sciences, 2015, 81（4）: 717 – 733.

④ Zou B., Li C., Tan L., et al. GPUTENSOR: Efficient tensor factorization for context-aware recommendations［J］. Information Sciences, 2015, 299: 159 – 177.

ism方案①。李等（Lee C. S. et al.，2009）提出了一个基于本体的多代理台南市旅行推荐②。代理的核心技术包含本体模型，模糊推理机制和蚁群优化。所提出的代理包括一个环境决策代理和旅游路线推荐代理。首先，上下文决策代理发现一个合适位置的距离，并根据游客的要求和台南市旅游本体的上下文信息计算上下文关系，旅游路线推荐代理负责寻找个性化的旅游和策划出行路线。该方法可以有效地推荐与游客的需求相匹配的行驶路线。

香波等（Shambour Q. et al.，2010）开发一个混合语义推荐系统 Biz Seeker③，提供个性化的政府对企业（G2B）的电子服务，特别是贸易伙伴推荐的电子服务，研究首次提出了产品语义相关模型，结合基于项目的协同过滤（CF）的相似性和项目为基础的语义相似技术。方光生等（ACM Fong et al.，2012）提出了一个语义 Web 使用挖掘的方法从注释 Web 使用日志发现周期性的网络接入模式，通过自我报告追踪消费者情绪和行为的信息④。马丁－维森特等（Martín － Vicente M. I. et al.，2012）基于语义方法来提高推荐结果的透明度，一方面在选择驱动推荐的志同道合的用户集时，为了结合信任和声誉，自动构建隐性信任网；另一方面通过利用任何电子商务推荐系统中可用的数据——用户的消费历史，提出了实际经验的度量⑤。卢杰等（J Lu et al.，2013）提出了一

---

① Corallo A. , Lorenzo G. , Solazzo G. A Semantic Recommender Engine Enabling an eTourism Scenario [J]. Lecture Notes in Computer Science, 2006: 1092 – 1101.

② Lee C. S. , Chang Y. C. , Wang M. H. Ontological recommendation multi-agent for Tainan City travel [J]. Expert Systems with Applications, 2009, 36（3）: 6740 – 6753.

③ Shambour Q. , Xu Y. , Zhang G. , et al. Biz Seeker: A hybrid semantic recommendation system for personalized government-to-business e-services [J]. Internet Research, 2010, 20（3）: 342 – 365.

④ ACM Fong, B. Zhou, S. Hui , J. Tang , G. Hong. Generation of Personalized Ontology Based on Consumer Emotion and Behavior Analysis [J]. Affective Computing IEEE Transactions on, 2012, 3（2）: 152 – 164.

⑤ Martín － Vicente M. I. , Gil － Solla A. , Ramos － Cabrer M. , et al. Semantic inference of user's reputation and expertise to improve collaborative recommendations [J]. Expert Systems with Applications, 2012, 39（9）: 8248 – 8258.

种混合模糊语义推荐（HFSR）方法[①]，它结合了基于项目的模糊语义相似性和基于项目的模糊协同过滤（CF）的相似性技术。

石等（Shi et al.，2014）提出了基于用户的上下文本体驱动的推荐策略。该策略利用本体来描述和整合旅游资源，实现用户的直接需求和潜在偏好与推荐目标的关联[②]。马蒂涅茨克鲁兹等（Martinez - Cruz et al.，2015）认为构建准确的配置文件在最大程度上获取用户偏好和需求方面发挥至关重要的作用，本体能够很好地描述用户配置文件。提出运用模糊语言建模开发一个本体来描述用户之间的信任[③]，在推荐过程中，不考虑到用户的相似评级历史，用信任本体来表征用户之间的信任，并提供一种方法来捕获信任本体信息以更新基于反馈的用户配置文件。

何岳等（He Yue et al.，2015）采用 K - 核分析方法来提取用户关注的主题，采用因子分析的方法来分析指数，提取热门微博因子和权威用户因子，并利用 RS 和线性回归法来平衡这两个参数，最后，基于语义网建立了一个面向新浪微博的实时个性化推荐模型。实验证明该方法可以有效地解决目前微博个性化和及时推荐问题[④]。哈桑等（Al - Hassan M. et al.，2015）提出利用项目语义知识，以提高推荐质量的有效性。它提出了一种新的基于本体的语义相似（IOBSS）衡量标准[⑤]，考

---

① J Lu, Q Shambour, Y Xu, QL & G Zhang. A Web-based Personalized Business Partner Recommendation System Using Fuzzy Semantic Techniques［J］. Computational Intelligence, 2013, 29: 37 - 69.

② Shi, Lin Lin, Feiyu Yang, Tianchu Qi, Jun Ma, Wei Xu, Shoukun. Context-based Ontology-driven Recommendation Strategies for Tourism in Ubiquitous Computing［J］. Wireless Personal Communications, 2014, 76: 731 - 745.

③ Martinez - Cruz C., Porcel C., J. Bernabé - Moreno, et al. A model to represent users trust in recommender systems using ontologies and fuzzy linguistic modeling［J］. Information Sciences, 2015, 311: 102 - 118.

④ He, Yue, and J. Tan. "Study on SINA micro-blog personalized recommendation based on semantic network." Expert Systems with Applications, 2015, 42: 4797 - 4804.

⑤ Al - Hassan M., Lu H., Lu J. A Semantic Enhanced Hybrid Recommendation Approach: a Case Study of E - government Tourism Service Recommendation System［J］. Decision Support Systems, 2015: 97 - 109.

虑到其显在的等级关系，共享的属性和隐含关系，以评估感兴趣的特定领域的项目之间的语义相似性。并进一步提出结合新 IOBSS 措施和标准的基于项目的协同过滤技术进行混合语义增强推荐的做法。

科伦坡门多萨等（Colombo - Mendoza L. O. et al.，2015）提出了一种基于语义 Web 技术的上下文感知的在休闲领域，特别是在电影放映领域的移动推荐系统 RecomMetz[①]。莫雷诺等（A. Moreno et al.，2015）提出了一种新的基于本体的程序[②]，以计算语义值，其可用于比较对象列表之间的相似性。这项措施被用在 k - 均值聚类法的增强版。得到的类的有效性已经在旅游目的地的基于 Web 的个性化推荐的情况下进行了测试。

（3）个性化推荐中的用户建模

用户模型是否准确体现了用户需求（偏好或兴趣），是除了推荐算法之外影响个性化推荐精度的主要因素。虽然很多研究注重推荐算法的优化，但越来越多的研究意识到准确、全面收集用户数据进行用户建模，是提高个性化推荐系统精度的根本和前提。因此用户建模技术与方法的研究，特别是用户偏好的挖掘，成为个性化推荐研究的重要内容之一。

荷兰等（Holland S. et al.，2003）提出一种语义结果显示的偏好挖掘技术，用于检测用户的日志数据所反映的偏好[③]。姬静（KY Jung，2006）通过贝叶斯分类用户偏好[④]。鲁伊等（Liu Y. et al.，2007）提出

---

① Colombo - Mendoza L. O.，Rafael Valencia - García，Giner Alor - Hernández，et al. Recom-Metz: A context-aware knowledge-based mobile recommender system for movie showtimes [J]. Expert Systems with Applications，2015，42：1202 - 1222.

② A Moreno，A Valls，S Martínez，et al. Personalised recommendations based on novel semantic similarity and clustering procedures [J]. Ai Communications，2015，28：127 - 142.

③ Holland S.，Ester M. Preference Mining: A Novel Approach on Mining User Preferences for Personalized Applications [J]. Lecture Notes in Computer Science，2003，2838：204 - 216.

④ KY Jung. User Preference Through Bayesian Categorization for Recommendation [J]. Springer Berlin Heidelberg，2006，4099：112 - 119.

基于马尔可夫模型的用户聚类①。康氏等（Kang H. et al.，2007）描述了应用协同过滤与机器学习技术来预测用户的喜好②，尝试预测缺失值，如平均值、SVD以及支持向量回归的方法，从中找到最好的方法，并开发和利用一种独特的特征向量模型。泽贝等（Zenebe A. et al.，2010）提出了一个基于模糊集理论发现用户偏好的一般框架模型③。

萨胡等（Sahoo N. et al.，2010）提出了一个隐马尔可夫模型正确地解释用户的产品选择行为，提供个性化的推荐④。用户偏好被建模为隐马尔可夫序列，提出多项的负二项分布混合建模，观测在每个时间段的每个用户的产品选择，这能够识别用户的全部稳定偏好，并跟踪这些偏好。霍夫加特纳等（Hopfgartner F. et al.，2010）介绍了一个基于语义的用户建模技术来捕获用户不断变化的信息需求⑤。利用隐式用户交互来捕获配置文件中的长期用户兴趣，利用关联开放数据云计算，匹配用户兴趣与新闻报道。

刘鹤等（Liu H. et al.，2013）结合用户的喜好和用户的意见提供准确推荐⑥。刘鹤等（2014）构建了一种用户相似模型来提高推荐性能⑦，该模型只通过少数用户的评级计算用户的相似性，但考虑用户活动的局

---

① Liu Y. ， Huang X. ， An A. Personalized recommendation with adaptive mixture of markov models ［J］. Journal of the American Society for Information Science & Technology，2007，58（12）：1851 – 1870.

② Kang H. ， Yoo S. J. SVM and Collaborative Filtering – Based Prediction of User Preference for Digital Fashion Recommendation Systems ［J］. Ieice Transactions on Information & Systems，2007，90（12）：2100 – 2103.

③ Zenebe A. ， Zhou L. ， Norcio A. F. User preferences discovery using fuzzy models ［J］. Fuzzy Sets & Systems，2010，161（23）：3044 – 3063.

④ Sahoo N. ， Singh P. V. ， Mukhopadhyay T. A Hidden Markov Model for Collaborative Filtering ［J］. Mis Quarterly，2010，36（4）：1329 – 1356.

⑤ Hopfgartner F. ， Jose J. M. Semantic user profiling techniques for personalised multimedia recommendation ［J］. Multimedia Systems，2010，16.

⑥ Liu H. ， He J. ， Wang T. ， et al. Combining user preferences and user opinions for accurate recommendation ［J］. Electronic Commerce Research & Applications，2013，12（1）：14 – 23.

⑦ Liu H. ， Hu Z. ， Mian A. ， et al. A new user similarity model to improve the accuracy of collaborative filtering ［J］. Knowledge – Based Systems，2014，56（3）：156 – 166.

部上下文信息和用户行为的全局偏好。黄等（Huang C. L. et al.，2014）提出了一个参入频率、邻近度以及基于标签的持续时间的个性化用户兴趣模型[1]，并且使用该用户在社交网络中的社会资源提供协同推荐。混合使用协同过滤和基于内容的过滤，将类似的资源项目推荐给兴趣相似的网络邻居。

张杰等（Zhang J. et al.，2014）针对网络标签表达的多样性，而很难确定用户的类似兴趣的问题，引入了一个利用项目域特征来构建用户偏好的模型[2]，并结合模型与协同过滤进行推荐。实验结果证明了该用户偏好模型有助于更有效的推荐。冯浩等（Feng H. et al.，2014）提出了面向个性化产品推荐的层次用户兴趣挖掘方法[3]。该方法提取用户照片及其标签和别人在社交网站上的评论，充分利用照片的视觉信息和用户评论挖掘用户的兴趣；用话题分布向量表示用户兴趣，并应用层次方法提取兴趣相关的话题；每一个产品表示为一个主题分布向量，衡量用户和产品的主题空间的相关性。瓦西斯（Vashisth P. B. P.，2014）提出了一个称为基于兴趣的个性化推荐系统（IBRS)[4]，该系统基于在修复过程中用论证用户潜在的心理态度发现有趣的替代品。

朱等（Zhu H. et al.，2014）说明了如何从丰富的设备日志或短的上下文日志中提取用户的上下文感知偏好，并利用这些喜好建立个性化的上下文感知推荐系统[5]。首先，学习了多用户的上下文日志上常见的

① Huang C. L.，Yeh P. H.，Lin C. W.，et al. Utilizing user tag-based interests in recommender systems for social resource sharing websites［J］. Knowledge – Based Systems，2014，56：86 – 96.

② Zhang J.，Peng Q.，Sun S.，et al. Collaborative filtering recommendation algorithm based on user preference derived from item domain features［J］. Physica A Statistical Mechanics & Its Applications，2014，396（2）：66 – 76.

③ Feng H.，Qian X. Mining user-contributed photos for personalized product recommendation ［J］. Neurocomputing，2014，129（4）：409 – 420.

④ Vashisth P. B. P. Argumentation-enabled interest-based personalised recommender system ［J］. Journal of Experimental & Theoretical Artificial Intelligence，2014，27：1 – 28.

⑤ Zhu H.，Chen E.，Xiong H.，et al. Mining Mobile User Preferences for Personalized Context – Aware Recommendation［J］. ACM Transactions on Intelligent Systems & Technology，2014，5（4）：1 – 27.

上下文感知的偏好；其次，将每个用户的偏好表示为这些常见的上下文感知偏好的分布；最后，其可适应不同的应用场景挖掘共同上下文感知偏好。明信（Mingxin G.，2014）提出了三个策略（幂调整、最近的邻居和阈值过滤），从以往利用历史数据计算用户相似得分调整到计算用户之间的相似性网络，然后提出了在结构化网络上的随机游走重启模型，实现个性化的推荐[1]。

孟等（Meng S. et al.，2014）提出了一个关键字感知服务推荐方法 KASR[2]，关键词被用来表示用户的喜好，并基于协作过滤算法来产生推荐。为了提高其在大数据环境的可扩展性和效率，KASR 是在分布式计算平台 Hadoop 上，利用 MapReduce 的并行处理范式实现。

哈瓦拉等（Hawalah A. et al.，2014）提供一种模式来构建、开发和集成 Web 个性化系统的上下文信息[3]，它能够模拟和构建基于用户的兴趣和上下文语境的信息和个性化的本体的用户配置文件。

哈尔拉等（2015）引入了一套旨在个性化系统中捕获和跟踪用户的利益和维护动态用户配置文件的方法[4]。尹等（Yin H. et al.，2015）提出了利用基于位置的评分来建模用户配置文件和产生推荐的位置感知概率生成模型 LA－LDA[5]。LA－LDA 由 ULA－LDA 和 ILA－LDA 两部分组成，分别考虑用户和项目的位置信息，ULA－LDA 准确合并并量化本地公共偏好，ILA－LDA 通过捕获项目的共生模式以及项位置同现模式，

---

① Mingxin G. Walking on a user similarity network towards personalized recommendations ［J］. Plos One，2014，9：e114662－e114662.

② Meng S.，Dou W.，Zhang X.，et al. KASR：A Keyword－Aware Service Recommendation Method on MapReduce for Big Data Applications ［J］. IEEE Transactions on Parallel & Distributed Systems，2014，25（12）：3221－3231.

③ Hawalah A.，Fasli M. Utilizing contextual ontological user profiles for personalized recommendations ［J］. Expert Systems with Applications，2014，41（10）：4777－4797.

④ Hawalah A.，Fasli M. Dynamic user profiles for web personalisation ［J］. Expert Systems with Applications，2015，42：2547－2569.

⑤ Yin H.，Cui B.，Chen L.，et al. Modeling Location－Based User Rating Profiles for Personalized Recommendation ［J］. ACM Transactions on Knowledge Discovery from Data，2015，9：1－41.

推荐那些在任务和行驶距离上与正在查询的用户比较接近的项目或项目位置。

吴等（D. Wu et al.，2015）首次提出了一种用于模糊树形结构的用户偏好模型[1]，其中模糊集技术被用来表示用户喜好，建立树形结构的项目推荐方法。这项研究的关键技术是一个综合性树匹配方法，它可以匹配两个树结构数据，并通过考虑树型结构、节点属性和权重确定其相应的部件的所有信息。实验证明该方法能够准确表达用户偏好，并在电子商务中出色展示树型结构项目的性能。

（4）社会化推荐

社会化推荐是在 Web 2.0 技术和社会化媒体环境下催生的个性化推荐思想，它侧重运用用户社会网络关系、用户评价和社会标签等这些反映用户兴趣或偏好的社会元素实现信息推荐。由于网络时代的主流媒体——社会化媒体的广泛使用，利用社会关系、用户生成内容等社会元素解决社会化媒体信息过载问题的社会化推荐的研究成为个性化推荐的重要阶段性研究方向，相关研究成果斐然。

尚敏等（Shang M. S. et al.，2010）利用用户之间，物体和标签的三元关系建立了一个个性化推荐模型[2]。刘克等（Liu K. et al.，2011）研究了社会关系在标签推荐任务中的作用，并提出了个性化的协同过滤算法[3]。郑娜等（Zheng N. et al.，2011）研究了标签在预测用户的偏好的重要性和有用性，以及如何利用偏好和时间信息来建立一个有效的资源

---

[1]　D. Wu，G. Zhang，J. Lu. A Fuzzy Preference Tree – Based Recommender System for Personalized Business – to – Business E – Services［J］. IEEE Transactions on Fuzzy Systems，2015，23：29 – 43.

[2]　Shang M. S.，Zhang Z. K.，Zhou T.，et al. Collaborative filtering with diffusion-based similarity on tripartite graphs［J］. Physica A Statistical Mechanics & Its Applications，2010，389（6）：1259 – 1264.

[3]　Liu K.，Fang B.，Zhang W. Exploring Social Relations for Personalized Tag Recommendation in Social Tagging Systems［J］. Ieice Transactions on Information & Systems，2011，94 – d（3）：542 – 551.

推荐模型①。

　　香波等（Shambour Q. et al.，2011）认为在业务合作伙伴的选择过程中，信任和信誉信息是至关重要的，集成了自己所提出的隐式信任过滤和增强的基于用户的协同过滤推荐的方法，提出了混合信任增强 CF 推荐的方法（TeCF）②。实验结果证明了混合 TeCF 推荐的方法在提高准确性、处理非常稀疏数据集和冷启动用户方面的有效性。胡杰等（Hu J. et al.，2012）研究了一个流行的在线照片共享网站雅虎网络相册（flickr）的个性化标签推荐③。用户的社会关系信息被收集来产生一个在线社交网络，从网络拓扑结构的角度来看，提出节点拓扑潜力来表征用户的社会影响力，区分用户之间不同的社会关系，并找出那些真正对目标用户有影响力的用户。

　　马吉德等（Majid A. et al.，2012）通过游客在社会化媒体上分享的旅游照片分析其旅游偏好，为其提供基于旅游地标挖掘的上下文感知个性化旅游推荐④。李玉梅等（Li Y. M. et al.，2013）提出了一个社会化推荐系统⑤，根据用户的偏好相似性，推荐信任和社会关系推荐产品，该机制的优点是它综合考虑推荐源。

　　李等（Lee S. et al.，2013）在开放市场中为韩国客户开发了一个个性化的值得信赖的卖家推荐系统⑥，首先利用分类技术开发了可信赖的

　　①　Zheng N.，Li Q. A recommender system based on tag and time information for social tagging systems ［J］. Expert Systems with Applications，2011，38（4）：4575 – 4587.

　　②　Shambour Q.，Lu J. A hybrid trust-enhanced collaborative filtering recommendation approach for personalized government-to-business e-services ［J］. International Journal of Intelligent Systems，2011，26（9）：814 – 843.

　　③　Hu J.，Wang B.，Liu Y.，et al. Personalized Tag Recommendation Using Social Influence ［J］. Journal of Computer Science & Technology，2012，27（3）：527 – 540.

　　④　Majid A.，Chen L.，Chen G，et al. A context-aware personalized travel recommendation system based on geotagged social media data mining ［J］. International Journal of Geographical Information Science，2012，27（4）：662 – 684.

　　⑤　Li Y. M.，Wu C. T.，Lai C. Y. A social recommender mechanism for e-commerce：Combining similarity，trust，and relationship ［J］. Decision Support Systems，2013，55（3）：740 – 752.

　　⑥　Lee S.，Choi K.，Suh Y. A personalized trustworthy seller recommendation in an open market ［J］. Expert Systems with Applications，2013，40（4）：1352 – 1357.

卖家模块，然后利用基于内容的过滤的方法来找到最佳匹配前 k 个卖家。

艾里纳基等（Eirinaki M. et al.，2014）介绍了一个社交网络中处理信任的框架[①]，该框架基于声誉机制获取网络成员间的显性与隐性关联，分析其语义和动态，给网络用户提供个性化的用户推荐。

郭莉等（Guo L. et al.，2014）融合社会化上下文信息和常见社会关系，提出了一个统一排名的隐式反馈框架[②]，通过社会化上下文的隐式兴趣推理扩展了用户潜在特征，通过因式分解整合常见用户关系，进一步提高推荐质量。

谢谦等（X. Qian et al.，2014）将三种社会因素（个人兴趣、人际兴趣相似性、人际影响力）融合成基于概率矩阵分解的统一个性化推荐模型[③]。冯等（Y. Feng et al.，2014）基于概率矩阵分解的方法，提出一种考虑更全面反映用户潜在或显在兴趣的社会因素和主题的新型推荐模型[④]，进一步提高推荐准确度。四个社会因素（个人喜好、人际信任的影响、人际兴趣相似性和人际亲密程度）被同时引入到推荐模式，探讨了一些新的方法来测量这些社会因素，还推断增强推荐多样性的一些显性和隐性的社交圈子。

高忠等（HD. Zhong et al.，2014）提出了一种基于定向信任图

① Eirinaki M., Louta, M. D, Varlamis I. A Trust – Aware System for Personalized User Recommendations in Social Networks ［J］. Systems Man & Cybernetics Systems IEEE Transactions on，2014，44（4）：409 – 421.

② Guo L.，Ma J.，Chen Z.，et al. Learning to recommend with social contextual information from implicit feedback ［J］. Soft Computing，2014，19（5）：1351 – 1362.

③ X Qian，H Feng，G Zhao，T Mei. Personalized Recommendation Combining User Interest and Social Circle ［J］. Knowledge & Data Engineering IEEE Transactions on，2014，26（7）：1763 – 1777.

④ Y Feng，H Li，Z Chen. Improving Recommendation Accuracy and Diversity via Multiple Social Factors and Social Circles ［J］. International Journal of Web Services Research，2014，11：32 – 46.

（DTG）的反馈推荐算法①，无须计算用户之间的相似性，而是利用他们之间的信任关系进行预测计算。莫拉迪等（Moradi P. et al.，2015）提出一种基于图聚类算法并考虑信任声明模型的协同过滤方法②。皮茨利斯等（Pitsilis G. et al.，2015）提出了一个完全使用用户标签计算个性化产品推荐的替代算法③。计算用户提供的标签的语义相似度并聚类，并与其他特征结合，来预测用户的相似性。韩杰等（Han J. et al.，2015）提出基于地理标记社交媒体的个性化地标聚类④，为计划旅游行程提供自适应地理标签的推荐。

海涛祖阿等（Haitao Zoua et al.，2015）开发了一种新的基于信任排名推荐系统⑤，该系统通过利用用户的信任网络，来提高推荐的准确性，并制定了个性化的原信任排名可以为冷启动用户增量计算信赖向量。

梅蒙等（Memon I. et al.，2015）捕捉了社会化媒体上用户分享的旅游图片中重要的地点、时间、标签、标题和天气等信息，根据这些信息获取用户偏好，将另一个景点推荐给该用户，并实证了其推荐的精确性⑥。赵伟等（Zhao W. et al.，2015）将标签数据的复杂关系作为一个

---

① HD Zhong，S Zhang，Y Wang，Y Shu. Study on Directed Trust Graph Based Recommendation for E – commerce System [J]. International Journal of Computers Communications & Control，2014，9（4）：510 – 523.

② Moradi P.，Ahmadian S.，Akhlaghian F. An effective trust-based recommendation method using a novel graph clustering algorithm [J]. Physica A Statistical Mechanics & Its Applications，2015：462 – 481.

③ Pitsilis G.，Wang W. Harnessing the power of social bookmarking for improving tag-based recommendations [J]. Computers in Human Behavior，2015：239 – 251.

④ Han J.，Lee H. Adaptive landmark recommendations for travel planning：Personalizing and clustering landmarks using geo-tagged social media [J]. Pervasive & Mobile Computing，2015：4 – 17.

⑤ Haitao Zoua，Zhiguo Gonga，Nan Zhangb，et al. TrustRank：a Cold – Start tolerant recommender system [J]. Enterprise Information Systems，2015，2（9）：117 – 138.

⑥ Memon I.，Chen L.，Majid A.，et al. Travel Recommendation Using Geo-tagged Photos in Social Media for Tourist [J]. Wireless Personal Communications，2015，80（4）：1347 – 1362.

异类图，提出了一种新的异构复用算法排名架构[①]，命名 GROMO（基于图排名的多类型相互关联的对象），根据 GROMO 和 top 标签的输出排名推荐给该用户。

需要特别说明的是，国外在医疗信息领域，有关个性化推荐等相关服务的研究是一个不可小觑的方向。主要内容涉及肥胖人群、癌症病人等人群所需的信息、治疗药物等的推荐服务，还包括大众健康、营养等医疗健康领域的个性化服务。推荐的异常检验、推荐系统的有效性评估指标等问题也是研究的方向。限于研究主题的相关性和篇幅，本书在此不做详细的文献说明。

1.2.3　国内外研究述评

总体来看，国内外个性化推荐的研究有相似点也各有侧重。

相似之处有：①都针对个性化推荐最重要的两个内容——推荐算法和用户建模开展了大量研究；②针对不同时期面临的新情况、新挑战开展相关研究，如以协同过滤为主的电子商务推荐系统研究、考虑社会关系的社会化推荐、基于上下文感知的情景推荐等；③充分利用多学科知识，极尽所能，试图解决推荐技术的固有问题。

不同点在于：①应用的技术各有侧重。国外将语义、本体技术引入推荐算法中，试图解决用户需求表达、项目描述的模糊性、弱关联性等问题；而国内侧重将数据挖掘技术引入推荐过程，解决数据稀疏性、用户相似性计算等问题。②国外个性化推荐的应用领域比国内更广泛。国外在数字电视推荐、旅游推荐、医疗保健的服务推荐方面展开了大量研究，而国内在这些领域的应用研究在数量和深度上不及国外。③国外侧重推荐系统的开发，而国内侧重推荐模型与算法改进的研究。

---

① Zhao W．，Guan Z．，Liu Z. Ranking on heterogeneous manifolds for tag recommendation in social tagging services [J]. Neurocomputing, 2015：521 – 534.

综上所述，国内外关于个性化推荐在理论、技术和应用上都有大量研究，且新的思路和方法层出不穷。但国内的研究很多借鉴了国外已有的成果，研究的深度、应用的广度以及推荐系统的成熟度方面都有逊于国外。虽然国内外在个性化推荐方面的研究取得了很多可喜成果，但相关文献数量仍处于上升趋势，说明推荐方法的关键问题还未完全解决。在面临新的形势，如社会化电子商务、大数据等环境下如何将合适的商品（或其他项目）在合适的时间地点推荐给合适的人仍有待进一步研究，不足之处有：

（1）用户需求理解与挖掘的局限

用户建模是表达用户需求的方法，也是个性化推荐的目标，因此成为个性化推荐研究的重要内容之一。以往关于个性化推荐中用户模型的研究，有的称为用户需求建模，有的称为用户偏好挖掘，而有的则称为用户兴趣挖掘，却很少说明需求、偏好以及兴趣之间的关系或各自的侧重点，这容易引起研究者的混淆，以致相关的挖掘方法难以实现精准定位，必将导致用户需求挖掘在准确度和深度上的不足，最终影响推荐的效果。因此准确理解用户需求与定位用户需求源，并采用适当的方法挖掘用户需求是个性化推荐成功的基础。

（2）面向社会化电子商务的推荐研究的不足

从以上国内外研究现状中可以看出，目前大多数个性化推荐的研究侧重于面向电子商务个性化推荐的传统方法改进和面向社会化媒体的信息推荐。社会化电子商务是社交媒体与电子商务的融合，是渗透社会关系的一种电子商务延伸活动，在进行电子商务个性化推荐时不得不考虑其中的社交关系，而有研究表明，电子商务中的社交关系不同于社会化媒体上一般的用户关系，其用户关系网络是具有商业目的的二模网络，具有不同于一般意义上的社交特征。因此，研究面向社会化电子商务环境的个性化推荐显得尤为必要。

（3）个性化推荐中用户兴趣漂移研究的不足

虽然大多数文献从理论上研究了用户兴趣随着个人认知、任务和环境因素的改变而发生变化，这种变化的研究对个性化推荐的准确率或推荐结果的用户满意度产生直接的影响，但正是由于用户兴趣漂移因素的复杂性，导致相关实践研究不管是从量上还是质上都显得不够，现有的研究仅用时间或空间或主要情境上等一个或几个主要变量表达用户兴趣漂移，很少涉及从多个因素中挖掘用户兴趣漂移规律的研究，以便为用户兴趣的准确预测服务。

（4）面向社会化电子商务推荐的整体框架的缺乏

目前面向社会化电子商务的个性化推荐研究主要使用虚拟社区、信任网络、评论挖掘与传统协同过滤相结合的方法，很少将几种方法综合运用，也很少有更多基于社会化电子商务特征的其他方法，研究还处在初步的探索阶段，不够深入且缺乏扩展性。此外，以往的研究大都只针对一个社会化电子商务平台，缺乏对不同平台特征及其适用推荐方法的归纳。因此，有必要构建一个面向社会化电子商务推荐的整体框架模型，明确不同方法的相应应用平台。

1.3 研究内容、方法与创新点

1.3.1 研究目标与内容

1.3.1.1 研究目标

分析社会化电子商务的主要特征及运作模式，识别其中表现用户需求的主要数据源，提出社会化电子商务环境下的个性化商品推荐模型；提出融合传统算法与社会化因素的个性化推荐方法，建立面向社会化电子商务推荐的方法体系；总结出满足各个社会化电子商务运作模式的推荐技术框架，提升社会化电子商务环境下个性化推荐的可扩展性。

1.3.1.2　研究内容

（1）社会化电子商务中用户需求模型的构建

针对社会化电子商务中用户需求的显式反馈稀疏的问题，本书通过对社会化电子商务的特点、类型和模式的文献研究，归纳出影响社会化电子商务用户需求的主要因素及其表现形式，探讨适合社会化电子商务中用户个性化需求的隐式获取方法，并研究用户需求特征描述概念模型的构建及其更新方法，为面向社会化电子商务的个性化推荐提供理论依据。

（2）面向社会化电子商务的推荐模型框架研究

根据网络消费者行为理论和马斯洛需求层次理论，将社会化电子商务中的消费者需求的具体表现映射为好友互动、产品评论和购物分享三个方面。

自我实现的需求在社会化电子商务中表现为用户对喜欢商品的自主管理，用户可以自由分享产品，购物兴趣标签是其主要的表现形式。利用用户标注频率和时间因素对用户偏好的影响，把握用户兴趣漂移；构建产品标签本体，规范标签表达并对用户兴趣主题进行分类。在此基础上，提出基于标签—本体的商品推荐，降低传统个性化商品推荐显式评分稀疏性的同时，提高推荐的实时性。

社交需求在社会化电子商务中表现为用户之间、用户与商家之间的互动，这种互动产生信任，社会化电子商务中的信任关系不仅表现为用户之间的信任，特别是对意见领袖的信任，还表现在用户与卖家之间的信任，基于社会网络分析构建用户信任网络，提出基于信任关系的个性化商品推荐，提高传统个性化推荐的多样性。

尊重的需求表现为用户对产品的评论，消费者有权利对所购商品发表评论意见，这种意见的表达源自用户渴望消费者权利得到尊重，所发表的意见体现了消费者尊重的需求，提出基于评论挖掘的商品推荐，提高推荐的准确性。

（3）面向社会化电子商务的推荐方法研究

根据以上面向社会化电子商务的推荐模型所提出的推荐方法，分别研究各种方法的实现算法并进行实验。

首先，基于标签—本体的推荐，一方面获取用户—标签—商品信息，根据用户标注频率和时间因素计算用户标签权重，获得用户兴趣偏好；另一方面，构建用户标注商品和与其具有相关性产品的关联本体，形成产品关联本体；利用该本体对标签规范化并对产品分类，将产品类与用户的兴趣标签进行匹配，将相匹配的类簇的相似产品推荐给用户。

其次，基于信任关系的推荐，运用社会网络分析方法，构建用户关系图谱，考虑好友、意见领袖等与用户具有强关系或对用户具有强影响力的关系的权重，运用信任度加权计算方法，计算与被推荐用户有信任关系用户的直接信任度，利用路径传递计算间接信任度，设置信任度阈值，将高信任度用户偏好的相似商品推荐给用户。

最后，基于意见挖掘的商品推荐，分别获取交易型社区中用户关于某种价值相当的多个产品的评论集，运用情感分析方法，分别将用户对这些产品的情感倾向按产品属性进行分类，得到每个产品各属性的情感极性均值；利用用户对产品的关注度和需求度计算用户对产品的满意度；根据用户评分和每个产品特征的情感值，计算产品之间的相似度。预测用户对满意商品的相似产品的满意度，在考虑价格因素下，将满意度高的若干产品推荐给用户。

1.3.2 研究思路与方法

1.3.2.1 研究思路

本书按照提出问题—分析问题—解决问题的思路组织行文。首先通过对社会化电子商务、个性化推荐的相关理论基础和研究现状的梳理，提出本书要研究的主要问题，即利用社会化电子商务用户行为特征实现社会化电子商务中的商品推荐；其次定位解决这一问题的关键点——用户需求挖掘和推荐模型构建，提出用户需求建模和社会化电子商务推荐的模型框架；基于这两步的工作，设计面向社会化电子商务推荐的方法体系，分别是基于兴趣标签—关联本体的推荐方法、基于信任度计算的推荐方法和基于评论挖掘的推荐方法；最后分别讨论这些方法的适用范围与不足以及未来的研究展望。本书的研究框架见图 1－2。

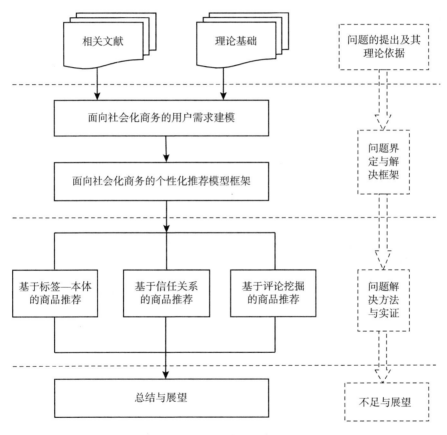

图 1－2　本书研究框架

1.3.2.2　研究方法

根据研究目标与范围，本书拟采用文献调研法、计量分析法、系统化建模法和实验研究法作为本书研究的主要方法。

（1）文献调研法

收集并阅读国内外有关个性化商品推荐的权威论文、硕博论文以及重要会议论文，了解相关研究视角、方法和研究脉络、现状和最新动向，并进行归纳和总结。

（2）计量分析法

采用关键词共现聚类分析和可视化分析方法进行文献计量分析，把握个性化推荐的国内外研究热点。运用文献题录信息统计分析工具 SATI 生成关键词共现矩阵，利用 UCINET 进行关键词共现聚类，运用 Netdraw 对文献聚类结果进行可视化展示。

（3）系统化建模法

本书研究在分析社会化电子商务的特点和运作模式的基础上得出影响个性化推荐的主要因素，充分考虑这些因素，并依据推荐系统的输入、处理、输出各模块的任务，构建面向社会化电子商务个性化推荐的整体框架模型。在此基础上进行细化，构建依据不同社会化因素的实现个性化商品推荐的具体方法模型。

（4）实验研究法

在具体实现面向社会化电子商务的个性化推荐方法模型中，为验证所提出的思想和方法的可行性与有效性，均通过获取不同的数据集，根据所提出的方法模型的步骤进行数据处理，得出实验结果，并选取合适的推荐效果评价方法对实验结果进行评价，从而检验所提出方法的可行性与有效性。

1.3.3　创新之处

本书的创新之处主要体现在以下三个方面：

（1）依据网络消费者行为理论与用户需求层次理论，构建了基于社会化电子商务特征的商品推荐模型框架

以往关于商品推荐的研究都是基于电子商务环境的，大都是基于用

户—产品的协同推荐。社会化电子商务融合了社会化媒体的用户参与、交互与分享特征以及商务交易的本质，将社会化元素融入电子商务活动，形成了新的商务模式。现有的推荐研究较少面向社会化电子商务，更没有根据社会化电子商务的特征提出整体推荐框架。本书根据社会化电子商的特征，基于消费者网络行为理论与马斯洛需求层次理论，揭示社会化电子商务中消费者购物过程的行为所体现的需求层次，构建了基于用户需求挖掘的商品推荐模型框架，提出了基于信任关系挖掘、基于评论挖掘、基于购物兴趣挖掘的商品推荐方法体系。

（2）提出了基于产品本体和用户标签偏好的商品推荐方法

现有利用标签的推荐研究大多基于矩阵的方法、基于聚类的方法或基于图论的方法，在保留用户—标签—资源三元组之间关系的前提下，筛选出重要的或同类标签，提出基于标签的协同推荐。这些方法虽然在一定程度上提高了推荐的准确率，但未能解决标签冗余与语义模糊的问题，也未考虑用户兴趣变化，且计算复杂度高。本书通过构建产品本体，规范化产品标签语义，并对产品分类；综合考虑用户标注标签的频繁度和日期远近权重，计算用户最近的兴趣偏好；通过计算产品标签与用户标签的相似度，设置相似度阈值，将相似度高的产品推荐给用户，降低计算复杂度。

（3）提出了基于隐性信任网络的信任度计算方法

国内社会化电子商务网站中用户之间缺乏显性信任评分，但存在大量的商务社交关系。以往基于信任的推荐大多利用用户显性信任评分构建信任网络，利用直接信任值进行简单的距离加权计算间接信任值，设置信任阈值，产生基于信任的推荐。本书构建了基于社交关系的隐性信任网络，识别并设置信任影响子权重，计算用户对其直接信任用户的信任度值；根据不同类型信任传递路径，设置相应算法，计算用户间的间接信任度值。鉴于用户兴趣的多样性和对信任用户的领域权威性要求，提出基于信任度阈值的相似产品推荐方法。

社会化电子商务推荐理论基础

本书研究的主要内容是在社会化电子商务环境下，如何建立个性化推荐框架模型以及如何实现个性化推荐。为此，需要先弄清社会化电子商务的特点、社会化电子商务环境下的用户需求与用户行为特征以及如何运用合适的推荐方法实现用户满意的 Top N 推荐项目等问题。那么，梳理社会化电子商务基本理论、用户需求及其建模理论、已有的个性化推荐方法与模型等相关理论成为必要，在此基础上总结出本书研究的支撑点，为实现本书的研究内容提供理论依据。

2.1　社会化电子商务基本理论

虽然十年前就出现了社会化电子商务的概念，但直到近两年社会化电子商务才真正引起业界和研究人员的重视。业界虽然关于社会化电子商务的提法较多，但多是介绍其概念、实践和利用社会化电子商务环境的营销活动，侧重从企业的视角如何引导和满足消费者需求。学术界关于社会化电子商务的研究起步较晚，研究尚处于初步阶段，除了应用上的探讨之外，也仅从用户的角度进行使用意愿、参与动机、满意度等几个方面进行初步的理论和实证研究，尚未深入到社会化电子商务的形成机理、演化规律、对社会的影响以及路径整合等深层次理论和宏微观视角的研究。总之，社会化电子商务的研究还处在初级阶段，本书仅就其基本概念、特征、分类等方面进行梳理，以形成对社会化电子商务的总体轮廓，并在此基础上探讨面向社会化电子商务进行个性化推荐的必要性。

2.1.1　社会化电子商务的概念与特征

2.1.1.1　社会化电子商务的概念

"社会化电子商务"（social commerce）一词最早由雅虎公司提出，2005 年该公司推出一项新的服务 shoposphere——让用户选择自己感兴趣的商品按主题归类进行列表，并可以对列表中的商品发表评论和用后感，将之分享给他人。实际上，业界在面临消费需求的模糊化、个性化、被动化与商品种类的多样化、质量良莠不齐的双重压力下，所提供的传统电子商务平台的产品信息发布、搜索、购物流程的支持等功能难以实现需求与商品的精确匹配，消费者购物的时间成本陡然增加，使得消费者对传统的电子商务平台及卖家失去信任和耐心，业界势必要想尽办法来应对这一挑战。与此同时，以用户为主导、让用户参与与自由互动的社会化媒体正受到广大网民的青睐。因此，借助社会化媒体这股"东风"来吹走笼罩在传统电子商务头上的"雾霾"，成为传统电商经营者的必然选择，那就是提供用户自由交流自由分享的空间，让用户引导用户消费，这就是社会化电子商务。虽然社会化电子商务的发展风生水起，各种商业模式逐渐显现，但以实用主义为导向的业界并没有给出确切的概念。

社会化电子商务这一词最早于 2007 年出现在正式的出版物上[①]，早

---

　　① James Surowiecki & Mark P. The Wisdom of Crowds［J］. Si I Verman, American Journal of Physics, 2017, 75（2）: 190.

期的社会化电子商务仅仅指的是购物收藏、购物分享等，后来扩展到让消费者获得可信建议，促成购买的一切工具的集合。近几年，社会化电子商务也受到来自管理科学、市场营销、计算机科学、新闻传播学、社会学、心理学等学界学者的广泛关注，社会化电子商务相关的研究成果逐渐多了起来，但是来自不同领域的学者对社会化电子商务的理解都带有各自领域的视角，截至目前还没有一个统一的认识。

市场营销领域的学者认为，社会化电子商务是开展电子商务的企业利用社会化媒体或 Web 2.0 工具开展的营销活动，这种营销活动更多运用社交、创新和协同，目的不是直接交易，而是促进消费者的购买决策和购买行为。

计算机科学领域的李等（Lee et al.，2008）认为，社会化电子商务指的是基于 Web 2.0 技术的在线中介平台的应用，其表现形式为在线交互工具和平台，或者是电子商务环境中的社交网站和在线社区[1]。金姆和帕克（Kim & Park，2012）认为社会化电子商务是受社会化媒体驱动的一种新的电子商务模式，以便购买和销售各种产品和服务[2]。安布勒恩和比特（Amblee N & Buit，2011）认为由于嵌入了 Web 2.0 技术，使得用户之间可以建立社交关系和自由生成信息内容，相互帮助产品信息获取，这就诞生了社会化电子商务[3]。

新闻传播学领域的专家认为，社会化电子商务是社会化媒体的一种形式，它可以让用户通过网络参与市场互动、购买和销售产品与服务等。

社会学领域的学者认为，社会化电子商务注重在网络环境中形成社

---

① Lee, S. H., DeWester, D., and Park, S. R. Web 2.0 and opportunities for small business [J]. Service Business, 2008: 335 – 345.

② Kim S., Park H. Effects of various characteristics of social commerce (s-commerce) on consumers' trust and trust performance [J]. International Journal of Information Management, 2012, 33 (2): 318 – 332.

③ Amblee N., Bui T. Harnessing the influence of social proof in online shopping: The effect of electronic word of mouth on sales of digital microproducts [J]. International Journal of Electronic Commerce, 2011, 16 (2): 91 – 114.

会影响力和消费互动，利用其特性支持人们参与线上线下社区和市场的营销策划、销售对比和购物分享。

心理学领域的学者认为，由于信息不对称或认知的不足，消费者购物决策普遍受权威、专业、周围人的行为、信息等因素的影响，社会化电子商务是人们在购物时由于内心的不确定性而寻求或受到网络中其他人行为或信息影响的心理状态。

除此之外，还有很多学者和机构给出了自己对社会化电子商务的认识。莱（2010）认为社会化电子商务是商家利用新的社会化媒体工具实现产品销售的一种方式[①]。维基百科中对社会化电子商务的描述是，社会化媒体融入电子商务的结果，使得电子商务支持在线交互和用户分享，进而促进产品和服务的购买。也有一些学者试图将社会化电子商务与社会化购物相区分，认为虽然两者都是协作网络，但前者属于销售方的，后者属于购物者的。另一些学者却认为买家和卖家同属一个网络，有的既是卖家也是买家，其身份难以区分，因此难以分成两个网络。所以虽然有 social commerce 和 social shopping 的英文称谓，但一般将社会化商务、社会化电子商务、社交电子商务和社会化购物等同起来。梁定澎和埃弗雷姆特伯恩（Ting – Peng Liang & Efraim Turban，2011）认为社会化电子商务是电子商务的延伸，具备两个必要的基本要素，那就是社交媒体工具和商务活动，两者缺一不可，结合起来称为社会化电子商务[②]。社会化电子商务的发展又催生了新的理论，例如共同创造、电子口碑等。越来越多的学者认为，社会化电子商务是基于互联网的商务应用，是电子商务的子集，通过社会化媒体或 Web 2.0 技术支持社交互动、用户生成内容，以帮助在线购买或销售产品或服务，其平台既可以是电子

---

① Lai L. Social commerce to e-commerce in social media context ［C］//Proceeding of World Academy of Science，Engineering and Technology. Paris：Republic of Engineering and Technology，2010：39 – 44.

② Liang T. P. ，Turban E. Introduction to the Special Issue Social Commerce：A Research Framework for Social Commerce ［J］. International Journal of Electronic Commerce，2011，16（2）：5 – 14.

商务网站，也可以是社交媒体。

我国学者结合我国社会化电子商务现状，提出了自己对电子商务的认识。广泛认为，作为电子商务的一种特殊形式，社会化电子商务借助社会化媒体，利用人的社会属性进行交流、分享、传播和推荐商品或服务，以提供更好的消费服务环境。简单来讲，社会化电子商务就是借助社会化媒体把生活中人们运用传统交流方式（如电话、短信或面对面聊天等）分享商品信息和购物体验融入电子商务中，最大限度地提高电子商务中用户参与、用户分享和用户互动，以促进销售和提高用户满意。田雨晴（2013）认为社会化电子商务是一种可以分享并获得购物经验、获取满意商品并可进行购物的在线协作平台①。宗乾进（2013）认为，社会化电子商务是利用社会化媒体工具整合用户之间的社交关系和购物信息，以帮助产品或服务推广、扩大销售的一种商务模式②。

综上所述，虽然来自不同领域的专家对社会化电子商务都有各自的解释，但在如下三方面认识一致：①社会化电子商务是电子商务的一种衍生形式；②利用了 Web 2.0 技术，使得社会化电子商务具有社会化媒体的用户参与、用户互动和用户分享特征；③注重通过社交互动、用户生成内容等手段来影响消费决策，促进在线销售。但是，并不能认为电子商务与社会化媒体的交集就是社会化电子商务。马斯登（Marsden，2009）认为社会化电子商务的应用主要表现在商品评价、用户之间相互的产品推荐、共同关注产品的兴趣社区、利用 Web 2.0 工具的产品推广、社交广告以及社交购物，前三项应用与电子商务相同，其后的两项是社会化媒体的应用，最后的社交购物是其独有特征③。因此，三者之间的关系见图 2 - 1。

---

① 田雨晴. 社会化电子商务研究综述 [J]. 北京邮电大学学报（社会科学版），2013，15（4）：32 - 39.

② 宗乾进. 国外社会化电子商务研究综述 [J]. 情报杂志，2013，32（10）：118 - 121.

③ Marsden, P. The 6 Dimensions of Social Commerce: Rated and Reviewed [EB/OL]. [2009 - 12 - 22]. http://socialcommercetoday.com/the - 6 - dimensions - of - social - commerce - rated - and - reviewed.

图 2 - 1　社会化电子商务与电子商务、社会化媒体的关系

社会化电子商务环境下的消费者需求一般是被动的，没有非常明确和非常强烈的消费需求，其消费需求和行为最终由其他用户催生和引导。因此，本书认为，社会化电子商务指的是电子商务的一种衍生模式，其利用社会化媒体技术或工具，支持交易各方特别是消费者之间参与互动，分享和推荐商品或服务，从而促进商品和服务交易。

2.1.1.2　社会化电子商务的特征

Bankinter 基金会于 2011 年举办的科技创新大会上，将社会化电子商务构成要素总结为 6C，即 content（用户参与产生的内容）、community（共同兴趣形成的虚拟社区）、commerce（商品或服务交易）、context（产生需求的情境）、connection（用户之间的连接关系）、conversation（用户之间的交流、互动）。社会化电子商务综合并扩展了社交媒体中用户创造内容、用户关系、用户互动、情境因素对商务活动的影响，形成了自己独特的个性。王伟军等（Weijun Wang et al.，2011）认为社会化电子商务具有市场划分、社区交流、用户分享、人气聚集和平台连接五大特征①。琚潇（2012）将社会化电子商务的特征总结为真实性、公开性、互动性和社区性②。

综合以上研究本书将社会化电子商务的特征总结为以下几个方面：

---

① Weijun Wang, Lin Li. Research on Social Commerce in Web 2. 0 environment. In E – Business and E – Government（ICEE）. Wuhan, China. Department of Information Management Hua Zhong Normal University. 2011.

② 琚潇. 社会化电子商务的用户使用意向研究［D］. 北京邮电大学，2012.

（1）关于商品信息和商品评论的真实性

社会化电子商务中的信息发布者主要包括三类人群：编辑、达人和普通消费者。编辑虽不一定是消费者，但遵从信息发布客观真实原则，都会客观描述商品的质地、功能、配件等基本信息；购物达人具有丰富的购物经验，其在大量购物尝试后，发表对商品权威、专业的体验感受，内容真实可信，是普通消费者在进行购物决策时寻求商品推荐信息的信任者之一；普通消费者会根据自己购物商品的使用感受，发表一些满意或不满的意见，内容真实可信，可以为潜在消费者提供购物参考。

（2）用户参与、分享和互动性

传统的电子商务主要由商家发布产品信息，电子商务网站的功能在于支持商品交易的整个流程顺利完成，包括交易前的商品展示和宣传与促销、消费者搜索、浏览商品图片与文字信息；交易中的订单提交与受理、支付、发货；交易后的商品确认、退换货等售后服务。除了提供支持用户部分参与的与商家沟通的工具、商品评论区外，较少提供用户个人分享模块和用户之间互动模块。随着网络购物由功能型转向享乐型，用户参与、分享和互动的需求越来越迫切，应这种需求，社会化电子商务充分利用社交元素，开辟用户社交购物专区，让用户展示个人兴趣、分享个人的购物体验、向朋友寻求和推荐商品、参与社区讨论。

（3）让消费者引导消费

传统电子商务中用户的消费表现为主动消费，根据自己的需要或兴趣，登录网站，通过站内搜索和选择功能，查找自己所需商品。社会化电子商务中用户的消费主要表现为一种被动消费，社会化电子商务中的消费者由于兴趣相投相聚在一起，相互之间建立了或强或弱的人际关系，在购买商品时很容易受到关系中其他用户的影响。一般情况下，用户的消费需求不明确或并没有强烈的消费需求，在浏览其他用户的分享或推荐信息后，基于从众心理，产生了一种购物的冲动，也被称为是冲动消费。这是由社会化电子商务中用户之间的稳定关系产生的信任引发的，是传统电子商务难以实现的。

（4）形成交易型社区

有共同兴趣的人们在社交媒体中很容易形成各种类型的社区，如知识型社区、娱乐型社区、关系型社区。以购物兴趣聚集在一起的人们也自然而然地形成了购物型社区。购物型社区又可以在不同的网络平台按兴趣品类分为若干主题兴趣社区，如服装饰品类、美妆护肤类、小件电子产品类等，大家在社区中进行深入沟通和交流，以形成全面的产品印象，社区中的用户关系可以是朋友熟人建立的强关系，也可能是互不见面、相互之间并不认识，只是对同类主题感兴趣而聚在一起的弱关系，不管是强关系还是弱关系社区，都不影响用户在社区中给出或寻求商品评价，以帮助用户进行购物决策。

尽管不同领域学者对社会化电子商务认识视角不同，但是普遍认为其特征表现为消费者生成内容、网友群帮助购物决策、消费者之间有交流互动、网络用户之间形成虚拟社交关系、被动消费以及群体认同等。

2.1.1.3 社会化电子商务与传统电子商务的区别

综上对社会化电子商务的界定，不难看出，社会化电子商务的落脚点还是电子商务，商务活动是其本质特征。但电子商务之所以向社会化发展，有其内在的需求和外在的时代背景，内外因素的融合，促使社会化电子商务具有相对于传统的电子商务所不同的内涵和表现，见表2－1。

表2－1　　　　　社会化电子商务与传统电子商务的区别

属性特征	社会化电子商务	传统电子商务
商业运作模式	社交媒体和电子商务融合	网站经营者推广和主导
商品信息发布形式	兴趣标签与图片、评论、交互	图片展示、文字说明
支付与盈利模式	非支付，收取交易佣金	提供支付工具，收取年费或赚取商品差价
网页设计	以图片展示为主，满足用户体验	按商品分类，用户需搜索、选择商品

续表

属性特征	社会化电子商务	传统电子商务
功能设计	侧重用户参与、分享和互动	侧重支持交易流程
信息质量	用户生成内容为主，可信度高	商品展示为主，存在虚假宣传
消费类型	被动消费为主	被动消费与主动消费并重
用户类型	购物达人、参与者、观望者	买家和卖家
用户关系	沟通透明、建立信任关系	存在不信任

（1）商业活动主体不同

传统电子商务以中介平台和卖家为主体，中介平台所提供的站内搜索、商品分类、支付、物流等服务，是支持交易过程顺利进行为目的的，而商家的促销、广告、竞价排名等活动，则是以卖出更多的商品，从中获取利益为目标，并没有考虑用户之间的交流和互动。社会化电子商务则以用户为主体，充分给予消费者表达意见、分享经验、实时交流的空间，利用消费者之间天然的非利益对立建立信任关系，让消费者引导消费者购物，在尊重消费者社交需求的同时以用户接受的方式提高购买转化率。

（2）网站信息内容不同

传统电子商务网站信息内容主要由商家发布的图文并茂的产品介绍信息，以及网站提供的支持交易流程信息，当然也提供了与商家之间的沟通工具以及消费者评论信息，但缺少用户之间交流、分享的空间，用户兴趣资料也是不公开的。社会化电子商务从用户角度出发，让用户公开展示个人的兴趣标签、分享商品信息和购物体验，并让兴趣相投的用户之间进行交流。因此网站中的信息内容主要由用户生成，内容包括用户兴趣、分享的商品、评论等。

（3）盈利模式不同

传统电子商务中卖家靠商品销售来获取利润，中介平台靠收取商家年费、广告费获利。社会化电子商务的获利方为社会化电子商务网站和购物达人，对于大部分正在聚集用户的网站来讲，还未实现盈利，其网站维护费用主要靠融资。对于成熟社会化电子商务网站，即已聚集大量用户，用户有购买网站上分享的商品的需求，网站提供指向各大知名购物网站的商品链接，第三方社会化电子商务企业则通过每笔链接达成的交易收取佣金，进行利益分成。而购物达人也可获得分享提成或返利。

（4）消费类型不同

电子商务中用户主观购买的愿望强烈，根据需要进入购物网站查找商品，最终购买，是一种主观意志主导下的主动消费。而社会化电子商务中用户一般没有非常强烈的购物欲望，由于看到了朋友的晒单、打折促销，产生攀比和占便宜心理，是一种被动消费。

万彩云[1]对社会化电子商务与电子商务的区别做了简洁明了的阐述，认为社会化电子商务是电子商务的一种形式，其特点是提供了消费者或潜在消费者之间的社会化交流。缺乏社会化交流的在线交易只是传统意义上的电子商务，而缺乏商务活动的社交媒体也只是简单的虚拟社区。

电子商务网站聚集了海量网购商品信息，在满足人们购物方便性、多选择性需求的同时，不可避免地出现了商品质量参差不齐、商家信誉低等问题。人们购物的心理和时间成本陡增，以至于人们在商品选择时不再局限于商家提供的商品信息，会寻求更公正客观的信息渠道，这时，其他买家的分享、评论，朋友的推荐会更大程度地影响用户的购物意愿。社会化电子商务通过社区评论、用户之间的咨询问答、兴趣分享、建立朋友之间的信任关系等方式，提供用户参与互动的平台，让用户之间分享和获得购物建议，帮助用户进行购物决策，促进商品或服务销售。这种方式能更大程度避免无用、虚假信息，聚焦可信商品信息，避免对眼花缭乱的商品信息进行长时间的搜索和分析、对比，在一定程度上降低了用户选择的心理和时间成本。

① 万彩云. 社会化商务消费者信任对忠诚的影响实证研究 [D]. 北京邮电大学, 2014.

社会化电子商务在电子商务的基础上实现了群体互动，应用了社会化媒体技术，更强调口碑、信任购买、朋友推荐。社会化电子商务不同于社会化媒体的是其传播力不足，是社会化媒体的一种应用，目的性更强，以购物为目的的关注、沟通、交流，强调购物的功利性和享乐性。同样不同于以往的电子商务网站的是不仅实现用户与商家的交流、互动与沟通，更让消费者群体自由交流关于产品信息、购物经验，甚至相互推荐商品，以这种方式帮助用户决策，提高用户满意度，传播产品口碑，促进销售，优化产品质量。总之，呈现出社会化电子商务独特的地方，包括消费者生成内容、社会化交易网络、商务信任。

社会化电子商务提供了消费者参与、分享、互动的平台，并形成了一些意见领袖，他们引领着消费者品位，推动着消费者的活跃，影响着消费者的购物决策，逐渐带领更多的消费者由单纯购物变成乐于分享，并将分享逐渐变为一种习惯，看到感兴趣的商品分享时会产生购物冲动，并忍不住要下单，这就是被动消费或冲动消费，这是社会化电子商务中消费者的主要特征。社会化电子商务扩大了传统购物入口，拓宽了推荐数据源，可以进行更精准的商品推荐。

2.1.2 社会化电子商务的分类

在社会化电子商务商业模式的研究方面，按照社会化电子商务形成机理有两种分类方法。

一种从业务侧重视角分类，将社会化电子商务分为三种类型，这也是目前普遍认同的一种分类方法，见表2-2：

①在电子商务网站中嵌入社会化媒体工具，称为基于现有电子商务平台的社会化电子商务，典型代表有淘帮派、凡客达人、京东评论库。

②在社会化媒体中添加商务元素，称为基于社会化媒体平台的社会化电子商务，如脸书的F-commerce、新浪微博的微跳蚤、腾讯微博的微卖场、豆瓣的东西等。

表 2-2 中国社会化电子商务的类型与典型网站特征

类型	网站名称	定位	网站功能	用户群体	用户关系
基于现有电子商务平台的社区	一淘网	提升用户体验及黏度	搜索、相似偏好用户购买动态展示、推荐	淘宝用户	弱
	爱逛街	时尚购物分享	商品分类、图片分享	爱美、时尚的年轻女性	弱
	阿里来往	增强用户黏性	好友互动即时通信平台	阿里用户	强
	京东乐享	评论社区	商品分类、用户评论	京东用户	弱
	凡客达人	达人社区	达人展示穿衣搭配，发表观点、看法	凡客用户	弱
基于社会化媒体的交易型社区	人人逛街	基于人人网搭建的购物分享平台	分享购物经验、最新商品资讯、时尚潮流、购买建议	爱美、爱分享、爱时尚用户	强/中
	F-commerce	基于 Facebook 搭建商业社区	购物分享、导购	Facebook 用户	强
	豆瓣东西	购物社区	基于兴趣的分享、导购	追求个性和小众的文艺青年	弱
	微信微商	商业推广	商品信息发布、用户关注	品牌用户	弱
第三方社会化电子商务	大众点评网	本地生活消费指引	基于餐饮的点评、打分、分享	本地理性消费用户	弱
	美丽说	面向一线城市年轻女白领的高端时尚社区	分类浏览、用户分享、互动	爱美、爱分享、重口碑的时尚女性用户	弱
	蘑菇街	面向二线、三线城市年轻女性购物分享、交友	浏览、快速查找、导购、分享和互动	热爱网购及分享女性	弱
	Pinterest	购物推荐	瀑布流式的图片分享、图片收藏	乐于直观分享的用户	弱
	堆糖网	物品兴趣分享社区	瀑布流图片展示，互动、推荐	乐于直观分享的用户	弱
	花瓣网	网络美图收集	瀑布流图片展示，兴趣分享	美图爱好者	弱

类型	网站名称	定位	网站功能	用户群体	用户关系
第三方社会化电子商务	翻东西	时尚购物搜索与分享社区	分类浏览、快速检索、分享、互动	选择困难症的用户	弱
	麦糖网	精致商品、品位分享的网络社区	精选商品展示、发现品位产品、礼物	追求精致商品、追求品位生活人士	弱
	零食控	零食分享	逛、收藏、评零食	零食爱好者	弱
	拖拉网	服饰搭配	名品分享、达人秀、搭配榜、品牌秀、街拍	注重服饰搭配人士	弱

③融合社会化媒体和电子商务的第三方社会化电子商务。如美丽说、蘑菇街、大众点评、花瓣网、堆糖网、国外的 Pinterest 等。

另一种从社会化电子商务展示形式将其分为四种：

①媒体导购模式。如逛逛，似一本电子时尚杂志，让用户在阅读的过程中不知不觉被所介绍的商品所吸引，产生购买的冲动。该模式聚集的用户数量大，但互动性较差。

②以兴趣图为基础的社会化电子商务模式。国内以花瓣网为代表，国外最引人注目的要数 Pinterest，意思是用户可以模仿现实生活中将重要信息或卡片钉在墙上的模式，将网络中见到的感兴趣的物品图片收藏，并像画廊一样展示出来，分享给别人。这种模式的特点是直观，并以超强效果图吸引眼球，用户之间还可以互动，能够很快聚集大量相似兴趣用户，但盈利模式欠缺。

③基于共同兴趣的社交电子商务模式。如蘑菇街、美丽说，这种模式的特点是满足了用户足不出户逛街的需求，通过收取交易佣金盈利。

④线上导购线下消费模式。如大众点评网、美团网、糯米网、拉手网等，该模式的特点是以用户所在地生活服务为目标，包括就餐、美发、看电影等，针对需求明确、服务质量要求高的用户，提供好评商家

推荐。

2.1.3　面向社会化电子商务的推荐

首先，社会化电子商务网站用户的特点首先是年轻，多是"80后"和"90后"的爱美和追求时尚的年轻人，女性居多；其次，这些人群大多受过良好教育，综合素质较高；再次，由于工作的时间紧张和压力，除非节假日，这些人很难抽出时间逛街购物，所以大多数时候喜欢方便的网购；再其次，这些人注重购物分享，喜欢在购物后与朋友分享购物信息和体验，也喜欢通过与信任的人的交流获得购物推荐；最后，这些人群不管是网购熟悉还是不熟悉的商品，决策依据基本一致，那就是重视用户评价，重视高质量的口碑。因此，社会化电子商务绝不是一个单纯的购物场所，也不仅仅是一个社会化营销环境，用户需要的是一个自由的空间，在这个空间中能够轻易获得可信的商品推荐信息，并能够贡献自己的购物经验，最终在轻松互动、分享的同时，完成购物过程。因此，社会化电子商务需要满足用户购物的享乐型需求，而不仅仅是功能型需求。为了能够让用户轻松获得可信的商品推荐信息，专业化的社会化服务成为必要，如面向社会化电子商务的推荐服务。

近两年阿里巴巴的种种入股渗透和业务开拓行为，无不是在为打造其全方位的 So－Lo－Mo－Co 社会化电子商务帝国所做精心准备：So 即 Social 社会化，入股新浪微博就是想借助其社会化媒体属性，将传统电子商务向社会化或社会化电子商务渗透；Lo 即 Local 本地化，入股高德地图是利用智能地图的定位、引导功能将传统远程商务向本地线上线下渗透；Mo 即 Mobile 移动化，打造云计算操作系统和云手机是为了将传统电子商务向移动电子商务渗透；Co 即 Commercial 商业化，其原有的阿里巴巴、天猫、淘宝和支付宝则是其实现全方位社会化电子商务的牢固基石。

阿里巴巴多个平台沉淀的用户消费行为数据、新浪微博用户的消费兴趣数据和社交关系数据，为商品推荐提供了丰富的数据源，基于用户社交关系的挖掘，从用户注册数据、兴趣标签、转发和评论中挖掘用户兴趣偏好，从购买、浏览等消费行为数据中预测用户消费趋势，都为商品推荐提供了数据基础和新的研究思路。阿里等各大电商平台都在进行账号打通，用户可以利用社会化媒体上的账号登录电商平台，从而跟踪获取用户在社会化媒体上的兴趣偏好数据和用户关系数据，然后结合电商平台的用户消费数据，进行基于相对于传统仅靠电商平台用户消费数据的综合数据源的推荐，使得推荐更有的放矢。

商品推荐的目的是满足用户对商品信息的需求，促进销售。大量关于社交商务环境下用户购买意愿影响因素的研究表明，消费者的购买意愿受兴趣标签、商品评价（口碑）、用户推荐、交易平台安全、商家规模和信誉等影响。商品推荐可以利用这些因素作为数据源，提高推荐质量。

2.2 用户需求相关理论

用户需求建模是个性化商品推荐的前提，其主要任务是收集用户需求信息，用合理的方法进行用户需求表示，以作为推荐算法的输入，用户需求建模的质量直接影响推荐的效果。因此，用户需求建模的研究是个性化推荐研究的一个重要内容。目前，关于用户需求建模已经形成了较为成熟的理论，虽然研究内容随着用户行为的变化、Web 服务的提升在不断更新，但相关理论基础一直指导着新形势下的研究。

2.2.1 用户需求、偏好与兴趣

2.2.1.1 用户需求

需求问题的研究源于心理学和组织行为学，认为需求是由于现状相

对于个体或组织期望或意愿的一种缺失状态，个体或组织希望通过某种方式来平衡这种缺失。现已成为市场营销、行为科学、竞争战略等领域研究的重要内容。市场营销领域将需求视为客户满足，侧重于客户兴趣和偏好的研究，强调操作层面的调查研究等问题；行为科学领域将需求视为一种心理状态，侧重于需求心理和行为的关系研究，寻求需求的影响因素，并进行需求的求解和实证；竞争战略领域将需求视为竞争源泉，通过需求与投资管理，探索满足客户需求的最佳资源配置方式，以吸引更多忠诚度高的客户，从而提升企业核心竞争力，因此，需求问题是个战略问题。

消费者需求是广泛多变的，但仍表现为一定的趋势和规律，体现在需求的基本特征中：消费者需求内容表现出对象性（如某种具体的事物、特定活动或感受）和选择性；从性态上表现出伸缩性（顾客对需求追求的层次高低、内容多寡和程度强弱等）、可变性、可诱导性和可替代性；时间上表现为连续性（新旧需求的更替和主次需求的转化）、发展性（顾客需求是一个由低到高、由物质到精神、由简到繁不断发展的过程）、周期性；从需求满足程度上表现为相对满足性和不满足性。可以看出，消费者需求是一个动态概念，具有深层次的内在驱动和高度的情境（如时空、事件等）依赖。一方面消费者会主动寻求变化，导致需求的迁移；另一方面，随着情境的变化，需求会发生量和质的变化。在这样的互动机制下，消费者需求不断演进。

用户需求有很多分类，理论研究中最常见的分类是按照需求的呈现程度分为显性需求和隐性需求。显性需求是有明确标的物的能够表达出来的需求。而隐性需求的定义，学者们对其理解各不相同，自 20 世纪 80 年代末以来，出现了"潜在需求""隐性需要""隐性需求"等不同术语，但本质上都跟隐性需求相关。用户隐性需求是指用户难以言状的一种潜意识的精神需求，它高于简单的物质需求，隐性需求受客观情境因素诱发，但受人的主观愿望支配，是一种可以实现的心理或行为状态。目前，用户隐性需求主要从营销和竞争情报的视角开展研究。挖掘用户隐性需求是企业引导或创造需求的前提和源泉，而挖掘用户隐性需求就需要弄清楚隐性需求源，即什么因素产生隐性需求，普遍认为，用户对消费趋势认知能力的缺陷、用户对消费刺激的感知不足以及由于客观限制无法实现需求是隐性需求产生的根本原因。目前，关于隐性需求的系统性深入研究还比较少，但其分析思想却渗透到经济学、管理学、心理学等多个学科。营销学认为不断挖掘并满足用户新的需求是硬道理，而其中的重点和难点就是隐性需求的挖掘。

电子商务用户需求也有显性需求和隐性需求之分，显性需求是用户对电子商务网站中提供的商品和服务的需求，而隐性需求是附加在显性需求之上的需求，如对网站安全性程度的需求、对商家高信誉程度的需求等，用户有购物安全性需求，也希望商家守信用，但又难以定义怎样才达到了安全的标准，商家做到什么程度才是守信用了。电子商务隐性需求也包括难以在电子商务网站上搜索得到又难以说明的对商品或服务的需求。如相对网站现有的商品或服务信息，用户似乎都不满意，但自己又说不出到底需要的是什么样的商品或服务，或用户所需要的商品或服务，网站上根本没有提供相关信息。隐性需求具有隐藏性、随机性、模糊性和可转化性等特征，隐性需求获取方法主要有网络调查、收集用户访问记录、相似兴趣聚类、检测查询日志等，具体的实现技术有信息过滤和智能代理技术。

随着电子商务的社会化发展趋势，社会化电子商务的概念逐步得到重视，社会化电子商务中用户的需求不仅仅限于购物相关需求，还表现出社交购物的新需求。2005年至今，很多传统电子商务平台和社交网站曾试水社会化电子商务，失败或成功的主因是其运作是否遵从了用户意愿，满足了用户需求。脸书允许零售商在其平台上开店的F–commerce模式，因其未遵从用户单纯交流的意愿将商业元素强加给用户，引起用户的反感，交易量惨淡。淘宝的淘江湖旨在形成一个买卖双方相互交流的社区，但过多的商家的广告信息占据了大量的版面，让买家无所适从。也有非常成功的，如豆瓣的东西和大众点评等，看准了用户因购买而产生的寻求推荐、购后分享、用户之间交流的强烈需求，以满足这些需求为目的而构建商务型社区，而不是以满足卖家产品推广或网站经营者的利益为目的。美丽说、蘑菇街等第三方社会化电子商务平台看准了现代女性爱美、追求时尚又没时间精心打扮的潜在需求，提供了基于兴趣的社交、分享、购物的平台，聚集了大量女性用户。

2.2.1.2 用户偏好

偏好一般指的是人们对产品或服务的选择倾向，其依据是人们的认知水平、经验、理性思考和总体感受。人们在日常生活中会自觉不自觉地运用自己的"偏好"来辅助相关决策，如在价格相同条件下，新生儿妈妈由于自己比较喜欢粉红色，会给自己的女儿购买粉红色衣服；人们有时会用"偏好"表达一种意向，如男人喜欢车，女人喜欢逛街。当然，更多的时候用户需要面对和处理更加复杂的偏好抉择，如需要在一定的条件限定下，做出倾向性选择或意向性判断，称为条件偏好。

偏好研究由来已久，2000多年前的亚里士多德从哲学的角度对"偏好"进行了定义，认为"偏好"就是主体在面临比较两种事物的看法和倾向时，所做出的选择①。张家龙从逻辑学的视角分析了亚里士多德的观点，认为其提出了"强偏好""无差别偏好"等概念，提出了"强偏好的完全性、不对称性、换质位以及合取扩展"等原理②。直到20世纪60年代，偏好理论才得以完善。理性人假设是哲学界定义"偏好"的基础，偏好的实质是对事物的比较。虽然偏好的研究一直是哲学领域研究的重点，但很多领域也都出现了，如决策论、博弈论、行为选择理论等。现如今，关于偏好不断有新的模型出现，研究还涉及偏好的变化、偏好与其他认知概念的关系等。

在消费者行为理论中，偏好是用户面对消费品的一种顺序的倾向性

---

① Aristotle. "Organon", in the works of Aristotle translated into English under the editorship of W. D. Ross, Oxford, 1928, 1.

② 张家龙. 亚里士多德对"偏好"如是说 [J]. 逻辑学研究, 2008, 1: 99 – 107.

选择。偏好既有明显个体差异，也呈现出群体特征。经济学界将人们的偏好选择建立在理性假设的基础上，因此这种选择具有内在的一致性和有序性，决策过程遵从个人利益最大化。叶航认为偏好是一种客观或感受上的非平衡状态，这种状态受外界影响，并能够多次出现。如果这种失衡状态不能平衡，人们会产生生理或心理上的压力，这种压力达到一定程度，"偏好"就会转化为动机，进而产生行动，来维护这种平衡状态[①]。综上所述，偏好是潜藏在人内心的一种情感倾向，难以直观察觉。但现实中用户基于自身偏好所做出的实际消费行为并不一定都是理性的，往往还会受到外界环境及舆论、从众心理、特定刺激下的冲动以及追求特殊意义和价值等的影响，引起偏好的感性因素多于理性因素，产生非理性偏好。除此之外，现实生活中还存在大量表面看似理性，实际是非理性的行为和选择。

用户偏好的研究不仅在哲学、逻辑学、心理学、行为学、经济学领域得到广泛而深入的理论探索，在社会经济活动中的应用研究也在不断开展和深入。数据库营销、精确营销领域通过用户行为数据挖掘用户偏好，并针对用户偏好推荐相匹配的商品。电信行业通过用户的业务使用数据和订购数据，分析用户偏好，建立预测模型，进行服务推荐；互联网行业通过跟踪用户访问数据和行为、建立在线对话、搜集用户评分等方法，研究用户偏好，形成个性化推荐。随着个性化和推荐服务在互联网信息服务和电子商务中的应用，用户需求分析以及用户偏好选择的预测对于智能化的信息系统或电子商务系统显得越来越重要。目前，用户偏好的表达方法主要有相似度计算、概率模型和关联算法。相似度计算主要用在计算用户与用户、用户感兴趣的商品与数据库中的商品的相似性上，便于协同过滤或基于内容的推荐，但不能直接描述用户对商品是否喜欢；概率方法的典型代表是贝叶斯网络，主要描述用户访问的可能性；关联算法主要挖掘用户购买的商品之间的联系规律，但关联并不一

---

① 叶航. 西方经济学效用范式批判 [J]. 经济学家，2003，1：1-5.

定是偏好。积极和消极的偏好都需要通过偏好模型来表示。

2.2.1.3 用户兴趣

目前，关于"兴趣"还没有权威的界定，学者们一般根据研究问题给出自己的理解。有的学者认为，用户兴趣即为用户意图或期望，包括兴趣内容和兴趣权值，前者指用户期望的特征描述，如网购用户的兴趣内容可能是电子商务网站中的产品或服务的描述；后者指的是用户多个兴趣内容中的兴趣评级，如网购用户在选购冬季衣物时，可能喜欢帽子、围巾、手套，但他（她）可能最想买的是围巾，其次是帽子，最后是手套，那么可以给这三种物品用从大到小的数字来赋予权值，表示用户兴趣大小。高赫等（Gauch，2007）从信息获取的视角定义了用户兴趣，认为用户为了更好地存取信息，需要采集和处理信息，而为了让用户得到更多的有用信息，需要研究和使用用户兴趣[1]。维基百科中将用户兴趣看成是描述特定用户个人特征和偏好的集合。司新霞和余肖生（2012）认为用户兴趣是存储个人某些方面偏好的集合，包括核心部分和扩展部分，前者包括与用户的意图和偏好相关的数据，后者包括用户的姓名、年龄等人口统计学隐性兴趣信息[2]。

心理学中认为兴趣是人们对某种事物或活动的一种心理倾向，对感兴趣的对象人们会表现出很大的热情，并产生肯定的情绪，用户兴趣的大小与其对相关信息的需求量正相关。在电子商务中，用户对产品或服务兴趣的大小与用户对兴趣产品或服务信息的需求量正相关，因此，兴趣反映了用户对相关需求物的信息需求，兴趣的大小反映了用户对兴趣产品或服务信息的需求量的大小，而用户对商品或服务信息量需求反映了用户对产品或服务的潜在需求，反推回去看，挖掘用户潜在需求可以

① Gauch, S., Speretta, M., Chandramouli, A., and Micarelli, A. User profiles for personalized information access [C]. In: Brusilovsky, P., Kobsa, A. and Neidl, W. (eds.): The Adaptive Web: Methods and Strategies of Web Personalization. Springer, Berlin, 2007.
② 司新霞，余肖生. 基于加权关键词的用户兴趣模型的构建方法 [J]. 现代情报，2012，11：10－13.

通过识别并提取用户兴趣。用户兴趣可以分为长期兴趣和短期兴趣，前者由用户的倾向性心理引起，相对稳定，受其自身的成长环境、学识、三观等因素影响；而后者则由用户当前所处的情境所刺激，稳定性差，情境不同，兴趣改变。不管是长期兴趣还是短期兴趣，都对用户需求产生重要作用，成为学者和商家关注的内容。

总之，虽然各种文献有各种称谓，如用户偏好、用户偏好模型、用户兴趣、用户兴趣建模、用户需求、用户需求建模、用户建模、用户描述文档，等等，但学者们并没有严格区分偏好、兴趣与需求的区别，也没有严格说明各种模型的本质不同，在语义上类似。用户需求由客观条件决定，是一种客观缺失状态的主观平衡过程，相比而言，用户偏好或兴趣则表现为一种主观选择或倾向，但受客观需求刺激，而这种主观选择或倾向难以判别对错，由于受主观心理支配，有时事后证明是错误的。用户偏好或兴趣也对用户需求产生反作用，前者反复作用于用户心理和意识，长期下来形成思维习惯，将用户的客观物质需求与主观精神需求统一起来。从这个意义上讲，"用户需求"显得更普识。因此，广义的"用户需求"应该包含用户兴趣和偏好，如无特别说明，本书所说的"用户需求"是一种广义的理解。获取用户需求的方法则是用户需求建模。

2.2.2　马斯洛需求层次理论

美国犹太裔人本主义心理学家亚伯拉罕·马斯洛（1987）认为动机可以促进个体成长发展，个体众多性质各异的需求组成了动机，而需求具有轻重缓急之分，具有明显的层次性，从高到低分别为自我实现需要、尊重需要、社会需要、安全需要与生理需要[①]。五种需要按照经济富裕程度从低到高可分为三阶段：温饱阶段——侧重衣、食、住、行和

---

① Abraham Harold Maslow. Motivation and Personality [M]. Harper Collins Publishers, 1987.

安全的需要；小康阶段——侧重社会交往和认同以及尊重与自尊的需要；富裕阶段——侧重理想、社会抱负和自我价值实现的需要。按照价值需求类型将第一阶段的需求归为物质性需求，将第二、三阶段的需求归为精神性需求。五种需求会同时存在，各需求所产生的影响力因个体自身情况变化而变化，但总有一种需求对个体行为起主导作用。而大多数个体的需求层次结构是由这个国家或地区的经济、社会、文化和自然环境共同决定的。

跨入新世纪，我国进入全面建设小康社会的新的发展阶段，人们生活水平普遍提高，义务教育已实现全民覆盖，高等教育迈入大众教育阶段。因此，按照马斯洛需求层次理论对公民需求层次的描述和要求，我国公民现阶段的需求状态主要处在追求精神性需求的小康阶段，需求层次主要是社交需求和尊重需求。如何获得社交和尊重的需求呢？以满足人们社交需求、又扩大现实社交圈的虚拟网络——社交网络因提供此平台而获得网民的普遍追捧，在社交网络中，人们可以自由地与朋友或陌生人交谈，以非常低的成本巩固朋友关系，结交新朋友；用户因贡献知识而获得尊重。

2.2.3　用户需求建模过程及方法

用户需求建模就是构建一个获取、表达、学习和更新用户需求的可执行模型，以便使后续提供的个性化服务有的放矢。在推荐系统中，用户需求模型通过收集用户属性数据和用户行为数据以获取用户需求信息，将需求信息以一种推荐算法可接受的表达方式进行表达，并通过学习模块进行需求学习，根据感知的用户需求的变化，进行需求更新。因此，需求获取—需求表示—需求学习—需求更新是用户需求建模的关键步骤。

（1）需求获取

用户需求建模过程的第一阶段，为用户需求模型提供了必要的数据源。目前需求获取方式有显性获取和隐性获取两种。

①显性获取。指的是体现用户需求、偏好或兴趣的各种数据由用户提供，包括用户陈述、填写问卷、提供的材料等；②隐性获取。则是在用户不知情或不参与的条件下系统自动地获取，比如利用网络爬虫软件爬取用户的评论数据，利用客户端跟踪软件记录用户的浏览数据，利用服务器端数据库存储用户购买历史和用户注册信息等。单一获取方式各有利弊，显性获取受用户意愿的限制，获取的信息不一定真实、全面，隐性获取只是从侧面间接获取用户需求数据，需要利用自然语言等技术去伪存实、去伪留真。另外，数据库交易数据和用户注册信息涉及用户隐私，从保护消费者隐私的角度，商家都不公开，因此，一般研究者也很难获取。为取长补短，优势互补，一般在获取用户需求时将二者结合起来。值得说明的是，不管哪种方式，数据收集的数量和质量问题一直是需求获取面临的一个大问题，直接反映用户需求模型的适用性，也影响到对数据质和量有特殊要求的推荐算法的正常运行。

（2）需求表示

将第一阶段收集的用户需求数据进行结构化表达和存储。推荐系统中常用的需求表示技术有五种。

①向量空间模型。向量空间模型将用户对标的物的不同需求的关键词表示成各个不同的向量，并赋以权重表示不同需求的重要程度，用标准向量运算方法进行需求—项目匹配。该方法直观简单，但过于简单的表示难以充分捕捉复杂的用户需求。另外，词语本身存在多义性和多词同义性，在使用时未考虑语境和语序，使得使用向量空间模型表示的用户需求在生成推荐结果时难免存在偏颇。对此，有学者利用语义网络进行了改进。②神经网络。通过模拟网络连接的方式来表示用户需求，节点间用网络连接权重赋值以表示用户需求的权重，这种连接方式将需求信息进行结构化组织，反映了信息之间的关联。但这种方法在整个建模过程中具有排他性，且表示的可读性差。③用户—项目矩阵。该方法用用户和产品作为纵横列，纵横列的交叉点上的数据是某用户对某产品的

评分，一般用 1～5 的数值表示，值越大，表示用户对相应项目/产品的偏好或兴趣越大，可能有更高的需求，如果某用户没有对某项目/产品进行评价，则相应的值为空或为 0。基于协同过滤的推荐系统一般采用这种方法表示用户需求模型，这种表示方式简单、直观，无须任何转化就可以将原始数据直接与推荐算法对接，但主要问题是缺乏对用户偏好变化的实时跟踪能力，难以对用户需求变化进行实时更新；④案例表示。用户需求用其查询过的案例或案例的特征值表示。该方法不能反映用户的长期需求，而模型的使用也只是单次的，不能重复使用；⑤本体表示法。用本体来表示用户的兴趣域，本体是一个层次结构树，树的每一个节点表示了用户的一个兴趣类，上下层之间存在父与子、整体与部分、包含与被包含等关系，这种方法表示用户需求模型最大的好处是可实现需求知识的重用和分享，但最大的问题是如何合理地设计本体，以保证其对推荐系统有效又不至于增加本体维护的成本，而本体设计依赖相关人员的领域知识和本体设计经验，没有固定的章法可循。

以上用户需求建模技术与用户的需求类型没有相关性，但可以看出，案例法用于表示短期需求，其他方法默认表示长期需求。另外，似乎每种技术都用封闭的方式表达需求知识，而表达的结果对推荐算法的类型有要求，评分矩阵只支持协同推荐，案例法只适用于基于知识的系统。鉴于模型表示的后续阶段是模型学习，表示技术的封闭性和与学习技术的关联性阻碍了用户需求模型的共享和重用，无形之中会增加用户建模的工作量，降低推荐算法的使用效率。因此，有必要开发开放的、独立的需求表示技术，本体是一个值得考虑的技术，问题是目前本体的设计需要领域知识和开发人员的经验，而需求表示又是面向具体的应用，使得这种优势没有得到扩展，因此改进现有本体表示技术使其具有可扩展性，或开发新的表示技术以满足用户需求模型的可共享和重用性，是未来用户需求表示技术研究的方向。

（3）需求学习

对前一阶段需求表示进行推理，获得需求知识。主要的需求学习技术也有五种。

①TF－IDF 技术。该方法源自信息检索方面的研究，基本思路是：一个文档看成一个向量，其中的每一个词 w_i 作为向量的一个维度，词的权重的计算方法为：

$$d^{(i)} = TF(w_i, \ d) \times \log \frac{|D|}{DF(w_i)}$$

其中，TF 用 w_i 的数量除以所有词出现的次数总和，$|D|$ 是总的文档数，$DF(w_i)$ 是出现过词 w_i 的文档数。采用 TF－IDF 学习技术的推荐算法，将用户需求数据表示成关键词向量，并通过以上的公式计算其权重来建立用户需求模型。利用这种技术的关键是特征选择，也就是选择哪些关键词作为表征用户需求的关键词合适，这就要求在学习之前进行降维、去噪等预处理。目前特征选择的主要技术有词干提取算法、停用词表和互信息等，但无论哪种技术，在面临特征词分散或干扰词很多时，也很难有效提取特征词。

②贝叶斯分类器。通过计算用户关注或购买过的某个产品归于某个类的概率值的大小对产品分类，通过类属特征判断这些用户的兴趣或偏好。

③决策树分类。这是一种广泛使用的预测技术，它通过建立决策树将项目分类。在用户需求建模中，决策树将用户需求获取过程看成对树的遍历过程，树的每个节点表示一个决策点，根据用户需求状态对决策点的满足状况来决定遍历的走向，直至叶节点。

④神经网络。是一个反复进行模式分类的学习算法。输入的是利用神经网络表示的用户需求数据，通过网络节点权重的调整进行需求学习，待稳定后，输出用户需求类。

⑤聚类技术。将相似对象聚在一起，可以是产品，也可以是用户。聚类结果不会对推荐算法有额外要求，易于支持推荐算法的运行，但对于稀疏性问题显得有点力不从心。

以上学习技术中，②③④属于分类技术，其中贝叶斯分类器速度快，具有可扩展性，但需要先验假设；决策树速度也较快，结果直观，但可扩展性差；神经网络学习速度较慢，属于暗箱操作，难以进行过程控制，但容错性好。值得一提的是，聚类技术可存储一组用户的个性化需求知识，可服务于群体个性化推荐；其他技术都只能建立单一用户需求模型，存储的是每个用户区别于其他用户的个人知识，服务于个体个性化推荐。电子商务推荐中，需要处理不断增长和变化的用户和产品，这就要求用户需求建模具有可扩展性和实时性，目前只有贝叶斯分类技术具有可扩展性，但也受限于高维数据处理的尴尬，另外，现有技术都有算法启动期，在启动期内，算法遭遇数据稀疏影响，难以构建结果准确的用户模型，影响推荐效果。

（4）需求模型更新

根据用户反馈，对需求模型进行改进，使得新的模型能够更好地匹配用户需求。常见的更新方法有三种。

①信息增益技术分为两种：直接信息增益和加权信息增益。前者直接添加用户新的反馈信息到模型中，并不删除旧的无效信息，会造成假性信息，导致推荐适得其反，并造成存储空间占用和维护困难；后者通过不断调整新旧信息的权重逐步减少或删除旧的无用信息，缓解了直接信息增益的问题。②遗传算法。是一种根据自然界中优胜劣汰的自然法则和传承的迭代算法，基于遗传算法的模型更新一般将用户模型中的用户需求进行编码，并不断进化至成熟后，解码适应度最高的染色体来取旧的用户模型，实现模型更新。③神经网络技术。通过不断地调整网络节点权重，来不断跟踪用户需求的变化。前期使用基于神经网络的学习技术才能使用该更新技术。当前模型更新技术都按一定频率更新用户模型，都无法根据需求变化实时动态更新需求，造成不能跟踪用户兴趣漂移的滞后推荐，因此，在进行用户需求建模时，如何更好地学习和更新用户需求值得关注。

尽管用户建模技术已发展得比较完备，但随着应用的推广和深入，新的需求不断涌现，用户建模领域新的研究问题也接踵而至：如何对单一用户的多兴趣或偏好进行全局描述，建立用户多兴趣模型？如何建立群体用户模型以服务于群体推荐或客户细分？如何集成用户的长期兴趣和短期兴趣建立用户模型？如何实现建模过程的透明、可解释，以打消用户对隐私的顾虑和提高用户对推荐系统的信任度和接受度？

2.2.4　社会化电子商务中的用户需求

随着近几年中国电子商务的多元化和竞争程度的加深，哪些消费者需求因素能够切实影响或者加速消费者的购买决策，是推荐系统开发必须要考虑的问题，这就需要掌握产品目标消费者的样子或轮廓。"消费者轮廓"即消费者表现出的整体特征，这些特征有消费者心理、行为、消费者人口统计学信息、生活状态数据以及消费者的价值观等。其中消费者心理包括客观需求、动机、感知、意识、刺激反应、态度等；消费者行为指消费者在购买与消费时表现出来的对产品/服务量与质方面的倾向与选择；人口统计信息包括消费者年龄层次、性别、所在行业及工种、薪金、受教育程度、家庭结构等；生活状态数据指消费者的日常轨迹、爱好、观点；价值观指对金钱、工作的价值观、文化观、宗教观、社会观等。消费者心理是消费者需求产生的内因，是消费者购买意愿和决策的主因；消费行为则是消费需求满足的直接反映；消费者的人口统计学信息、生活状态数据以及消费者的价值观等是消费者需求产生的外因，但通过内因作用于消费者需求，对消费者购买决策起着加速或延缓的调节作用。充分掌握消费者轮廓，可以深度挖掘消费者需求。

社会化电子商务中的消费者轮廓也可依据以上五个方面来概括。从人口统计学来看，现阶段社会化电子商务中的消费者大都是"80后""90后"受过高等教育的白领和学生阶层，而且女性多于男性，多数属于中低等收入阶层，刚结婚几年或未婚。从生活状态数据来看，日常生活处在紧张的学习、工作状态，周末时间喜欢约上几个志同道合的朋友到酒吧、KTV等娱乐场所交友、娱乐，或相约一起聚餐、爬山或运动，总之，让身心放松，以释放学习或工作的压力。从价值观来看，这群人迫于养家糊口或高生活消费的压力，对金钱的欲望很高，试图通过升职、好的业绩来获得更高的回报。他们充满活力，热衷于时尚，对新事物充满好奇，有自己的信仰。从消费心理来看，这群人大多时候属于理性消费，在确定自己所缺后，登录知名网站，仔细浏览、对比、选择自己真正所需，还会查看大众评论，甚至发链接到朋友圈征求朋友的意见。这部分人也有从众心理，本不需要的东西，看到别人买了自己不买似乎不合群。除此之外，还有炫耀心理、追求个性化、追求便利等消费心理特征。从消费行为来看，这群人习惯利用网络搜索工具获取消费信息，乐于表达个人对产品的看法，乐于分享购物体验，喜欢与朋友沟通和相互推荐商品。

2.3　电子商务推荐理论

从广义来讲，电子商务是实现所有商务活动的电子化，不仅包括企业对外商业活动的电子化，如企业调研、产品推广、广告、签订合同、网上销售等，还包括企业内部利用互联网工具开展与商务有关的所有活动，狭义的电子商务仅指前者。从以上的定义可以看出，电子商务的木质是商务活动，电子化只是其手段。电子商务的最终目的是销售产品或服务，满足消费者网上购物需求，从而获得利益。然而，随着商务网站的层出不穷和海量质量参差不齐的在线商品或服务信息的不断涌现，人们越来越难以选择适合的网站和适合自己的商品或服务，消费者购物的时间成本剧增，这被称为电子商务中的信息过载现象。推荐被认为是解决信息过载现象的有效方法，电子商务推荐是在商品或服务信息过载形势下的产物，是指通过挖掘消费者的兴趣与偏好，向其推荐产品或服务。电子商务推荐系统能够挖掘消费者的被动消费，使其转为主动消费；能够实现交叉销售，使消费者的潜在消费需求转为显在需求；能够提高消费者粘性和忠诚度；推荐系统还可能整合与序化企业的电子商务信息资源，使企业的电子商务系统更有效地服务于客户，也为提升企业电子商务竞争力带来潜在帮助。商品是电子商务推荐系统的主要内容，本书研究社会化电子商务推荐模型，其推荐的内容也是商品，推荐对象为对商品有潜在需求的消费者。

2.3.1 电子商务推荐系统原理与分类

（1）电子商务推荐系统原理

电子商务中关于产品推荐的基本思路是依据商品的特征信息或用户基本信息，特别是挖掘用户对产品的需求（兴趣或偏好），运用适当的推荐方法，将合适的商品推荐给用户。其工作原理见图2-2。

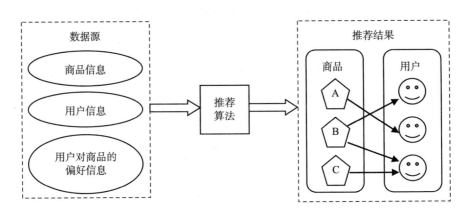

图 2-2　推荐系统工作原理

图2-2中的数据源是推荐系统的原始输入数据，其中商品信息指的是描述商品属性的属性名和属性值；用户信息是用户人口统计学信息；用户对商品的偏好信息主要指用户的反馈信息，包括显示反馈和隐式反馈，前者指用户明确表达的信息，如用户评分、评论；后者指用户没有明确表达，但从用户的网络行为中可以捕捉用户的偏好或兴趣，如

用户浏览、购买历史，用户信任关系，用户兴趣标签、收藏等。根据这些数据，运用协同过滤或基于内容的推荐算法或其他推荐算法，可以进行用户或商品相似度计算，将用户偏好的商品与数据库中商品信息匹配，或将与目标用户有相似偏好的用户喜欢的商品推荐给目标用户。

（2）电子商务推荐系统分类

典型的类型是依据推荐内容的个性化程度来分的，分为非个性化推荐和个性化推荐。前者是指对每个用户推荐同样的商品或服务，这种模式由管理员静态设定或将销售系统自动统计的畅销或流行商品推荐给用户；后者根据用户兴趣或偏好提供精确推荐，系统需要将用户感兴趣或偏好的产品与销售数据库中的产品匹配，或者通过发现与目标推荐用户兴趣或偏好相似的用户关注的产品，找到匹配产品或相似用户偏好的产品，将之推荐给目标用户。这是最基本的分类方法，其实目前研究的大部分推荐系统都是个性化推荐，这是推荐系统研究的趋势，因为只有个性化推荐才符合现代网络精准营销的要求，才是更加智能的信息发现过程，才能真正满足用户个性化需求。

推荐系统的工作原理是利用物品或者用户的相似集进行推荐，计算相似集的数据源可以分为以下三种：根据注册用户的基本信息发现用户感兴趣的产品；根据推荐物品的特征发现与用户兴趣相匹配的商品；根据用户对商品的偏好信息发现相似物品或用户。

大型电子商务平台的后端数据库中存储着商品、用户以及交易大数据，要在如此庞大的分布式数据库中发现相似产品或相似用户或用户的兴趣偏好信息，非常耗时，这就需要建立一种最优路径来快速准确定位这些信息，商品推荐中的这种最优路径成为推荐模型。根据其机理可分为三种，分别是：

①构建商品—用户矩阵，计算用户对商品的相似评分，找到相似商品或用户，将目标用户喜好的相似商品或与其喜好相似的用户喜好的商品推荐给目标用户。由于单一用户评过分的商品相对于数据库中商品总数而言非常少，该矩阵中大部分评分值为 null，一些学者会提出先聚类，

但会降低推荐精度。

②根据关联规则算法，通常是计算置信度和支持度这两个主要指标，发现被同时购买或先后购买的产品，利用此规律产生推荐。

③首先将数据分为测试集和训练集，利用机器学习算法根据训练集中已经获得的偏好信息预测测试集中用户偏好，据此产生推荐。不足之处在于难以实时更新用户偏好。

由于每种推荐思想在某方面优势突显的同时，都有其固有的缺陷，实际应用中，都尽量做到扬长避短，根据实际情境或解决问题的需要选择适宜的推荐策略。如常见的电子商务网站中，在商品搜索结果页，有基于购买量排名的非个性化推荐，主要针对新用户或抓住有些用户的从众心理；有基于用户历史浏览信息的，在页面的右边或下边显示"您可能喜欢"的产品图片链接；有基于历史购买信息的，推荐或邮箱推送与用户订单中相同或相似的商品信息；也有根据相似兴趣用户购买历史的推荐，如"其他用户还买了……"主要目的是从全方位实施推荐，以便尽快帮用户找到满足其需求的商品。

2.3.2　主要推荐方法

电子商务推荐方法中，应用最多的推荐方法是协同过滤推荐，其次是基于内容的推荐。

协同过滤推荐一般根据用户对商品评分的相似性，找出相关产品或用户，将与目标用户偏好相匹配的商品或与目标用户具有相似偏好的用户购买或喜欢的产品推荐给目标用户。该方法有三种类型。

（1）基于用户的协同过滤推荐

根据系统中所有用户对商品的喜好，一般采用"K近邻"算法，找出目标用户的相似喜好紧邻群，将这K个邻居偏好的商品推荐给目标用户（见图2-3）。

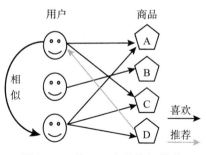

图 2 - 3   基于用户的协同推荐

该推荐算法与利用人口统计信息的推荐原理相同之处都是找出相似用户,在相似用户之间推荐商品。但前者根据用户的喜好来寻找相似用户,认为如果用户甲和用户乙之间有相同喜欢的商品 A,那么用户甲没有标注喜欢的商品 B,而用户乙标注了,则认为用户甲也喜欢B。后者则假设人口统计学信息相近的用户相似,仅依据用户的年龄、性别等基本信息对比用户之间的相似度,不涉及用户历史偏好数据(见图 2 - 4)。

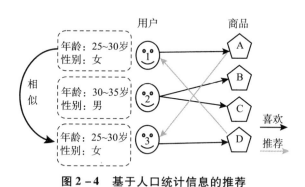

图 2 - 4   基于人口统计信息的推荐

(2)基于项目的协同过滤推荐

使用所有用户对商品的喜好,找出相似的产品,计算它们的相似度,根据用户喜好历史,将与其喜好商品相似度高的商品推荐给用户(见图 2 - 5)。

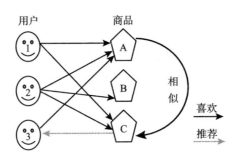

图 2 - 5　基于项目的协同推荐

这里需要说明的是基于项目和基于内容的推荐的本质区别，虽然都是根据相似商品产生推荐，但前者属于协同推荐，根据用户的喜好来寻找相似商品，不涉及商品特征；后者则根据商品属性特征的相似性产生推荐，不需要涉及用户的喜好。考虑到相似度计算的时间和空间复杂度，当用户的数量较商品数量少，且相对稳定时，适合采用基于项目的协同推荐；当商品数量较少而用户数量较多时，则适用于基于内容的推荐。

（3）基于模型的协同推荐

利用训练集中用户偏好，得到具有某种规律的推荐模型，用该模型预测测试集中的用户偏好，根据偏好产生推荐。总之，协同过滤推荐方法不涉及产品知识，不需要建立产品配置文件，核心算法集中于相似用户计算和评分预测上，算法简单易理解，是目前为止使用最广泛也是最成功的一种推荐方法。

基于内容的推荐根据用户的浏览、购买历史，获取用户的偏好、兴趣或可能的需求，将其他具有类似属性的产品或服务推荐给用户。该方法的主要工作包括：分别建立（包括更新）用户和产品配置文件，对比这两个文件的相似度，获得相似度排序，设置相似度阈值，将相似度高的前 N 个产品推荐给用户。由于文本信息获取与处理技术的成熟，现阶段大部分基于内容的推荐都通过分析用户和产品的文本信息来计算相似度，最后产生推荐。目前主要应用于电影、音乐、图书的推荐上。其推荐原理，见图 2-6。

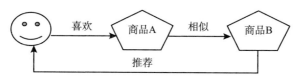

图 2-6 基于内容的推荐原理

除此之外，还有其他的推荐方法，如利用知识的推荐、关联推荐、利用效用函数的推荐和利用人口统计信息的推荐等。

基于知识的推荐需要获取用户知识，将用户对产品的需求知识映射到产品上形成推荐；基于关联规则的推荐是一种数据挖掘方法，需要生成产品的关联规则，依据用户偏好的产品与其他产品的关联度形成推荐；基于效用的推荐关键在于描述用户对产品偏好的效用函数的设置，这是一个难点；基于人口统计信息的推荐根据用户的人口统计信息识别相似用户，将与目标用户相似的用户关注的产品推荐给目标用户。各种传统的推荐技术的原理、优点、缺点进行比较，见表 2-3。

表 2-3　　　　　　　　　　　电子商务推荐技术比较

推荐技术	背景条件	输入	主要步骤	优点	缺点
协同过滤推荐	U 对 I 的评价	U 对 I 的评价等级	● 识别 u 的邻居用户 ● 根据其生成 i 的评价分	新异兴趣发现、不需领域知识；数据增多性能提高；个性化、自动化程度高；能处理复杂对象	冷启动、稀疏性、扩展性、新用户问题；质量取决于历史数据集
基于内容推荐	I 的属性特征	U 对 I 的评价等级	● 根据 u 的评价分生成项目的分类器	推荐结果直观，容易解释；不需要领域知识	新用户问题；复杂商品属性不好处理；构造分类器要有足够数据；结果缺乏多样性

续表

推荐技术	背景条件	输入	主要步骤	优点	缺点
用户统计信息推荐	U 的用户统计信息及对 I 的评价	关于 U 的用户统计信息	• 识别 u 的相似用户 • 根据其生成 i 的评价分	新异兴趣发现；无新用户问题；不要领域知识	用户信息过于粗糙，难以形成高要求推荐；用户的人口信息统计资料难得到
基于效用推荐	I 的特征	描述 U 对 I 偏好的效用函数	• 把效用函数用于各项目 • 生成各项目的排序	无冷启动和稀疏性问题；对用户偏好变化敏感；能考虑非产品特性	用户必须输入效用函数；推荐是静态的，灵活性差；属性重叠问题
基于知识推荐	I 的特征，I 与 U 的知识匹配	对 U 需要和兴趣的描述	• 计算项目 i 和用户需要的匹配程度	能把用户需求映射到产品上；能考虑非产品属性	知识难获得；推荐是静态的
基于规则推荐	U 对 I 的浏览或购买历史	浏览购买记录	• 生成关联规则 • 根据规则生成推荐	能发现新兴趣点；不要领域知识	关联规则不好发现；商品同义性问题；规则质量很难保证且不能动态更新；规则多时难以管理；个性化程度低

注：U 表示用户的集合；I 表示所有项目的集合；u 表示当前要预测的用户；i 表示当前要预测的项目。

  由于各种推荐技术都有其固有的优点和缺点，很自然会想到将各个推荐方法结合起来，扬长避短，这就是混合推荐。混合推荐顾名思义是充分利用各种推荐方法的优点，将两种或两种以上推荐模式结合起来形成推荐，彼此取长补短，其效果一般比单一推荐模式要好。目前的混合策略主要有加权混合、切换混合、分区混合和分层混合四种。加权混合顾名思义就是对每一种推荐方法设置权重，试算出最佳权重值，产生推荐；切换混合根据应用情境在不同的推荐方法中选择和切换；分区混合就是将不同的推荐机制和结果分到网站中不同级别的页面或区域。这是大型电子商务网站的普遍做法，在首页中，一般选择畅销商品推荐；在搜索结果页面，一般根据用户的搜索内容，推荐相似商品；等到用户已选定或下订单，则推荐相关商品。分层混合将各种推荐方法进行排序，为了得出最好的推荐效果，让前一个推荐方法的推荐输出作为后一个推荐方法的原始输入数据。

2.3.3 社会化推荐

由于面临的网购商品种类和数量繁多，令人眼花缭乱，人们选择的难度增大，因此，人类自动选择了一些简单的指标来做选择，比如，我们更倾向于根据别人的判断来判断自己，根据身边的人的购买体验和推荐来确定自己的购买意愿。这些身边的人可能是你的父母、兄弟姐妹、朋友、同学、跟你年龄相仿的人、跟你身材相当的人、跟你的兴趣相似的人、引领时尚的人……他们构成了大多数人。社会风潮由这些大多数人决定，当你看到社会价值倾向时，自觉不自觉地会随大流，因此社会化推荐（social recommendation）应运而生。社会化推荐是基于人与人之间相互影响关系的推荐，根据用户之间的相互关系构建关系网络，结合用户已知兴趣或偏好模型，在具有相似兴趣或偏好的关系网络用户之间产生推荐。

社会化推荐强调用户社会关系信息在推荐过程中的重要性，这是对传统推荐算法的重要补充。随着 Web 2.0 技术和社会化媒体工具的广泛应用，用户参与、用户之间的交互和资源分享已经成为用户网络活动的新常态，用户不再只是信息的接受者，更多的充当信息的组织者和发布者，人与人之间的线下社会关系逐步被延伸到线上，并建立基于线上的远程朋友关系，用户的社会关系被无限放大，具有共同兴趣和趣味相投的用户会聚在一起，或建立新的朋友关系，各个用户之间的关系交织在一起形成社会关系网络。因此，个性化推荐不能对用户之间的社会关系网络和社会行为视而不见，而且传统推荐算法还存在固有的数据稀疏、准确性欠缺等问题，社会化推荐不仅可以在传统推荐系统将社会关系网络这一重要影响因素考虑进来，也可能缓解传统推荐算法的一些问题，是目前推荐系统研究的一个重要方向。

　　社会化推荐的数据源包括用户基本社会属性信息（如标签、收藏等）、用户对项目的点评信息（评分、评论等）、用户社交活动信息（分享、喜欢、转发等）以及用户关系信息（关注、好友、朋友圈等）。推荐内容可以是商品、人、群体、信息等项目，推荐的对象是社交网络中的用户。推荐模型是解决如何实现推荐的问题，国内外学者对于社会化推荐模型做了大量研究，取得一些成功，综合起来可将其分为四个层次：数据收集层、数据处理层、推荐算法层和结果评价层（见图2-7）。

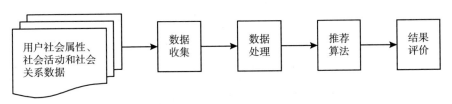

图2-7　社会化推荐工作过程

　　数据收集层是对社会化推荐系统的原始数据进行收集，包括用户社会属性数据、点评信息、社交活动信息以及用户社会关系数据进行收集；数据处理是在进行推荐计算之前的数据预处理，因为社会化数据是非结构化数据，不能直接作为推荐系统的输入，需要利用自然语言处理技术进行清洗、去噪，保留重要的社会属性数据，建立用户—项目评分矩阵，确定用户间信任关系，构建用户社会化网络模型以及计算信任值；推荐算法层是社会化推荐的核心层，根据用户兴趣或需求，利用社会化信息，运用恰当的方法产生推荐。主要推荐方法有融合社会化信息的协同推荐、利用网络图模型的推荐方法、矩阵分解方法、因子分解机模型、概率模型等；结果生成与评价层主要根据上一步的推荐算法生成推荐结果，根据用户反馈，利用准确度、多样性等评价指标评价社会化推荐的性能，并据此进行拓展和改进。

　　由此可见，社会化推荐相对于传统推荐，由于考虑了社会化的非结

构化数据，多了对原始数据进行预处理的步骤，相应的推荐算法也由于
需要对社会关系网络进行处理也与传统算法有所不同。

　　社会化电子商务是社会化媒体与电子商务融合的产物，具有社会化
媒体中用户参与、用户分享和用户交互的社会化特征，也不忘电子商务
的本质，因此，面向社会化电子商务的推荐不得不考虑用户的社会化特
征，将其融合在传统推荐算法中或建立新的社会化商品推荐算法来实现
社会化电子商务中的商品推荐。

　　已有学者对此进行了研究，赛义德等（Said et al.，2010）检验了
潜在社会化网络是否可以提高推荐质量，研究了具有潜在社会网络的电
影推荐系统 Flimtipset 的数据，实验显示在推荐场景下通过利用用户之间
的关系可以提高推荐的质量[1]。琚春华等设计了一个融入社会网络关系
的电子商务推荐系统，研究了网络关系影响因子[2]。实验结果验证了基
于社会网络的电子商务推荐策略的效果比其他单因素推荐策略好且稳
定，具有很好的实际应用效果。蔡志文、林建宗将评分数据、交易数据
和信任关系相结合，提出了一种综合的协同推荐算法[3]。实验结果与标
准协同过滤推荐方法、基于规范矩阵因式分解的推荐方法相比，降低了
平均绝对误差 MAE 的同时，提高了评分覆盖率和用户覆盖率，解决了
交易评价较少商品的推荐问题。

2.3.4　推荐效果评价指标与方法

　　推荐效果评价是检验推荐结果是否合理的衡量标准。自推荐系统研
究几十年以来，推荐结果的评价指标也不断提出，但什么样的衡量指标

---

[1]　Said A.，Lucus W. D.，Albayrak S. How social relationships affect user similarities ［C］.
Proceedings of the 4th International Workshop on Modeling Social Media，2010：1 - 4.

[2]　琚春华，鲍福光，许翀寰. 基于社会网络协同过滤的社会化电子商务推荐研究 ［J］.
电信科学，2014，09：80 - 86.

[3]　蔡志文，林建宗. 面向社会化电子商务的信任感知协同过滤推荐方法 ［J］. 计算机应
用，2015，01：167 - 171.

是科学有效的，截至目前还是一个有待研究的问题。现有研究中普遍使用的评价指标是准确度，但准确度指标下设很多二级、三级指标。虽然从理论上讲，一个推荐算法使用越多的评价指标，使得评价会越全面，而满足的评价指标越多，说明设计推荐的算法越好。但实际上，对于研究者设计的一个推荐算法，由于受到数据和比较的推荐算法的限制，不可能用到所有的评价指标，而且这些评价指标本身存在不统一的问题，是难以两全的，如召回率越高势必会损失准确率。由于现有评价标准本身的不统一，相互之间可能还存在矛盾，有些学者会根据自己的研究提出新的更合理的评价方法。现有常用的评价指标见图 2 - 8。

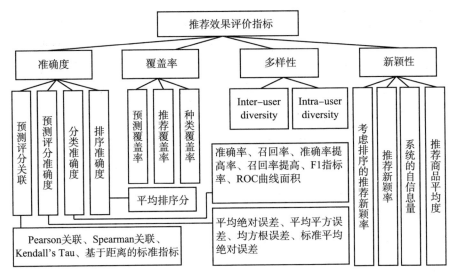

图 2 - 8　推荐效果评价指标

其中使用较多的是准确度一级指标下的预测评分准确度和分类准确度，由图 2 - 8 可知，这两个二级指标下有很多三级指标，其中分类准确度下的准确率、召回率和 F1 值三者一起使用较多。除了图中显示的指标外，满意度也是一些研究者关注的指标，他们认为用户对推荐结果的看法才是推荐服务好坏的关键，而满意度则可以作为其衡量指标。但满意度如何评价呢？还有这个指标需要对推荐目标用户进行调查，对于电子商务推荐来讲，由于用户分布广且难以获得有效联系方式，更难以面对面调查，因此难以获得有效的调查结果，所以这个评价指标理论上较其他指标更合理，但实现起来难度很大，或不一定可行。

图2-8中第一层后面3个指标单独使用没有意义，应与准确度指标一起考虑。实际上现有研究很少考虑第一层的后面3个指标，而第一层第一个指标下的第二层的指标如何选择或如何组合才能真正对提高销量有用，才是业界真正关注的。要全面评价推荐效果，就要合理疏通各层之间的关系，这是实现从理论到实践对接的关键。第三个层次是用户真实的体验，这是最难的，只能通过第二层次的效果来估计。

实际上，在真实应用时，做到完全客观全面的评价非常困难，人们往往根据推荐系统的具体任务进行指标选择。一个好的推荐系统一定是满足用户体验的。除了用以上指标外，还应该考虑推荐算法的效率、鲁棒性、可解释性、界面的友好以及系统与用户的互动，以全面提升用户体验。

2.4　消费者心理与行为理论

2.4.1　消费心理理论

2.4.1.1　消费心理定义

消费中常有这么三种互相关联的活动，一是产生需求的活动过程；二是寻找和购买商品的活动过程；三是使用体验商品的活动过程。消费心理是指贯穿于消费者消费活动过程的心理活动，这些消费活动指的是相互关联的为了满足用户需求的活动，包括实时情境下的需求产生（想要商品的活动），搜寻、决策和订购的活动（得到商品的活动），需求满足和实现商品使用价值的活动（享用商品的活动）。而消费者参与以上三种相互关联的活动称为消费者行为，它与消费者心理是形影相随、不可分割的，消费者心理指引着消费者行为，是行为产生的根本原因，而从消费者行为可以反观或反推用户心理，消费者心理到消费者行为经历的过程（见图 2 - 9）。

图 2 - 9　消费者购买心理活动过程

　　首先，需求分两层意思，需——缺乏、不足，求——期望、想得到，只有这两层意思都满足，需求才真正形成。由于缺乏某种东西的所需可能是客观存在的，也可能是主观所想的，而个体期望得到这种东西的所求是一种心理活动，因此，需求也是一种主观心理活动，或是由于客观所需作用于主观的一种心理活动；其次，引导或促成人们购买商品或服务的动力即为购买动机，这种动力包括消费者的主观需求的激发和客观条件（购买力、刺激等）的引诱两类；再次，消费者行为是在需求和动机的驱动下进行的，需求是消费者行为的最初原动力，动机是消费者行为的直接驱动力；最后，当购得商品后，消费者就会使用，并形成使用感受或体验，如果产品质量符合消费者预期，消费者就会满意；否则，就不满意。不管是满意的产品达到产品使用生命周期，还是产品使用过程中令消费者不满或厌倦，或是购买之后就不满意，消费者都会产生新的需求，又会产生新的购买动机和行为，周而复始。

2.4.1.2　消费者购买心理活动类型

　　消费者在购物过程中，其心理变化是复杂的。概括起来为三种不同的心理类型，即认识、情绪和意志。

　　首先是认知，指的是消费者对商品从无知到熟知的过程，这个过程需要接触、认识和消化商品信息。期间产生的心理过程有感知、印象、关注、思考、分析等。这个过程消费者对商品的认识不断变化，逐步加深，是产生购买必不可少的心理过程。

情绪是人的需要是否获得满足的晴雨表。满足前，人们会表现出急切想得到、期待、盼望的心情；满足后，人们会表现出欣喜、欢快、满足感。因此情绪是一种由内心激发的生理反应。与之相关的概念还有情感，这是一个内隐的心理词汇，情感一般指一个人与生俱来的或长期沉淀的心理表现，具有长期性、稳定性，是人的一种社会反应。由此可见，二者是有区别的，但也有联系，情绪是情感的即时表现，但现实生活中，二者是混淆使用的。

意志是人们对目标的坚守。这个过程需要克服万难，坚定信念。

这三种心理贯穿购买过程，支配着消费者完成从购买需求向购买行为的转化。

2.4.1.3 消费者心理特征表现

（1）价值心理

艾尔·强森认为，消费者总是会选择自认为价值更大的商品，这是一种潜在价值。它不是商品的使用价值，也不是可检测的商品质量，而是指消费者心中主观感受的对一种品牌的认可①。人们之所以选择京东自营的产品，因为它承诺"正品""低价""次日达"，消费者认为这种价值其他商家无法比拟，这是一种独特的令消费者信赖的价值，对商家来说就是一种品牌，是消费者认同的企业形象。社会化电子商务中，一种商品通过购物达人的分享和口碑传播，让人们从心底里认同这种产品的价值，从而产生购买意向。

（2）情感心理

情感是人的一种内心体验，这种内心体验的外显便是一种态度，消费者对产品的好恶，是态度的定向，而态度的定向就决定人们购买行为

---

① ［美］艾尔·强森. 跨位［M］. 延边人民出版社，2002：1–6.

的定向。当今同类产品的不同品牌的产品质量差异甚微，人们开始对产品质量更加挑剔，开始关注产品的审美情趣，要求产品满足自己的情感诉求，社会化电子商务平台看准了这一点，提供了消费者对所购买的商品发表评论的版块，让消费者尽情表达对商品各属性的好恶态度，这些评论对不仅让用户抒发了购后感想，也为潜在消费者提供了购物参考，品牌经营者更是利用这些评论传播和提升品牌价值。

（3）从众心理

从众心理源自消费者对产品缺乏认知或追求潮流，在电子商务中，网站会将畅销商品进行分类列举，或将用搜索的相关产品进行销量排名，有些消费者便会参考畅销或销量排名靠前的商品信息选择购买。

（4）推崇权威

由于人们对消费的商品认识不足，难以把握其对自己是利是害，往往选择相信权威，对权威的盲目推崇大于理性的分析和判断，导致受权威绑架。商家看准了这一点，纷纷采取相应的营销手段，如请权威机构鉴定合格的产品、权威专家的推荐、名人代言等。

（5）个性消费

当消费者所需商品随处可见，品类丰富，很容易购得时，他们会按自己的想法去挑选。久而久之，他们会产生新的需求，会挑剔现有商品，甚至会向商家提出改进意见或要求商家按照自己的设想提供商品。每一个消费者都希望自己所购买的商品独一无二，这种个性消费需求正在新生代中蔓延。

（6）主动消费与被动消费

传统电子商务主要满足的是以功用为目的的主动消费，但有些时候，消费者没有明确的购买目标，需要先浏览产品介绍、功能说明、与其他品牌产品的区别以及产品的推荐等，社会化电子商务主要挖掘的是消费者的被动消费。主动消费受用户关系的影响小，受个人购买意愿的影响较大，纯粹是以个人主观需要而产生的主动消费行为；而被动消费没有明确的消费需求，并不是当前必须，但看到朋友买了，或看到商场促销很多人抢购，自己也忍不住购买，这种消费受用户关系或用户群体行为的影响很大，是一种被动消费。

2.4.2　消费者行为理论

2.4.2.1　科特勒的消费者行为影响因素理论

用户消费行为分为用户购买决策和商品使用两阶段行为，分别对应商品的市场流通阶段和消费使用阶段。而用户购买决策行为是一个复杂而值得弄明白的行为阶段，对后阶段的用户使用行为起决定作用，因此，现有关于用户消费行为的研究大多侧重于消费者购买决策阶段的研究。美国营销大师菲利普·科特勒提出一个强调社会两方面因素影响的简单消费行为模式①。该模式把营销刺激和社会环境刺激作为消费者购买行为反应外部因素，这两大因素作用于不同特征的消费者，共同对消费者心理产生各种随机权重组合的影响，消费者由此产生各自不同的心理活动，这种差异性的心理活动影响消费者的消费决策，进而形成各自的购买决定，包括对产品、功能、品牌、价值、购买渠道、购买时间、购买频率与购买数量的选择，这就是科特勒提出的行为选择模型，见图2-10。该模型揭示了用户购买行为的影响因素、心理活动、购买决策过程及其三者之间的关系。为社会化电子商务中用户决策行为模式分析奠定了理论基础。

在社会化电子商务中，用户情感受用户分享的商品图文展示、用户个性心理特质（如冲动型消费心理、理性消费心理、经济型消费心理等）、好友推荐、商品价格、他人评价和成交记录的共同刺激影响，引发用户的消费需求。而要满足需求，用户首先要明白的问题是，自己的需要是怎样产生的？受到哪些因素的影响？即用户需求认知，这是用户

---

①　菲利普·科特勒，凯文·莱恩·凯勒. 王永贵，陈荣，何佳讯，等. 译. 营销管理：第14版［M］. 格致出版社，2012：151-177.

消费决策的开始，然后用户会收集有用信息来满足自身决策需要，并借此形成最终的购买决策，购买结束后，商品退出流通领域，进入消费使用阶段，在使用过程中，用户会对自己的购买决策和商品质量等进行评价，对满意的商品发表自己的赞美之情，并推荐给朋友；而对那些不满意的商品则发出指责与不满，给后来者以警示。

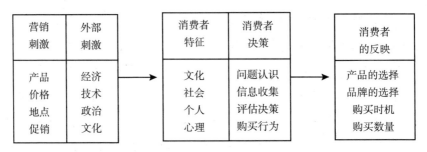

图 2 - 10　科特勒行为选择模型

　　鉴于此，我们可以将完整的消费者行为归纳为以下若干阶段：购买意向形成阶段、购买前的信息收集与评估阶段、购买中的购买决策阶段、购买后购买体验评价阶段。每一个阶段都包含不可分割的用户内在心理活动和外显行为，并且内在心理活动作用于外显行为，又受外界营销推广环境和其他用户行为的影响，消费者行为是内在心理活动和外显行为的复合整体。

　　用户内在心理活动是隐性的、内在的、看不见的，它指人们在与现实环境互动下所形成的需求、个性、观念、价值取向、行为动机与学习等一系列活动。人的需求源于人本身的生理或精神失衡后再平衡的一种渴望。动机是消费行为的原动力，使用户明白自身真实缺少什么、需要什么，然后激发自身潜力去采取有效行动来满足需要。个性是让每一个人不同于他人的特质，不同的个性特质导致不同的需求满足方式。态度是用户对产品的看法，引导并定位用户商品选择行为，强烈地影响着用户决策及购买行为和反应，在社会化电子商务环境下，用户对商品的态度更容易受到其他社会成员和营销推荐的影响。学习不仅指用户对品牌的记忆，还包括学会如何判断产品优劣、选择哪些网站购买什么产品比较好、购买过程中遇到问题的解决方法、如何优化消费行为模式和总结偏好等。社会学习理论认为人的多数行为是通过观察其他社会成员的行为和行为结果而学得的，人们会观察各种信息源，与所重视的社会成员沟通，以减少决策的不确定性。在社会化电子商务环境下，能影响人们决策的主要社会成员是购物达人和社会媒体上的朋友。

用户外显行为是看得见的活动，是身体的动作，如浏览、点击、搜索、页面跳转、分享、评论等。这些动作贯穿消费者行为的整个过程。

从以上用户行为模式分析可以看出，不管是用户内在心理活动还是外显行为，都受网站中商品图文展示、促销活动等社会推荐和其他用户的选择、评价等行为影响，是一种社会行为，反映了用户的社会属性。

2.4.2.2　消费者行为模式理论

从传统开放的 AIDMA 行为模式（Attention 注意商品、Interest 产生兴趣、Desire 产生购买欲望、Memory 留下记忆、Action 购买行动）到闭环的 AISAS 模式（Attention 被引起注意、Interest 被引起兴趣、Search 主动搜索、Action 购买行动、Share 主动分享），再到网状的 SICAS 模式（Sense 互相感知、Interest & Interactive 产生兴趣和形成互动、Connect & Communication 建立连接和互动沟通、Action 行动购买、Share 分享体验），社会化电子商务网站的用户消费行为更加重视用户沟通带来的购买决策和行动变革价值，而新的 SICAS 模式越来越明确了用户的消费需求源（见图 2 - 11）。

AIDMA 模式由美国广告学家刘易斯提出，它揭示了用户购物一般行为模式，也适用于 Web 1.0 环境[①]。后日本电通公司借助 Web 2.0 网络，并根据不断变化的消费者行为，向社会推出了 AISAS 消费行为模式，认为用户在注意某商品并产生了兴趣后，会利用搜索引擎主动搜寻产品相

---

① ［美］戴维・刘易斯，达瑞恩・布里格 . 新消费者理念［M］. 机械工程出版社，2002.

关信息，在充分掌握相关信息并认为值得购买的基础上采取购买行动，在购买后也会将自己的购买体验分享给他人。该理论变 AIDMA 模式所描述的用户被动接受信息为主动获取信息，并认为购买行动并非消费行为的终结，还有购后分享，更符合网络用户消费行为的变化。

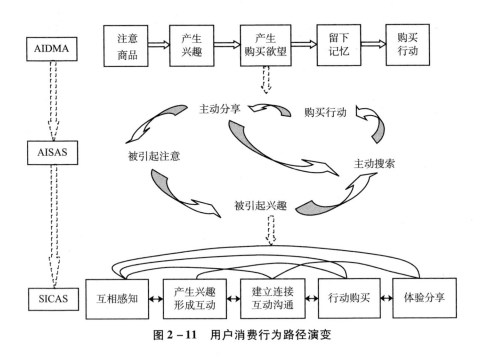

图 2 - 11　用户消费行为路径演变

在 AISAS 行为模式中，社会化电子商务网站的双 S（Search/Share）成为网络传播的关键节点，取代了购买欲望和记忆，改变了原来单向强势信息灌输的做法，充分尊重用户自主传播信息的意愿，口碑传播更容易产生。用户不仅可以进行 Search（深入了解）自己感兴趣的东西，而且可以实现在线迅速购买。另外，AISAS 模式中有多种循环方式，其中"分享"两箭头向外，意味着有很大的操控力，会对模式中的每一过程产生影响。如果信息是在一个关系亲密的圈子里分享的，那么分享的信息会直接使得潜在消费者跳过注意和兴趣环节，直接进入搜索环节。这种社交形式因其增强用户黏度而使购买具有可持续性，例如，小米的手机、路由和电视，米粉买单最凶，这就是分享所带来的巨大变革。

随着网络环境的进一步整合，用户通过社会化的关系网络，成为信息传播的主体，并与好友或兴趣社区中其他用户进行信息分享，这为企业发现消费者的需求提供新的环境，但同时企业也需要针对用户需要提出新的适用技术。在此情形下，互联网数据中心（DCCI）在2011年向社会推出了SICAS模式。该模式强调了用户网络互动与分享是社会化电子商务的核心动力，消费信息获取方式由以前的自主搜寻逐渐演变成用户之间关系的建立和维系、共同兴趣的聚合以及消费者需求的主动满足，且人们的消费活动具有多维性，并且是有序进行。第一，要摸索和追寻到消费者关于商品感知的神经末梢，充分利用多触点向消费者传送信息；第二，要利用社交媒体吸引用户产生兴趣、形成互动；第三，利用网络数据库承载互动内容、形式以及建立用户关系；第四，要提供多入口的购买引导；第五，体验评价，使用户碎片化信息聚合，这与用户分享一样，也是消费力的来源。

2.5　研究问题界定

社会化电子商务是电子商务的一种衍生形式，本质还是商务，不管是融入了社会化元素的社会化电子商务还是传统电子商务，商务交易的主体和内容都一样，交易的主体都是买卖双方，交易的内容都是商品或服务。本书研究社会化电子商务推荐问题，推荐的对象是潜在买家，即消费者，所推荐的内容是社会化电子商务中的商品，本书不涉及服务的推荐。因此，本书所提出的社会化电子商务推荐模型研究的基本思想是：基于社会化电子商务的用户参与、用户关系以及共同兴趣等社会化特征，获取用户需求或偏好数据，建立用户需求模型；依据网络消费者行为理论和马斯洛需求层次理论以及系统的观点，构建商品推荐模型框架；在此基础上，融合语义分析、社会网络分析、评论挖掘以及传统推荐算法，设计社会化电子商务推荐的方法体系，为目标用户实现商品推荐。

社会化电子商务推荐与传统电子商务推荐相同，都是将用户可能感兴趣的商品提供给用户。本书试图解决的具体推荐问题包括：

（1）推荐准确性

推荐的准确性是衡量推荐质量的最直接因素，也是提高用户满意度的关键。这一目标的本质是为用户推荐符合其兴趣偏好的商品，即满足用户需求的商品。因此，实现这一目标的关键是准确挖掘用户的需求。然而，社会化电子商务用户客观需求表达的隐含性、随机性、模糊性和碎片化，导致对用户客观需求的语义理解和潜在需求的挖掘是解决这一问题的重点，也是难点。

（2）结果多样性

由于用户的兴趣并不唯一，因此单个推荐资源的高准确性不一定能获得用户较高的满意度。因此在推荐时除了保证推荐的准确性，还应考虑推荐的商品是否符合用户的多元化需求。多样化的商品推荐能够开拓用户的视野，使用户获得惊喜性商品，提升商品的利用价值。

（3）推荐的实时性

用户需求是复杂多变的，而不是静止不变的，用户在不同的时间和场景下，其需求或兴趣会发生由此及彼的迁移，称为用户兴趣漂移现象。这种漂移现象是客观存在的，但传统基于历史浏览记录或购买记录的推荐难以适应这种漂移，使得推荐的商品用户已不再需要。因此，考虑时空情境的变迁对用户兴趣的影响尤为必要，本书同时考虑产品标注时间与频率和产品关联，利用时间和频率加权的标签向量表示用户偏好和建立产品关联本体，作为商品推荐的影响因子，提高推荐的实时性。

2.6 本章小结

　　本章的主要内容是关于本书研究主题"社会化电子商务推荐模型研究"的理论基础阐述，包括社会化电子商务、用户需求相关理论（用户需求相关概念、马斯洛需求层次理论、用户建模理论）、电子商务推荐理论以及消费心理理论，在此基础上界定本书的研究内容。主要目标是阐明社会化电子商务的概念和特点、用户需求与用户兴趣以及偏好的关系，梳理用户建模和电子商务推荐的方法与技术，探究消费心理在用户购买决策中的作用，明确社会化电子商务推荐的理论定位和优势。

　　社会化电子商务是电子商务与社会化媒体融合的产物，是本书研究的对象。社会化电子商务除了具有传统电子商务的商品与服务交易的基本功能外，更多实现了用户参与（商品兴趣标签）、用户关系（好友商品推荐）、共同兴趣（交易社区商品评论）等社会化元素，这些特征蕴含着用户需求或偏好，是用户需求获取新的数据源，为用户需求建模提供数据依据，同时，这些特征反映了社会化电子商务中用户行为的扩展，是社会化电子商务推荐模型框架构建的理论依据。

　　用户需求相关概念、马斯洛需求层次理论是构建社会化电子商务模型框架的理论基础。用户建模是个性化推荐的前提和第一阶段的工作，通过用户建模方法与技术的梳理，为社会化电子商务用户需求建模的方法和技术提供参考。

　　电子商务推荐原理和方法是本书社会化电子商务推荐模型框架构建的理论指导和推荐设计的方法来源，本书推荐框架模型遵从电子商务推荐系统的流程，将推荐模型分为输入、处理和输出三个部分，从推荐的原始数据获取和表示，到推荐算法设计，再到输出结果的呈现和评价，进行整体模型框架的构建。

　　消费者心理是消费者行为的内在表现，基于消费者行为的商品推荐必须抓住其本质——消费者心理，消费者心理特征与表现形式是研究社会化电子商务中消费者行为和需求的理论基础，贯穿全书。

本书在以上相关理论的指导下，建立社会化电子商务推荐模型的总体框架和方法体系，实现商品推荐的准确性、多样性和实时性的目标。

总之，本章的内容为后续章节社会化电子商务用户需求建模、推荐框架的构建以及推荐方法的实现提供了重要的理论支撑，也明确了研究的问题。

3

社会化电子商务用户需求建模

把握消费者需求是每一个面向终端市场的企业都要做的功课，传统的做法是通过访谈、问卷调查等交互方式来了解消费者需求，这些做法需要消费者参与，大多数情况下消费者并不情愿，不一定获得真实数据，所获得的数据覆盖面也窄。也有通过数据挖掘的方法对电子商务中用户日志、用户注册信息、用户购买记录、用户浏览行为进行追踪和分析，隐性获取用户需求。这种方式无须用户参与，但涉及用户隐私，让用户缺乏安全感，另外，一般研究者也很难获取这些信息来做研究。实际上，全面获取用户需求除了以上用户需求数据获得之外，还包括用户需求的表示、学习和更新。随着社会化电子商务的发展，年轻人更信任来自朋友的推荐或购物达人的分享以及产品评论，从而做出购买决策，在网络购物的同时分享自己的购物体验。这都是用户生成内容（UGC），大量的 UGC 体现了用户的兴趣和需求（从心理学视角看，兴趣、偏好是人们对某些事物或活动的心理倾向，在社会化电子商务中，用户兴趣或偏好的大小与用户对兴趣/偏好相关的信息的需求量相关，本书假设兴趣、偏好是一种隐性的需求，后面所说的需求是一种广义的表示，如无特别说明，需求指的是狭义需求、兴趣和偏好的统称），如何从社会化电子商务中全面获取人们需求是企业面临的新的挑战，也是学者们感兴趣的一个研究内容，它是企业进行精准营销和为消费者提供个性化商品或服务的前提和基础。

用户建模是获取、表示、学习和更新用户需求数据的总称，是对用户需求的结构化描述。建立的用户模型可以实时捕捉、记录和管理用户的需求和行为历史，描述用户的潜在需求，是社会化电子商务推荐服务实现的前提。建立用户需求模型后，可以基于该模型推断用户在某主题下的购物意图，并通过系统推荐，主动对其提供服务和帮助，进而提高用户满意度，促进销售。网购用户总是希望直接获取或不用太费时间和精力快速获得自己所需购物信息，这就要求系统可以根据用户需求主动推荐商品信息，并对推荐结果进行分类排序，为用户提供个性化服务，因而面向个性化推荐的用户需求建模显得尤为必要。

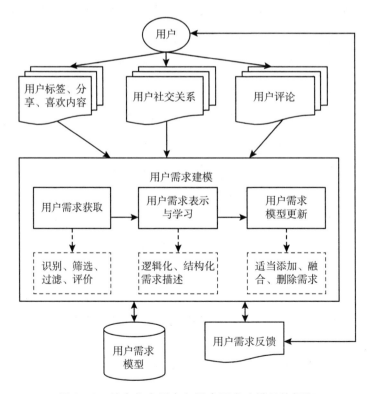

图3-1 社会化电子商务用户需求建模总体框架

从用户建模的一般过程可以看出相关技术或方法主要包括用户需求的获取技术、用户需求的表示方法、用户需求的更新方法。本章根据用户需求建模的一般过程，探讨社会化电子商务用户需求模型的构建，为后续面向社会化电子商务的推荐提供数据依据，基本思路见图 3-1。

3.1　社会化电子商务中用户需求获取

3.1.1　社会化电子商务中的用户需求信息源

在运用合理的方法进行需求获取之前，有必要弄清楚社会化电子商务中用户需求信息源。虽然传统电子商务相对于线下商务有很多优势，如产品价格更易于比较、购买可以足不出户、商品信息丰富、各种网站可选择性大等，传统电子商务推荐方法中的数据源主要基于用户的浏览历史和相关购物篮信息，但推荐的准确度和达成率都很低。随着人们对电子商务环境的适应和认识加深，发现传统电子商务也越来越多地暴露其弊端，产品质量参差不齐、假冒伪劣产品充斥网络、有些商家缺乏信用、信息安全层出不穷，等等。同时，商品的日益丰富使得消费者不得不面临商品信息的"大数据时代"，琳琅满目的商品信息使得用户眼花缭乱，用户进行商品信息搜索的时间成本不断提高，而用户对商品个性化、多样化的需求却日渐强烈，需求品质的上升与供给质量的不足让用户不得不寻求新的途径来获得可靠商品信息。随着社会化电子商务的兴起，用户不再单单地依靠商品的展示信息和销售记录来作为购物决策依据，他们会更多信赖其他用户的商品评论、好友的推荐、意见领袖的分享和建议。

用户参与社会化电子商务的形式是多样的。按生产内容来分，可将社会化电子商务中的用户分为三类：普通参与者、活跃参与者和核心贡献者。普通参与者占据社会化电子商务的绝大多数，这部分用户以寻找和获取产品信息为主，较少分享内容和发表意见，分享的物品大多较为单一，其中多数关注数远远大于粉丝数，也有的关注数和粉丝数都很少；活跃参与者会不自觉地在自己感兴趣产品领域贡献知识，发表产品评论，其关注数和粉丝数难以定论；核心贡献者是达人行家型分享者，他们根据自己长时间对产品的尝试和研究，以图文并茂的形式提供专业的产品介绍，并给出客观的购买建议，由于这部分人是一个领域专业的、乐于分享的意见领袖，得到多数用户的信任，因此拥有大量的喜欢者和粉丝，但其自己所关注的人相对较少。用户参与形式的多样性，使得我们很难用单一的指标来准确地识别用户兴趣，而且情境（特别是时空情境）不同，兴趣也会发生漂移。

社会化电子商务中的用户存在于不同类型的社会化电子商务平台，其中商务型社交网站是其活动空间之一，何炎祥等将其用户兴趣源分为用户关注信息（公共主页和小站中有粉丝及其好友的信息）和用户生成内容（包括用户状态信息、用户日志信息和用户分享信息）[①]。丁绪武则根据用户生成内容的具体表现形式将社会化电子商务用户的兴趣分为以下几类[②]：第一，用户个人标签。它描述了用户个人的基本属性，如职业、兴趣、所擅长的领域等，可以根据标签进行相似用户的快速匹配，找到与其兴趣相投的其他用户。第二，关注对象。社会化电子商务中的用户关注别人的目的是为了获取被关注者提供的产品信息和建议，因此可以作为获取其兴趣的重要途径，而且通过关注对象获取的是用户的长期兴趣，而不是短期兴趣。第三，分享内容。社会化电子商务用户的分享类似于微博中的转发，只是更侧重于与购物相关的商品信息分享、购物体验分享、产品评价分享等，而且分享内容图文并茂。由于用户的兴

---

① 何炎祥，刘续乐，陈强，等. 社交网络用户兴趣挖掘研究 [J]. 小型微型计算机系统，2014（11）：2385－2389.
② 丁绪武. 基于兴趣图谱的社会化电子商务社区发现研究 [D]. 上海工程技术大学，2015.

趣漂移会造成分享主题的变化，因此需要对经常分享和偶尔分享的内容进行分类，以获取用户的长期兴趣和短期兴趣。第四，喜欢内容。用户喜欢内容相比分享内容更直接表达用户兴趣，是社会化电子商务用户长期兴趣的来源，而且可以将喜欢相同内容的用户聚在一起。第五，关注的杂志、社区或主题。在第三方社会化电子商务中，如美丽说中的杂志、蘑菇街的社区，聚集有相似风格的宝贝，关注的用户数也很多，可以从中获取群体用户的共同兴趣。

由此可见，社会化电子商务中的用户需求不仅可以通过用户兴趣标签、分享内容、评分和评论等显性的用户生成内容表现出来，还可以通过用户之间的信任关系，如对购物达人的关注、朋友圈中的好友关系等进行挖掘。另外，交易型社区中相似购物需求的用户逐渐组成社区群组，用户需求偏好还会受所在群组整体偏好走势的影响。本书认为社会化电子商务中的用户需求有长期和短期之分，有显性和隐性之分，也有个人和群体之别。短期需求要考虑用户兴趣漂移，隐性需求要注意需求显性化的恰当方法，群体需求要首先对兴趣社区进行合理划分，这样才有可能准确获取用户需求。本书重点选取用户分享、标签、评论等用户生成内容，用户之间的关注、交互关系等用户行为，以及交易型社区等用户群体特征作为用户需求获取的信息源，根据这些信息源的特点，下一步将运用恰当的方法，获取用户需求信息。

3.1.2 社会化电子商务中用户需求获取方法

用户需求获取方法最常见的分类是按获取过程用户是否知晓或是否参与来分的，用户若知晓或参与，称为显性获取；否则，称为隐性获取。从以上社会化电子商务需求信息源的分析可以看出，用户需求不仅表现在用户生成内容中，也渗透于用户之间的交互关系中，也会受社区群组整体兴趣趋向的影响。需要从用户生成内容、用户关系、社区群组中提取或挖掘用户需求，并不需要用户的直接参与。因此，社会化电子商务用户需求获取是隐性获取。如果分析单个用户的需求，理论上应该全面考虑用户需求的表现，但由于社会化电子商务中用户需求和行为各异，大部分用户分散在不同的平台上，而且关联性弱，一般研究者难以捕捉一个用户在不同平台的行为，即使想全面捕捉一个平台上的用户生成内容、社交关系和所在的社区群，也是非常困难的，数据也是非常稀疏的。因而难以同时全面考虑不同表现的用户需求。因而，本书分别考虑不同信息源的用户需求特征，并分别采用合适的方法进行获取或挖掘，再分析每种信息源中单个或相似用户需求及其他们之间的需求关系，为后续面向需求的社会化电子商务推荐提供依据。

（1）基于用户生成内容爬取的用户需求获取

前面已分析出，社会化电子商务用户生成内容中用户感兴趣内容、用户分享内容和喜欢内容是用户需求的表现，这些内容在社会化电子商务中大多以标签（或关键词）的形式表达，可作为用户需求提取的数据源。本书利用网络数据爬取工具，以用户为单位，获取以用户兴趣、分享和喜欢内容的标签，并将结果存为电子文档，并对这些文档进行去噪、标准表达转换等预处理。其中，用户兴趣和用户喜欢的内容一般变化不大，属于用户长期兴趣的来源；而用户分享内容会不断变化，在爬取用户分享内容时要考虑其生成时间和出现频率，将持续时间长、出现频率较高的内容作为用户长期兴趣内容，偶尔出现或某些时间段出现频率较高的内容作为用户短期兴趣内容，并区分之，以把握用户兴趣漂移。

（2）基于社交关系提取的用户需求获取

社会化电子商务就是传统电子商务结合社会化媒体的社会化属性及用户之间的社会化关系形成的一种新的商务服务形式。这种社会化关系是用户与用户、用户与产品之间的纽带，增强用户对用户、用户对产品的信任感和认同感，从而增强用户对产品黏性，便于用户做出明智购买决策，并发现、分享和推荐新的产品。弗雷斯特和尼尔森做过关于产品推荐对用户购买决策的影响调查，统计发现，有超过30%的用户会购买朋友或系统推荐的商品，且超过90%的国人在网购时，不同程度地相信推荐系统根据其熟人的购买历史所推荐的商品。人们在购物时，很容易受所在社区群组中其他用户兴趣趋向的影响。

由此可见，用户之间的社交关系是挖掘用户需求的重要来源，社会化电子商务中用户之间的关系表现为两种：一种是显性关系，如关注关系、好友关系、粉丝和互粉关系；另一种是由共同兴趣聚在一起的社区群组，称为隐性关系。本书主要研究第一种关系，利用网络数据爬取工具获取这些关系，将其保存为文本文件，以便根据社会网络分析方法，构建用户之间的用户—用户社交图谱，设定其关系权重系数，可使用户之间关系强度明确化，根据用户之间的强弱关系挖掘其信任关系，根据目标用户信任的人的兴趣推测目标用户兴趣，可挖掘目标用户的潜在需求。

（3）基于社区评论数据的用户需求获取

相同兴趣的人聚在一起共同构成了兴趣社区，该社区中人与人之间通过共同关注的东西或共同的兴趣而走在一起，但这种关系是一种弱关系，大家关心的不是其他人，而是其他人贡献的有用购物评价、体验和知识，统称为商品评论。这些评论能够帮助消费者快速决策，降低决策的时间成本，提高购买的满意度。

本书选取网络社区中用户评论，利用网络信息采集工具获取这些评论。我们首先打开包含网络社区的网站，进入到在线社区模块，运用网站中提供的站内搜索功能，确定关键词后进行在线评论的搜索，然后运用网络信息采集工具八爪鱼采集器对搜索结果进行采集，采集的每一条记录内容包括用户名（或用户号）、评论内容、回复数（指回复该评论的用户数），采集到的所有数据导出到 Excel 文件保存。

为了确保采集到的数据对研究问题有价值，需要把一些无用的数据清理掉，以减少噪音数据干扰。通过对网络社区的数据进行分析发现，需要过滤掉的数据主要包括：①与主题无关的信息，有些广告信息或与检索关键词匹配但与主题无关的信息，需要删除；②某一用户多次重复的评论，这种评论数据是用户为了赚取积分等满足自己某个目的而产生，对统计真实正负面评论会造成"虚高"干扰，因而，需将重复记录删除，只保留该用户重复记录中的一条记录作为该用户关于某主题的评论数据。经过预处理后的数据为与检索关键词匹配的评论集，将其保存以备下一步使用。

3.2　社会化电子商务用户需求表示

用户需求表示是将第一阶段获取的用户需求数据以一种结构化的方式进行描述并存储。推荐系统中用户需求表示所使用的技术主要有向量空间模型、神经网络、用户—项目评价矩阵、本体表示法以及案例表示法。用户需求表示中有时还包括需求学习，需求学习是对需求表示的进一步整合和推理，形成对推荐有用的格式化需求知识。需求学习技术一般与需求表示技术相匹配，常用技术有 TF－IDF、贝叶斯分类器、决策树、神经网络以及聚类。本书主要涉及社会化电子商务用户的需求表示，在进行实验时，如有必要，会考虑一些需求学习技术。

关于用户需求表示与学习的研究已有一些。如通过向量空间模型进行数据映射，然后进行需求聚类，还有通过文本分类技术进行用户兴趣自动挖掘的、根据用户在页面停留时间长短定义用户兴趣的、利用线性代数挖掘用户兴趣的。但这些方法处理海量社会化电子商务数据显得效率低下，而且缺乏语义信息，用户难以理解。拉马纳坦等（Ramanathan K et al.，2008）将用户需求文本与具有层次语义的维基语料对照，获取用户需求层次。该方法简单可行，概念精确，但检索深度和广度较大，且没考虑用户当前情境①。基于用户标签的用户需求获取方法中，金等

---

① Ramanathan K., Giraudi J., Gupta A. Creating Hierarchical UserProfiles Using Wikipedia [EB/OL]. [2008－10－06]. http：//www. Hpl. hp. com/techreports/2008/HPL－2008－127. pdf.

（Au et al. , 2008）首先通过社会网络分析工具分析用户兴趣网络，并进行社区聚类，挖掘需求标签群，识别不同的需求①。张等（Zhang et al. , 2008）利用概念格计算概念相似度和用户标签权重，基于此构建层次化用户需求②。主题模型是近年来基于文本挖掘的一种概率模型，引入了主题空间的概念，认为文档是主题空间上的概率分布，而主题是词空间的概率分布，从而实现文档从词空间到主题空间的降维表示，而主题具有隐含语义的特征，弥补了以上方法的不足。常见的主题模型有PLSA、LDA 和 AT。

　　本书结合获取的不同社会化电子商务需求信息特征，基于前人的研究，提出相应的表示方法。首先，针对 UGC 数据中的用户感兴趣、分享和喜欢内容的标签，由于汉语表达丰富，有很多一词多义或多词同义的情况，为了减少由此带来的混乱，提出基于相似语义归并的向量表示方法；针对基于用户社交关系中表现的用户需求，进行用户关系的构建，找出与目标用户关系较好的用户（信任的朋友），将其感兴趣的内容作为目标用户的潜在需求；针对社区评论中的用户需求，利用评论挖掘方法，找出多数用户评价较好的产品或产品属性，作为影响新用户购买意愿的依据。

3.2.1　基于标签的用户需求向量空间表示

　　基于标签的用户需求表示，一般将反映个体用户需求的所有标签文本信息汇成一个综合文档进行处理。本书仅对用户标签文本内容进行分析，暂不考虑图片、声音和视频等非文本内容，提取用户分享和喜欢的

①　Au Yeung C. M. , Gibbins N. , Shadbolt N. A Study of User Profile Generation from Folksonomies［EB/OL］. ［2008 – 04 – 25］. http：//citeseerx. ist. psu. edu/viewdoc/download？ doi = 10. 1. 1. 142. 8329&rep = rep1 &type = pdf.

②　Zhang Y. , Feng B. Tag-based User Modeling Using Formal Concept Analysis ［C］. In Proceedings of the 8th IEEE International Conference on Computer and Information Technology. Sydney：IEEE, 2008：485 – 490.

商品标签文本。

设：$U = \{u_1, u_2, u_3, \cdots, u_m\}$ 表示社会化电子商务中的用户集合；

用户标签用 $D_i = \{d_{i,1}, d_{i,2}, d_{i,3}, \cdots, d_{i,k}\}$ 表示；

$d_{i,k}$ 表示用户 i 的第 k 个标签内容，然后将每个用户生成的兴趣标签文本合成独立的文档 D，则可以表示为：$D = \{D_1, D_2, D_3, \cdots, D_m\}$，$D_m$ 表示社会化电子商务中 m 个用户生成的兴趣标签。将相同关键词合并，就可以将基于用户标签内容的兴趣需求表示为：

$$Puser_i = \{(Topic_1, p_{i1}), \cdots, (Topic_j, p_{ij}), \cdots, (Topic_k, p_{lk})\}$$

$$(3-1)$$

$Puser_i$ 表示用户 i 的兴趣需求，$(Topic_j, p_{ij})$ 表示用户标签内容在第 i 个潜在主题下的权重，这样用户标签内容就转化为不同主题权重来体现用户的不同兴趣需求。

3.2.2　社交关系中的用户需求表示

在社会化电子商务中，存在两种关系网络，一种是用户之间显性的关系网络，我们称之为社交图谱；一种是用户之间没有直接关系，而是因为有共同兴趣而关联，形成一种隐性关系网络，称为兴趣图谱。社交图谱是线下三种不同强度的直接社交关系在线上的映射：一种是联系频繁、交互密切的强关系，如家人、亲密朋友、同事、合作伙伴；一种是有联系和交互，但不频繁的弱关系，如普通朋友、一般关系的同学、亲戚；还有一种是临时关系，因偶然事情产生社交行为，用户之间没有既定的契约关系，事情结束便没有什么联系。兴趣图谱与之不同的是，其中存在关联的用户线下不一定有交互。无论是社交图谱中的熟人关系，还是兴趣图谱中具有共同兴趣的陌生人关系，都可以产生信任。人们更信赖系统根据朋友的分享而推荐的商品，根据来自兴趣相似的人的兴趣而推荐的商品，让人们更易接受。因此，显性关系产生直接信任，隐性关系蕴含隐性信任。然而现有的研究大多只侧重一种信任关系（显性或隐性）形成推荐，本书分别分析两种关系（显性关系和隐性关系）产生的信任，并根据信任度大小产生推荐。

社会生活中人的行为、决策会受到其所处的环境和周围人的影响，从而使人的行为和生活具有一定的群组特性，人们会倾向于选择和加入其所认同或与其志同道合的群体，且这些群体不止一个。在交易型社区中，具有相同兴趣偏好和需求的用户通过社会化电子商务平台自发聚集在一起，进行社会化交互，形成网络群体关系结构。群体中的用户、资源、用户与用户之间和用户作用于资源的活动构成了网络的基本要素，形成了可伸缩的有机网络。社区中的用户受到网络中其他成员特别是与自己需求和偏好相同或相似用户的影响，用户活动呈现聚集性，形成基于交互的用户网络社区关系。

社会化电子商务环境下，基于用户参与和交互而形成的交易型社区已成为用户商品知识交流、学习和利用的平台，也是用户社会化购物的重要参考平台。交易型社区中的用户通过交互、学习等行为形成共同兴趣和一定用户关系的社会网络，将其抽象表示为 $N=(P, W, S)$，其中，P 是社会网络上的用户节点集合，W 是社会网络上的商品节点集合，S 是边的集合，表示用户—用户、用户—商品—用户连接关系。社会网络上的用户关系存在局部聚集的特性，形成社区结构，社区内部关系聚集，外部关系松散。通过社会网络关系的构建，利用社会网络分析方法，从网络拓扑结构中识别用户之间直接的信任关系和用户的共同兴趣形成的隐性信任，为用户需求建模和商品推荐提供数据源。

社会网络分析是对社会网络结构和关系特征进行度量和分析，目前已经研究出了一系列对网络中行动者之间关系进行量化的测度指标。如网络距离测度、网络连通性测度和节点中心性分析。节点中心性是社会网络分析的重点内容之一，分为点度中心性、接近度中心性、介度中心性等指标。

①点度中心性（Degree Centrality）：体现节点的重要性，即连接该

节点的边数与节点总数的比值。度中心性取值越大，表明该节点与网络中其他节点的直接通信的能力越强，则该节点也越重要。在社会化媒体中，点度中心性能够高效地度量节点在网络中的影响力、重要性即权威性，从而找到一个群体中的核心人物，点度中心性的公式为：$D_c(A) = \sum_n A/(n-1)$。

②接近度中心性（Closeness Centrality）：是通过节点与其他节点间距离为基础来衡量节点在网络中的中心程度。节点与网络中其他节点之间的平均最短路径越小，则该节点的中心性取值越大，接近度中心性的公式为：$C_C = (n-1)/\sum_n A$。

③介度中心性（Betweenness Centrality）：体现了节点对网络通信的控制能力。如果两个节点之间连接的必经之路上有该节点，则该节点在网络中必定具有重要的地位，中介度中心性的表达式定义为：$B_c = \sum_{i \to j} \dfrac{A_{i \to j}(n)}{A_{i \to j}}$。

社会化电子商务中的用户通过购物交流、分享等行为与他人建立联系，形成一定的关系网络结构，通过利用用户关系网络分析技术，有助于进一步明确社区中的用户信任关系，挖掘用户需求。

本书选择利用节点中心性的上述指标来测度用户显性关系，并在此基础上建立用户信任网络，计算用户之间的信任度，实现基于信任的推荐。

3.2.3 社区评论中的用户需求表示

日本著名质量管理专家狩野纪昭（Noriaki Kano）认为，用户满意度与产品/服务质量特性存在非线性关系，及产品/服务质量越好，用户不一定满意，甚至更不满意。并于 1984 年建立了关于产品质量认知的心理学模型，表达了质量特性满足状况与用户满意程度的双维度认知关系，该理论得到质量管理和市场需求分析研究领域的高度认同。该模型将产品质量特性分为魅力质量、期望质量、基本质量、无差异质量和反向质量五类①。其中，魅力质量意思是（attractive quality），令人意想不到的产品特征，有之，用户非常满意，缺之，用户也不会抱怨；期望质量是指用户的满意与否随着该质量特征的有无而变化；基本质量指的是产品应该具备的最基本的功能，有之，用户不会感到满意，无之，则非常不满；无差异质量指的是用户认为有没有都无所谓的质量特征，其有无均与用户满意度无关；反向质量指该质量特征有之，用户不满，缺之，反而满意。从这里可以看出，在线评论反映的主要是用户关于产品/服务的魅力质量、期望质量和反向质量特性。段黎明等将用户对产品质量满意状况看作用户需求满足情况，并认为用户需求分析主要需关注三类需求，即基本需求、期望型需求和魅力型需求三类②。

综合以上研究结论，基于在线评论所要挖掘的用户需求是期望需求和魅力需求。孟庆良等认为用户的魅力质量需求和期望质量需求是一种隐性需求，可以利用 KANO 工具将其显性化③。如果将用户需求看成用户知识的一种，即需求知识，那么，魅力型需求和期望型需求是用户的隐性需求。我们要做的就是从在线评论中挖掘这些隐性需求。

本书的从评论文本中挖掘用户隐性需求的思想是，首先按评论主题—属性对评论文本进行情感计算，然后将不同情感极性区间值进行 KANO 模型转换，获得用户关于评论主题—属性的需求类别。依据相关研究中的情感程度定级标准标注其情感极性值（见表 3 - 1），保存该属性及极性值，依次累加，最终获得每个属性的情感累计值。

---

① Kano N., Seraku N., Takahashi F., et al. Attractive Quality and Must - Be Quality ［J］. Journal of the Japanese Society for Quality Control, 1984, 14（2）: 147 - 156.

② 段黎明，黄欢 . QFD 和 Kano 模型的集成方法及应用 ［J］. 重庆大学学报，2008，05: 515 - 519.

③ 孟庆良，邹农基，陈晓君，倪自银 . 基于 KANO 模型的客户隐性知识的显性化方法及应用 ［J］. 管理评论，2009，12: 86 - 93.

表 3 - 1 情感极性量化标准

程度副词	极性值
太、非常、极其、很、最……	2
较、稍……	1.5
还、欠、勉强……	0.5
没有程度副词的正向情感词	1
没有程度副词的负向情感词	-1

情感分类量化后的结果是按属性分类的各属性情感总评集，计算各总评值的平均值，由此可以看出不同属性特征的情感极性值分布。如果该值大于0，表示总体来讲，用户对该属性具有正的情感倾向，该值越大，表示用户越喜欢这个属性；如果该值恰好为0，表示用户对该属性褒贬参半；如果该值小于0，表示用户对该属性具有负的情感倾向，用户对该属性特征不满意，没有达到用户的预期或期望。

在线评论反映的是用户的魅力需求和期望需求。魅力需求是用户意料之外、感到惊喜的需求，美国营销管理研究大师菲利普·科特勒认为，顾客之所以会对产品/服务特性高度满意或欣喜，是因为其可感知效果超过预期①。赋之在线评论中表现为用户对于产品/服务的高度评价，如"太美了""非常好""特别舒服"等。表3-1的情感极性量化标准中，带有高强度程度副词的正向极性值为2，与没有程度副词的正向情感词1相乘，加上回复评论加权值（该值介于0~1之间）后，结果必然大于或等于2，因此，对于总评集中情感极性均值大于或等于2的属性，归为魅力质量属性。

期望需求表现为产品质量感知与用户预期之间正相关的线性关系。如果可感知效果低于预期，顾客就会不满意；如"外观不是很满意"

---

① 菲利普·科特勒，凯文·莱恩·凯勒．王永贵，陈荣，何佳讯，等．译．营销管理：第14版 [M]．格致出版社，2012：124-135.

"价格太贵""性价比低"等评论。如果可感知效果与期望（比较）匹配，顾客就（比较）满意；如"界面还算美观""价格实惠""性价比高"等。因此，在线评论反映的期望需求，既包含情感均值小于2的正向评价，也包含评价值小于0的负向评价，不管是正向还是负向的期望需求，都反映了用户对改进产品/服务的期望，也是一种期望需求。本书基于用户需求的推荐，最终会将魅力需求和正面评论的期望需求产品推荐给潜在用户。

3.3　用户需求模型的更新

社会化电子商务用户需求在内部心理、认知因素和外部宏观环境和微观情境因素的共同作用和影响下不断发生变化。为准确描述用户需求及其变化，用户需求模型也应该实时跟踪这些变化，进行需求内容的动态扩展和更新。这就要求系统不断获取和分析用户生成内容及其关系数据，将结果融入用户需求模型，实现用户需求模型的更新。

3.3.1　用户需求模型更新方法

用户本身拥有的背景知识和需求构成用户需求模型的初始需求数据，在初始需求模型中，用户的各个需求各占一定权重，随着时间的推移和用户活动的变化，用户需求不断发生改变，各个需求的权重也不断变化，若未被激励，有的需求会逐渐衰减，直至删除，而新的需求也会不断产生。因此，用户需求模型需要根据用户的最新需求对原有需求数据进行更新，以确保模型能反应用户需求变化和匹配用户的最新需求。用户模型更新的方法主要有三种：一是信息增补法，即将新的需求信息增加到需求模型中；二是自然进化法，即用新的模型替代旧的模型；三是通过调整网络连接权重来自适应更新的神经网络技术。

本书利用加权信息增补技术，从用户需求主题和需求程度进行更新，将用户反馈的新信息与系统中已有的需求信息进行加权计算，不断充实新的信息，逐渐减少无效信息和陈旧信息的权重，直至删除。

3.3.2 社会化电子商务用户需求模型的更新

社会化电子商务用户在分享、交流、互动中使用主题词或关键词的时间、次数和最近的频率均可反映用户的需求变化倾向，用户对某一主题词或关键词使用次数越多、使用时间越长，表明用户越倾向该主题词或关键词的需求；用户近期使用的关键词也更能反映用户近期的需求倾向。设用户持续使用时间为 T，使用频率为 F，最近使用时间为 R，本书将用户所使用的每个关键词的 T、F、R 三个指标的大小划分为三个等级，并赋值为 1~3，数值越大表示各指标程度越强，如持续时间越长、频率越高、时间越近，具体取值按实验情况而定。则用户 U_i 对某一主题特征词 K_j 的需求度为：

$$Q_{ij} = \frac{T_{ij} + F_{ij} + R_{ij}}{9} \qquad (3-2)$$

然后根据用户需求向量中主题词和特征关键词的关系，加权计算用户的主题词需求度为：

$$Q_{ni} = \sum_{n=1}^{n} Q_{ni} \times S(n, i) \qquad (3-3)$$

其中，$S(n, i)$ 表示用户特征词 k_n 与用户需求 i 之间的语义相似度。

关于用户需求主题更新，根据前面主题提取和向量表征方法，将特征关键词和主题词表示为语义特征向量；同时对用户需求模型中已有特征向量进行查询，如果模型中已有该主题，则对其需求度进行修正；若没有，则在模型中生成一个新的需求主题，并进行归类，加入主题关联网络；另外，根据用户关注程度和需求度淘汰已不再需求的主题。

关于用户需求主题权重更新，在一个新的时间窗口中，某用户每出现一次，系统对其记忆加强，记忆因子（UM）增加一个加强因子（S）；若用户访问的兴趣类是已有的，系统对该用户再次访问的兴趣类记忆因子（IM）也增加一个加强因子（S）；若用户没有访问已有兴趣类，系统就将该用户对该兴趣类增加一个遗忘因子（F）；若在新的时间窗口中，用户访问了新的兴趣类，记录该类并创建该类的记忆因子（UM）；若新的时间窗口用户没有出现，系统对该用户的记忆减退，则记忆因子（UM）增加一个遗忘因子（F），加强因子为系统对用户记忆增强的指标，可自定义为0.1，遗忘因子为系统对用户记忆衰减的指标，可定义为 -0.1。

社会化电子商务用户需求模型更新流程如下：

步骤1：从用户需求数据库中调出初始用户需求模型；

步骤2：将用户 U 在新时间窗口的需求数据和信息加入初始用户模型中；

步骤3：判断新的用户 U 在初始用户模型中是否存在，若存在，转到步骤4；若不存在，转到步骤5；

步骤4：用户 U 需求信息的记忆因子 $UM = UM + S$，并且，初始需求模型中若已有该用户需求信息和特征，则加强该需求记忆，$IM = IM + S$；若需求信息在模型中不存在，则记忆用户的新需求，此时，需要初始化用户的需求记忆，$UM = S$。同时，对初始模型中已有但新的时间窗口中未出现的需求信息，进行记忆因子衰减：$IM = IM + F$，当 $IM = 0$ 时，则从用户需求模型中删除该需求信息；

用户需求包括长期需求（LQ）和短期需求（SQ），初始状态 $LQ > SQ$，当 $SQ > = LQ$ 时，将该需求信息加入长期需求模型中，同时从短期需求模型中删除该需求信息。

步骤5：建立新用户模型，并进行新用户需求初始化，设定新用户初始化需求为 UM，根据新用户需求数据设定长期需求（LQ）和短期需求（SQ）的初始值。

步骤6：重新计算用户需求权重，同时将初始模型中存在但新时间窗口未出现的用户进行遗忘和衰减，$UM = UM + F$；当 $UM = 0$ 时，从模型中删除该用户。

步骤 7：完成用户模型更新，将新的用户需求信息存入数据库。

3.4　本　章　小　结

本章是关于社会化电子商务用户需求模型构建过程的阐述，首先根据社会化电子商务用户行为特征和用户模型构建的一般过程构建了社会化电子商务用户需求模型。根据此模型，分别分析了用户需求获取、表示、模型更新的过程和方法。本书确定用户生成内容、用户社交关系作为用户需求获取的主要信息源，分别根据不同的信息源特征选择不同的需求获取、表示方法。针对用户分享内容和喜欢内容的标签表达，本书首先利用网络爬取工具获得后，进行去噪等预处理，利用向量表示用户标注的兴趣主题，然后用权重分类表达用户需求；针对用户社交关系中隐含的用户需求，先基于用户关系构建用户信任网络，然后计算用户之间的信任度，为基于信任和兴趣的推荐提供依据；针对用户评论，进行情感倾向分类，并根据 KANO 模型将分类结果进行用户需求转换，获得用户关于主题—属性的需求类型，为后续章节基于评论挖掘的推荐提供数据源。

4

社会化电子商务推荐的模型框架

　　社会化电子商务相对于传统电子商务更注重用户价值，通过研究用户在线购物之前、购物过程中、购后行为的一系列心理活动和可能的心理诉求，让用户充分释放自己对商品的偏好、看法和体验感受，用户可以在网上分享自己喜欢的商品，将自己喜欢的商品推荐给好友，对所购买的的商品进行评价。一些用户在社会化电子商务平台的购物体验能够影响其他用户的购物决策。据 SocialBeta 的调查显示①，91% 的人会因为看到了其他用户的在线体验而去实体店面；而 89% 的用户会在购物之前进行在线调查；72% 的用户认为网络上的产品评论与亲朋好友的推荐一样值得信任；78% 的用户认为社交媒体上的贴文会影响他们的购买决策。由此可见，社会化电子商务中，用户价值得到体现。

　　然而，随着社会化电子商务中用户数量的增多，用户生成内容及用户之间的关系日渐增多和变得复杂；而社会化电子商务自身识别信息的能力有限，用户分享、评论的信息良莠不齐，造成信息爆炸和垃圾信息过多等问题。用户面临新的信息过载的局面，显得无法适从、疲于应

---

　　① Matthew Peneycad. Unignorable Stats About How Social Media Influences Purchase Behaviour [EB/OL]. [2013 – 07 – 13]. http：//www. In boundjournals. com5 – stats – about – how – social – media – influences – purchase – behaviour/.

付。另外，主要靠交易佣金获利的用户数量大、黏性高的基于社交媒体的社会化电子商务和第三方社会化电子商务，由于购买转化率较低，面临着盈利的困境。据 IBM 的统计数据①，2012 年所有在线"黑色星期五"（购物狂潮，相当于中国的"双十一"）销售额中，来自脸书、推特、领英、优兔等社交网络用户的社交销售额仅占 0.34%，和 2011 年相比，跌幅超过 30%。信息过载和购买转化率低的双重压力，将对社会化电子商务的持续发展造成严重威胁。因此，该如何让社会化电子商务发挥更大的作用？如何正确度量消费者生成内容的价值？如何利用社会化电子商务促进用户购买意愿，扩大销售？这都是需要进一步研究的问题。

在社会化电子商务中，以用户可以接受的隐性方式将合适商品呈现给合适用户成为必要，在解决信息过载的同时，提高商品购买率。商品推荐被认为是解决信息过载行之有效的方法，商品推荐能将合适的商品信息在合适的时机提供给合适的用户。而且社会化电子商务中，用户分享的内容代表了用户兴趣，好友之间的推荐、互动隐含了用户之间的信任关系，产品评论可以形成口碑。这样，从用户分享的内容中可以提取内容主题关键词，形成用户兴趣标签，再根据产品上下文关联，构建产品关联本体，将用户感兴趣产品的关联产品推荐给用户，产生基于兴趣标签—产品关联本体的推荐，以应对用户兴趣漂移带来的传统推荐不及时问题；通过用户之间的互动关系和频率，构建用户之间的社交图谱，识别好友关系，根据用户之间的关系强度计算用户之间的信任度，将目标用户高度信任的好友感兴趣的产品推荐给目标用户（假设前提是好友之间趣味相投），产生基于信任关系的推荐，提高传统推荐的新颖性问题；产品评论表达了用户对产品各属性的满意程度，是潜在用户购买决

---

① IBM. Black Friday report 2012: IBM digital analytics benchmark [EB/OL]. [2013 - 07 - 13]. http: // www - 01. ibm. com/software/marketing - solutions/benchmarkreports/ benchmark - 2012 - blackfriday. pdf.

策的重要依据，通过评论挖掘发现评论用户需求，将被评论产品推荐给具有相似需求的用户，产生基于评论挖掘的商品推荐，克服传统协同推荐依靠评分数据存在的数据稀疏性的同时，提高推荐的准确性。

　　本章基于以上思路，利用社会化电子商务中用户典型的行为和属性数据（用户分享、用户关系以及用户评论数据），构建社会化电子商务推荐模型框架，缓解传统商品推荐存在的一些固有问题的同时，为社会化电子商务信息过载问题提供解决思路，本章内容社会化电子商务推荐模型的总体性描述，是后续各章面向社会化电子商务推荐方法研究的框架基础。

4.1　社会化电子商务推荐模型框架的构建

　　本章根据社会化电子商务用户行为特征，构建社会化电子商务中的商品推荐模型框架，目的是借助用户社会化消费行为挖掘用户需求，向用户推荐合适的商品。这就有必要先分析社会化电子商务中用户消费行为模式，并从中发现用户需求信息源。因此，所基于的理论是"社会化电子商务推荐理论基础"一章中介绍的消费者行为理论、马斯洛需求层次理论以及电子商务推荐原理。

　　基于以上相关理论，在弄清楚了社会化电子商务中用户消费行为过程后，从中抽取出体现用户需求的用户兴趣图谱和社交图谱，分析其中蕴含的需求源，挖掘对推荐有重要影响的需求模式，提出相应的推荐策略。基于此思路，构建社会化电子商务推荐模型框架，见图4-1。

4.1.1　社会化电子商务中的用户行为

　　社会化电子商务网站的功能设置正是满足了用户主动搜索和经验分享的需求，优化用户体验。它为用户提供相关的产品、品牌咨询主题信

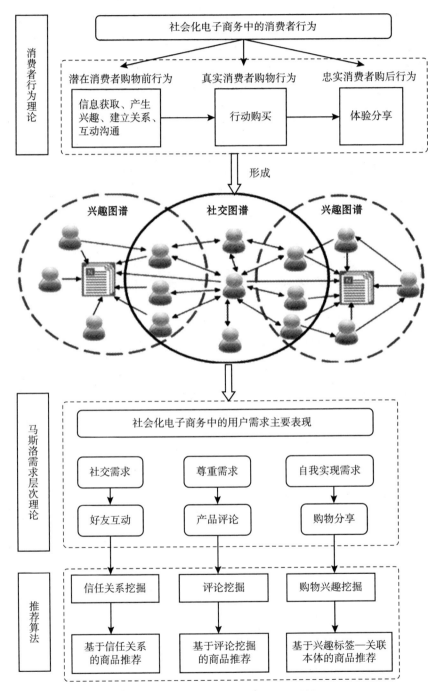

图 4-1 社会化电子商务推荐模型框架

息，并提供免费试用、优惠专区，以吸引用户参与社区互动，增强社区的活跃度。品牌、产品成为消费者评价的对象，互动社区成为口碑信息的集散地；社会化电子商务网站中用户个人空间，让用户自由收藏喜欢的物品，留下购买或评价记录，成为用户兴趣挖掘的信息源；社会化电子商务采取"平台＋媒体＋营销"三合一的方式进行传播，把用户的分享转化为公众资源，重新梳理传统电子商务的内容，从而实现用户内容与电商之间的融合。通过吸引、体验、分享、口碑、导购，真正从需求源头开始一步步实现商品销售。

社会化电子商务中用户行为路径可以概括为：潜在消费者购物前的决策行为—真实消费者购物行为—忠实消费者购物后的体验分享行为。购物前，用户通过各种社会化营销平台感知商品信息，产生购物兴趣，并从各种社交平台（如购物社区、好友圈子）多方获取可靠商品知识和体验信息，从而进行购买决策。决定购买后，通过导购网站或直接进入电子商务网站下单购买，之后将购物体验在社区或与好友分享。

社交图谱，是一种描述人们社交活动关系的网络图谱。通过网络图的方式来表现人们真实的线下关系。它反映了与用户具有各种社会关系的人，包括亲属、发小玩伴、曾经的同窗好友、生意伙伴、相同爱好的驴友等。社交图谱以人为最小单位，用户之间大多是一种公开的双向关注的强关系，侧重关系维系，承载了用户与好友进行沟通互动的情感需求。

在互联网中，兴趣就是将用户组织成群体，对 UGC 信息进行分组管理的工具。基于兴趣，将用户聚集成群体，实现信息分类和序化，为用户获取有效信息帮助决策提供巨大价值。受社交图谱的启发，兴趣图谱的概念最早于 2010 年提出，兴趣图谱是虚拟人—物和人—物—人间关系的一种网络图，由兴趣节点和用户构成，兴趣节点是其核心，靠用户所关注的订阅、购买的产品，进行的评级、搜索，或者对某些口味的评论而产生的。为达到缓解交流产生的压力，用户间只针对相同兴趣点进行交流。整体上，众多用户因各兴趣点而结成关系网络；局部上，这个关系网络又是由众多个人兴趣集组成。兴趣图谱表明聚在一起的每个用户都喜欢同样的东西或项目，但是每个人之间不一定认识。如参与购物社区讨论的人，是对购物感兴趣，是为了分享或获得有价值的购物参考信息，并不一定是为了认识人。兴趣图谱以兴趣点为最小单位，用户之间大多是一种公开的单向关注的弱关系，侧重关系拓展，体现了用户追求品位、获得知识的自我实现需求。美丽说网站便是兴趣图谱作用下建立的社会化电子商务网站的典型实例。

在社会化电子商务中，当用户对某一产品产生兴趣，就会继续追踪搜索，但产品展示千篇一律，而社交圈内朋友也缺乏相关知识时，用户对产品专业化和个性化的需求则益发明显，而"兴趣图谱"中兴趣圈中强针对性的兴趣内容正好符合用户所需。为了能表达用户对产品的情感程度，兴趣社区中提供了反映兴趣程度与情绪程度的不同功能，如喜欢（只是喜欢，程度一般）、收藏（喜欢程度上升，逐渐变为需要）、评论（表示已了解该产品）、关注（产生持续好感）、转发（将兴趣分享）。

以上用户的社会化行为形成了各种购物社区，社会化电子商务中的购物社区聚集大量商品和用户，可以将社区结构分成产品网络和用户社会网络的双网络结构，形成大量的产品关联关系、用户关系和产品—用户关系。其中用户之间的强弱关系产生不同程度的信任，影响着用户的购买意愿。朱玉如以时尚购物社区美丽说为例，总结出社会化电子商务的中用户之间存在三种社会关系[①]：第一种是彼此是陌生人，但对某种风格的商品有同样兴趣偏好，是一种关联不强、但受兴趣圈影响的弱关系；第二种是由认识的朋友形成的朋友圈，相互之间对商品进行品评和建议，是一种强关系；第三种是普通用户与购物达人之间的关系，关系强度介于以上两种之间，购物达人极力打造优质内容，并强传播这些内容，受普通用户信任，对普通用户购买决策影响很大。金姆和帕克

① 朱玉如. 基于社会化电子商务网站的口碑传播研究［D］. 湖南大学，2014.

（Kim & Park，2013）证实了社会化电子商务中的商家声誉、产品市场份额、信息质量、交易安全性、沟通以及口碑推荐均显著影响用户信任[①]，而信任又显著影响信任绩效（购买行为意向）。本书将以上用户—产品关系抽取为用户兴趣图谱，用户—用户关系抽取为社交图谱，以便从中挖掘用户兴趣和用户信任关系。

4.1.2　社会化电子商务中的用户需求表现

社会化电子商务中用户的社交关系都是以商品或服务交易为驱动来维系的，用户基于一种商品（如服装）、一种风格（如音乐、电影）或某种生活方式（如美食、旅游）等的共同爱好而聚在一起，通过对这些兴趣主题的分享、点评、打分以及用户间的互动，消费者对其依赖将越来越强，从而提高消费者的黏性和交易转化率。以上成功的模式都是传统电子商务所不擅长的，由此再次证明，准确把握消费者的真正需求，并满足或引导这种需求，是经营者成功的根本。

从需求的明确程度来看，社会化电子商务中的用户需求也分显性需求和隐性需求，显性需求是用户能够明确表达出来的需求，如"这条裤子有白色的就好""这款手机像素不高"等；隐性需求是用户没有意识到或意识到但难以明确表达或能够明确但现阶段难以满足的需求，例如，第一次怀孕的女性不一定意识到要为即将出生的婴儿准备哪些用品；在网上选购衣服的时候，用户不会告诉你他们喜欢什么款式、颜色等特征的衣服，但是通过浏览和略过，或通过与朋友交流，他们一定会提示你哪些衣服他们不喜欢，那么从这些不喜欢的衣服特征中，可以总结该用户的兴趣取向，越多不喜欢的特征可以越缩小对喜欢特征的定位

---

① Kim, S., Park, H. Effects of Various Characteristics of Social Commerce（S - Coimnerce）on Consumers' Trust and Trust Performance［J］. International Journal of Information Management, 2013，33（2）：318 - 332.

范围，从而获取用户的需求，这个过程是隐性需求获取的逆向方法。社会化电子商务中用户的隐性需求可能隐含在用户对感兴趣的产品的标注中，也可能蕴含于社区评论的情感中，更有可能受信任的人的推荐、兴趣或购买行为的影响，用户的隐性需求还有群体性特征，蕴藏在社会与组织里，个人难以发现，须经由人际关系的互动来扩散并获得。这就需要我们运用一些合适的方法来挖掘或显性化这些需求。目前，显性需求获取一般用调查的方法，隐性需求用数据挖掘或心理学方法来挖掘。丁绪武等通过对社会化电子商务的典型代表"美丽说"网站结构的分析，认为可以从个人标签、关注对象、分享内容、喜欢的内容、关注的杂志五个方面提取用户兴趣，并以美丽说为例研究了构建社会化电子商务用户兴趣图谱的方法①。

从消费者购物需求类型来看，社会化电子商务中的用户购物需求可分为功能型购物需求、享乐型购物需求、社交购物需求、购物分享需求。功能型购物需求是电子商务时代的主要表现形式，消费者购买产品主要看中其功能、效用，是否能解决当前的问题，如购买洗衣机是为了摆脱手洗衣服；享乐型购物需求是消费者可以从中获得购物的快乐，满足个人精神享受的一种购物需求，如购物的便利性、快捷性和商品的物超所值；社交购物需求要求在购物的同时提供社交的环境，在社交的过程中获得购物体验，这是社会化电子商务不同于传统电子商务的优势；购物分享需求是消费者购后的一种需求，社会化电子商务中的人群大都是乐于分享和交互的年轻人，在购物之后将购物信息和心得分享到朋友圈，让朋友为其点赞，得到朋友的关注，是他们参与网络生活的内容之一。当然这些类型并不是相互孤立的，是相互交织在一起的，有可能在不同时间段一种类型表现得比较突出，也有可能在同一个人身上表现以上多种购物需求类型。

---

① 丁绪武，吴忠，夏志杰. 社会化电子商务用户兴趣图谱构建的研究 [J]. 情报理论与实践，2015，03：90－94.

哪里有人群，哪里就会有商机，这是企业经营法则之一。社会化电子商务通过整合社交网络的社交图谱和兴趣图谱，实现对产品或服务的推广和销售，迎合消费者期望通过分享各自的购物体验及商品知识，以达到消除购物过程中信息不对称的需要。社会化电子商务中活跃的人群是"80后""90后"的青年人，主要是公司白领和在校大学生，他们受教育程度高，乐于分享，热衷交流，倡导时尚与个性。购物决策因素更多关注用户评价和性价比，更信赖好友的推荐。成员中的行家达人和活跃者通过互动获得购物需要的信息，并且通过信息分享和商品推荐获得相应地位，成就其社交需求的同时，信息分享的贡献越大获得的声望越高，越可以从中获得尊重和自我价值实现的满足感。而一般的消费者则希望从中获得真实、可靠的信息，以帮助购物决策。社会化电子商务网站最大的优势便是利用社交网络中巨大的人际关系网络，引导用户积极评价，并将其转化为购物行动。

根据用户消费行为路径，我们把用户需求路径分为：需求挖掘（购物前）——需求满足（购物）——需求反馈（购后评价），则社会化电子商务平台积累的海量用户分享数据承担了需求挖掘的数据源，主要是为商家寻找新用户；导购链接承担了需求满足任务，实现商品的购买；而主题鲜明的大量用户评论与评分信息则提供了需求反馈的数据源，帮助商家精准定位用户所需。基于马斯洛需求层次理论对社会化电子商务中用户需求的分析可知，社会化电子商务中的用户已经超越了单纯满足物质生活的功能型需求，更注重享乐型购物的精神需求，具体来说就是寻求与好友互动的社交需求、对商品发表意见的尊重需求和主动购物分享的自我价值实现需求。通过社会化电子商务中对用户需求较为准确的获取，对于商品推荐的有效实现大有裨益。

4.1.3 社会化电子商务中的商品推荐思路

目前，学者们将用户自己编辑的图文并茂的兴趣分享和用户评价

125

（包括评论和评分）作为用户生成内容的主要组成部分。社会化电子商务中用户生成内容的价值一直是学者和业界关注的焦点，一些学者从个人层面对用户创建和分享行为产生的价值进行了研究。吴作栋等（Goh et al.，2013）基于脸书品牌社区，从个人层次首次比较了用户生成内容和商家生成内容对用户购买行为的影响①。结果表明，用户在品牌社区中的参与正向影响其在该品牌上的支出，以上两类生成内容通过生成的内容和劝说效果影响用户购买行为，但用户生成内容对用户购买行为的影响更大。帕克等（Park et al.，2007）通过研究提出，用户购买意愿与其他用户评论的多少和对自己的价值正相关，而用户的参与度是这种影响的调节变量，参与度高的用户更看重用户关于商品评论数量和这种评论是否有价值的综合影响，参与度低的用户则看中有多少人对目标商品进行了评论②。顾等（Gu et al.，2012）将口碑信息分为内部口碑（商家口碑信息）和外部口碑（独立口碑信息）来研究口碑信息对高涉入产品销售影响，最终结果表明，独立口碑信息相比商家口碑信息更能促进高摄入性产品的销售，商家口碑信息的作用微小③。不仅如此，Mudambi 等的研究均证明④，亚马逊等 3C 产品零售网站的评论内容对商品具有推荐价值。

　　社会化电子商务可以提升优质商品的信息传递效率，加速用户的购买决策，这是其根本作用所在。社交的属性是关键，它将用户连接在一

---

① Goh, K. Y., Heng, C. S., Lin, Z. Social Media Brand Community and Consumer Behavior: Quantifying the Relative Impact of User-and Marketer – Generated Content [J]. Information Systems Research, 2013, 24 (1): 88 – 107.

② Park, D. H., Lee, J. Han, I. The Effect of on – Line Consumer Reviews on Consumer Purchasing Intention: The Moderating Role of Involvement [J]. International Journal of Electronic Commerce, 2007, 11 (4): 125 – 148.

③ Gu, B., Park, J., Konana, P. The Impact of External Word – of – Mouth Sources on Retailer Sales of High – Involvement Products [J]. Information Systems Research, 2012, 23 (1): 182 – 196.

④ Mudambi, S. M., Schuff, D. What Makes a Helpfiil Online Review? A Study of Customer Reviews on Amazon. Com [J]. MIS Quarterly, 2010, 34 (1): 185 – 200.

起，充分挖掘用户价值，让用户发现、分享、推荐、评论和购买产品。信息链因分享与推荐机制而实现了压缩，消息链效率的提升，可以将购物达人的信息通过朋友圈、兴趣社区快速传递到用户手中，以促成现实购买，而不管用户间的关系是强还是弱。这其中信任尤为重要，它能帮助用户克服不确定性和风险感知，从而促进用户在线交易的意向。社会化电子商务是建立在用户间相互信任的基础上的，提升社会化电子商务转化率的关键就是构建用户间的信任关系。

总之，社会化电子商务关注人际关系和信息流在交易前、中、后对商务交易的影响，利用社会化媒体的创新技术，通过整合社交图谱（基于人际关系的互动）和兴趣图谱（基于信息流的互动）来对产品进行推广和销售。用户将因社交关系网络与消费主题而相互关联起来，并最终称为社会化用户，一种全新的用户群体，用户可以自由地评论、分享和向其他用户推荐自己感兴趣或已购买过的商品。社会化电子商务还可以提供不同方式的推荐：利用社交关系网络实现用户的个性化推荐，通过对社交关系网络分析，寻找所需用户，了解每个用户的个性化需要与偏好，进而对用户实行精准个性化推荐；可以从用户分享中获取用户兴趣标签，进行评论挖掘，向用户提供个性化推荐，使用户购买决策过程变得更加容易，发挥出应有的导购作用。

4.2 社会化电子商务中的商品推荐方法体系

现有文献分析了用户购买意愿的影响因素，商品推荐也是为用户购买决策提供参考，促成购买。购买意愿影响因素的研究为商品推荐提供了依据，已有少部分研究面向社会化电子商务推荐，下面先回顾相关文献，为本书的方法体系的提出奠定理论基础。

霍辛等（Holsing et al. ，2011）通过对某社会化电子商务平台用户浏览量的深入分析和研究，得出的结论是：社会化电子商务平台的标签和消费者的好评对网络购物成交率有正向影响①。

李敏等（Sanghyun et al.，2013）通过实证研究证明消费者信任是决定社会化电子商务成功的重要因素，影响消费者购买意愿和信任的重要因素有：消费者口碑、交易平台安全以及商家信誉和规模等②。

斯蒂芬等（Stephen et al.，2009）认为，社会化电子商务从产品发现、产品选择及产品推荐三个方面影响着消费者行为决策③。次年，他们进一步的研究指出社会化电子商务具有社会化购买、评价、社区论坛以及社会化广告等要素。从社会化电子商务的要素构成来看，意见领袖始终贯彻其中，并且是推荐信息的重要来源④。

现有研究发现用户信任关系、评分和评论、用户推荐是改变消费者购买意愿和影响消费者购物决策过程的最关键的要素。

据调查，在社会化电子商务中，83%的用户愿意分享自己的购物心得和经验，67%的消费者乐意接受来自社交网络的购买建议。

社区中用户之间可以构建朋友关系，相互分享购物体验，获得产品和卖家的社会化知识，并可建立信任。社会化电子商务中的评论和评分等用户生成内容是网络口碑形成的基础，帮助用户进行购买决策，形成品牌感知。社会化推荐系统能够评估用户偏好，提供合适的预测信息；也可以集中他人的推荐给用户，帮助用户从众多商品和卖家中做出选择。事实上，现在大部分社会化电子商务网站的用户推荐信息占据了页面的大部分版面。

陈易思（2013）通过实证调研，得出用户分享行为能够显著促进产

---

① Olbrich R. , Holsing C. Modeling consumer purchasing behavior in social shopping communities with clickstream data [J]. International Journal of Electronic Commerce，2011，16（2）：15 – 40.

② Sanghyun K. , Hyunsun P. Effects of various characteristics of social commerce on consumers' trust and trust performance [J]. International Journal of Information Management，2013，33：318 – 332.

③ Stephen A. T. , Toubia O. Explaining the power-law degree distribution in a social commerce network [J]. Social Networks，2009，31（4）：262 – 270.

④ Stephen A. T. , Toubia 0. Deriving value from social commerce networks [J]. Journal of Marketing Research，2010，47（2），215 – 228.

品销售，并且用户分享的推介作用与分享热度成正相关关系。用户声望和产品价格对分享的推荐作用起显著的调节作用。因此，提出要采取措施鼓励用户分享，不断形成分享高峰；另外要增强用户关系，以促进分享效果①。蔡志文等（2015）综合考虑评分、交易次数和金额、直接信任和间接信任等影响用户信任关系的因素，利用置信因子计算用户信任度，引入调和因子平衡用户信任关系和用户相似度对商品预测评分的影响，提出了基于信任感知的社会化电子商务协同过滤推荐方法②。结果表明，该方法与传统协同过滤方法和基于因式分解的推荐方法相比，在降低平均绝对误差（MAE）的同时提高了评分覆盖率和用户覆盖率，能解决评分数据的稀疏性问题。琚春华等设计了一个融入社会网络关系的电子商务推荐系统，构建了推荐影响因子，实验效果比单因素推荐效果好且稳定，具有实际应用价值③。杨朝中提出了基于物品标签的推荐方法④。

张和刘（Zhang & Liu）提出一种同时考虑时间信息和信任关系的基于矩阵分解技术的商品推荐模型，实验结果表明该方法对冷启动用户尤其适用，并且可以扩展到大型数据集⑤。米什拉等（Mishra R. et al.，2015）认为连续的信息也提供了有用的见解⑥，反映了用户行为特征。针对大多数推荐系统只考虑用户的内容信息，而忽略了序列信息，提出一种兼顾网络导航模式的顺序信息和内容信息的推荐策略，同时还考虑

---

① 陈易思. 面向社会化商务的第三方网站推荐效果评价研究［D］. 哈尔滨工业大学，2013.

② 蔡志文，林建宗. 面向社会化电子商务的信任感知协同过滤推荐方法［J］. 计算机应用，2015，01：167－171.

③ 琚春华，鲍福光，许翀寰. 基于社会网络协同过滤的社会化电子商务推荐研究［J］. 电信科学，2014，09：80－86.

④ 杨朝中. 物品分享与推荐系统服务端设计与实现［D］. 南京大学，2012.

⑤ Zhang Z.，Liu H. Social recommendation model combining trust propagation and sequential behaviors［J］. Applied Intelligence，2015（43），3：695－706.

⑥ Mishra R.，Kumar P.，Bhasker B. A web recommendation system considering sequential information［J］. Decision Support Systems，2015，75：1－10.

聚类中有助于捕捉用户多兴趣的软集群。该系统利用了近似相似和奇异值分解（SVD）为用户产生推荐。洪伟等提出了一个用户长期使用行为的项目分类，然后确定用户的确切阶段[①]。通过其他类似的用户在同一阶段行为，利用协同过滤推荐，可以很容易地提供个性化的项目列表。

社会化电子商务推荐主要目的是为用户提供个性化的商品信息服务，推荐框架模型中按照社会化电子商务用户需求的划分及其表现，提出了相应的推荐方法体系。下面将每种方法进行简要阐述，具体的方法将在后续的章节中详细探讨。

4.2.1　基于标签—本体的商品推荐方法

目前建立在标签上的推荐方法主要有矩阵法、聚类法、图论法以及结合标签与其他方法或权重的混合方法。矩阵的方法首先建立用户、标签、资源三者两两之间的矩阵，通过计算标签与资源的相似度进行推荐。聚类的方法主要包括 Markov 算法和 K – MEANS 算法等，利用这些方法来实现对用户、资源和标签的聚类分析，并依据运算结果来对用户实行推荐。图论的方法是建立用户、标签、资源三者关系的无向图，基于图结构确定标签的重要度，将重要标签所代表的资源推荐给用户。另外，根据标签的相似性建立用户网络、划分网络社区，进行协同推荐。其他混合方法包括标签与时间等其他因素分派权重的推荐，同时考虑标签与其他方法的推荐。

标签运用简洁的词语或短语，让用户对自己感兴趣的资源本着自己的需要和理解对资源进行标注，便于用户对资源分类。但由于标签标注的自由性和用户参与程度高，用户在标签使用时往往是随心所欲、语义混淆、含混不清、杂乱无序的。如果标签本身不能消除歧义、进行序

---

① Hong W. , Li L. , Li T. Product recommendation with temporal dynamics ［J］. Expert Systems with Applications, 2012, 39（16）: 12398 – 12406.

化，那么基于标签的个性化服务也将是低效的。另外，用户兴趣是不断变化的，有时也可以预测，因此，仅以标签为依据进行个性化推荐，会存在推荐的准确性和及时性方面的问题。基于图论的方法是当前研究的热点与前沿，但是相关算法主要考虑标签与资源和用户两者之间的关联性，而对标签具有的用户个性化内涵缺乏利用，推荐的结果也缺乏个性化。而且推荐给用户的是标签，用户需要根据推荐的标签自己去找资源。

　　社会化电子商务中有很多都是基于兴趣的分享，基于兴趣的聚合形成不同的小组，如蘑菇街和美丽说。通过了解用户自发的分类及兴趣程度来分类用户，更好地理解用户的需求，根据用户的兴趣程度走向，可以实时地对用户感兴趣的内容进行推荐。另外，基于兴趣图谱也可以更好地进行用户分类，捕捉用户不同的兴趣，通过数据库与关联算法，提供更有针对性的个性化推荐。本书提出基于标签—本体的个性化推荐，一方面获取用户—标签—商品信息，根据用户标注频率和时间因素计算用户标签权重，获得用户兴趣偏好；另一方面，构建用户标注商品和与其具有相关性产品的关联本体，形成产品关联本体；利用该本体对标签规范化并对产品分类，将产品类与用户的兴趣标签进行匹配，将相匹配的类簇的相似产品推荐给用户。

4.2.2　基于信任关系的商品推荐方法

　　用户间相互信任而形成的社会信任网络关系是社会化推荐系统中应用最广泛的一种关系，早期的研究表明用户购物时更青睐其信任的朋友的推荐，而趣味相投的人之间更能相互信任，调查表明有近 2/3 的网络购物者决策时会借鉴其朋友的意见。如何对用户信任关系进行科学规范的表示，以及研究如何对信任度进行有效定量的测度，是社会化网络分析亟待解决的问题。一般用 0 和 1 二值法表示信任与否，但不同人之间的信任度具有较大差异性，故应用区间值来表示信任值的大小，因此有的研究用0~10的离散值来表示信任度等级，0表示根本没有信任可言，10表示绝对信任。这样便于衡量用户直接友邻和间接友邻的信任度大小，优化推荐准确性。现有对信任度的衡量主要是局部与全局两种信任机制。局部信任机制充分考虑用户的个人观点来预测其信任值，不同用户可能获得不同的预测值。格尔贝克（Golbeck，2015）采用广度优先搜索遍历社会网络，计算源用户对目标用户的信任度①。全局信任机制中单个用户的信任度源于全体用户评价的融合，它表示的是个体的全局信誉（reputation）。贾迈利（Jamali et al.，2009）利用充分融合信任与项目的协同过滤推荐构建了随机游走（Trust Walker）策略②。总之，通过对用户社会关系的分析，可以大大提高推荐的精确度。

基于信任关系的推荐已取得一定进展，但仍然有很多挑战。如数据集环境和社交网络关系的强弱都会对信任度算法的可靠性与真实性产生较大影响，还存在着推荐覆盖率的问题。社会信任网络描述的用户间信任关系不一定是用户间真实关系的映射，它可能具有不准确性或全面性。有些用户的直接信任朋友较少，其通过朋友的朋友来拓展推荐的广度，但这种拓展会因信任链延伸而使兴趣相似性大打折扣，推荐的有效性与准确性进而减低。一种好的推荐算法中应在覆盖率与准确性之间达到有效平衡。此外，用户的社会资本、用户的人力资本、用户互动的频率与深度等与信任度关系紧密，在社会化推荐中应给予考虑，但这方面的研究尚有不足。

社会化电子商务重视成员间、消费者与商家间的双方互动，通过互动逐渐形成用户群，建立起社交关系，这种社交关系和社交行为形成信任。用户行为受与己互动者关系强弱的影响，用户更愿意接受与自己强

---

① Golbeck J., Hendler J. Inferring Binary Trust Relationships in Web – Based Social Networks [J]. ACM Transactions on Internet Technology (TOIT), 2006, 6 (4): 497 – 529.

② Jamali M., Ester M. Trust Walker: a Random Walk Model for Combining Trust – Based and Item – Based Recommendation [C]. Proceedings of the 15th ACM SIGKDD International Conference on Knowledge Discovery and Data Mining. ACM, 2009: 397 – 406.

关系人的推荐的商品信息，如家人或亲密的朋友，从跟自己关系较弱的人那里更容易得到更广泛的商品信息。社会化电子商务中，由现实生活中认识的人和在网络空间中由于一些事物结识的网络好友，共同形成用户的好友圈子，用户可以向好友分享购物体验，将使用体验良好的商品推荐好友，也可以通过好友的分享与推荐，获取商品信息，形成购买意愿。另外，社会化电子商务的用户的社会地位会对网络行动结果造成影响，用户更倾向于接受和认可具有社会知名度和影响力的人所推荐的商品信息。

用户关系在社会化电子商务中表现为用户之间、用户与商家之间的互动，这种互动产生信任，社会化电子商务中的信任关系不仅表现为用户之间的信任，特别是对意见领袖的信任，还表现在用户与卖家之间的信任，本书基于信任关系的推荐，运用社会网络分析方法，构建用户关系图谱，考虑好友、意见领袖等与用户具有强关系或对用户具有强影响力的关系的权重，运用信任度加权计算方法，计算与被推荐用户有信任关系用户的直接信任度，利用路径传递计算间接信任，设置信任度阈值，将高信任度用户偏好的相似商品推荐给用户。

4.2.3 基于评论挖掘的商品推荐方法

消费者在线产品评论蕴含大量的情感信息，在意见挖掘和个性化推荐等方面具有重要应用价值。现有研究集中在用户评论抽取、情感计算及语料库的构建、基于自然语言处理的用户偏好建模、融合产品评论数据的推荐方面。

李慧等[①]为提高用户评论挖掘的准确性和全面性，提出一种融合页

---

① 李慧，张舒，顾天竺，陈晓红，吴颜. 一种新颖的 CRE 用户评论信息抽取技术［J］. 计算机应用，2006，10：2509 - 2512.

面分块和信息增补迭代计算的全新的用户评论提取方法。崔大志、李媛[1]建立了在线产品评论情感 XML 标注体系，并完成部分语料的标注。江海洋[2]从评论文本中挖掘用户关注层面并评分，结合用户以往的评分学习用户偏好，根据用户偏好预测其他待评分对象的分数并产生推荐。

扈中凯等[3]挖掘电子商务社区中的产品评论，建立用户兴趣偏好模型，利用相似度传递技术结合用户历史评分，建立产品推荐模型，缓解了推荐中数据稀疏性问题。马春平、陈文亮[4]针对现有基于评论分析的推荐算法没有充分考虑个性化的问题，通过对评论进行主题分析，挖掘用户的喜好，分别建立基于用户和物品的个性化评分预测模型。

张付志等[5]提出一种融合用户评论和环境信息的协同过滤推荐算法。首先，通过自然语言处理得到用户对某一物品的中意度，将中意度和用户评分结合衡量用户之间的评分相似度；其次，根据不同类型的环境信息计算环境相似度；最后，利用评分相似度和环境相似度为目标用户产生推荐，提高了推荐精度。

那日萨、钟佳丰[6]利用语义情感计算技术，对用户评论中的显式和隐式特征进行模糊化表示，并结合产品推荐模糊规则，实现了基于在线评论的个性化产品模糊智能推荐。邢哲等[7]提出一种多维度自适应的协同过滤推荐算法，该算法融合了三种（用户、项目、评论）对象的相似

① 崔大志，李媛. 网络评论情感语料库的构建研究［J］. 中国社会科学院研究生院学报，2010，04：119－123.

② 江海洋. 基于评论挖掘和用户偏好学习的评分预测协同过滤［J］. 计算机应用研究，2010，12：4430－4432.

③ 扈中凯，郑小林，吴亚峰，陈德人. 基于用户评论挖掘的产品推荐算法［J］. 浙江大学学报（工学版），2013，08：1475－1485.

④ 马春平，陈文亮. 基于评论主题的个性化评分预测模型［J］. 北京大学学报（自然科学版），2015，5：1－6.

⑤ 张付志，刘赛，李忠华，孙继浩. 融合用户评论和环境信息的协同过滤推荐算法［J］. 小型微型计算机系统，2014，02：228－232.

⑥ 那日萨，钟佳丰. 基于消费者在线评论的模糊智能产品推荐系统［J］. 系统工程，2013，11：116－120.

⑦ 邢哲，梁竞帆，朱青. 多维度自适应的协同过滤推荐算法［J］. 小型微型计算机系统，2011，11：2210－2216.

度，并通过动态度量方法自动确定三个维度的权重产生最终推荐。

田超等①提出一种基于自然语言进行评论分析、并提取特征属性进行多属性决策，建立基于评论语义和 Web 挖掘技术的信息推荐系统。解决了对同一商品的不同店铺之间的优劣比较和推荐，允许用户自主选择关心的属性及重要性排序，使得推荐结果符合用户的评价偏好。

大多数消费者会更在意其他消费者对商品的评价，而不在意相互之间是否相识，用户间只是同样对某商品产生需求而关注相关评论，这也是为什么淘宝中，历史评价对于购买决策具有核心影响力的原因。本书提出基于意见挖掘的商品推荐，分别获取交易型社区中用户关于某种价值相当的多个产品的评论集，运用情感分析方法，分别将用户对这些产品的情感倾向按产品属性进行分类，得到每个产品各属性的情感极性均值；利用用户对产品的关注度和需求度计算用户对产品的满意度；根据用户评分和每个产品特征的情感值，计算产品之间的相似度。预测用户对满意商品的相似产品的满意度，在考虑价格因素下，将满意度高的若干产品推荐给用户。

4.3　本　章　小　结

本章是关于社会化电子商务推荐模型的总体性阐述，立足消费者行为理论和马斯洛需求层次理论，提出社会化电子商务特征的商品推荐模型框架。首先总结社会化电子商务中用户行为模式，从用户行为模式中抽取用户与用户、用户与信息之间进行交互的兴趣图谱和社交关系，进而获取用户需求表达类型及其具体表现，包括互动形成的信任关系、兴趣分享和在线商品评论。之后简单说明了该框架模型中提出的社会化电

---

① 田超，朱青，覃左言，李鹏. 基于评论分析的查询服务推荐排序［J］. 小型微型计算机系统，2011，09：1740 – 1746.

子商务推荐方法体系，包括通过社会关系网络中信任关系挖掘的利用信任关系的推荐、利用用户在线评论挖掘的推荐和根据用户兴趣标签挖掘的兴趣标签—本体的推荐。该框架模型是对本书推荐方法的一个总体性描述，该阐述有利于厘清本研究各章节之间的结构关系，具体方法的实现将在后续的章节中详细阐述。

5

基于标签—本体的商品推荐

商品标签就是用户关于商品描述的元数据。根据标注的主体不同，可将标签分为专家标签和 UGC 标签。根据标注方式的不同，可将标签分为用户自由标注标签和给定关键词的标签（用户从中选择合适的词来标记自己喜欢的商品）。本书所要研究的标签对象是社会化电子商务中用户自由标注的 UGC 标签，它表达了用户对商品的兴趣，也是用户对商品的语义描述，是用户个人对商品的理解，属于个性化标签，是把用户和物品联系起来的纽带。目前，UGC 标签的表达意图很多，如表明物品的名称、属类、归属、自己对物品的观点、描述用户自己的标签、用户的任务等。Colder 等（2006）对美味书签网（Delicious）上标签进行归纳，以此分析用户使用标签的用途，分类如下：标注物品或者用户的相关信息、标注物品类型、标注物品的归属、标注物品特征[①]。关于用户使用标签的作用，30%的人认为可以帮助表达对物品的看法；23%的人认为可以帮助自己组织信息；27%的人认为帮助自己增进对物品的了解；19%的人认为大家都公开标签可以帮助自己找到喜欢的物品；14%的人认为根据标签表达的语义可以帮助自己决定是否需要该物品。

随着社会化电子商务的兴起，越来越多的购物达人、"80 后"和"90

---

① Golder S. A. , Huberman B. A. Usage patterns of collaborative tagging systems [J]. Journal of Information Science, 2006, 32 (2): 198 – 208.

后"的年轻人喜欢在社交网站的交易型社区、第三方社会化电子商务网站分享个人的购物经验，将自己喜欢的商品贴上电子标签并公开显示，甚至以图片加标签的形式晒出自己的试穿效果。以往社会化标签系统中标签的作用和价值在社会化电子商务中尽显无疑。在社会化电子商务中，用户不仅可以标注商品，还可以关注感兴趣的人及其所标注的商品。在社会化电子商务中存在大量由用户自由标注的商品标签，标签的开放性和用户参与的广泛性，使得社会化电子商务中的标签具有 UGC 标签的社会化特征。实际上，国内外典型的社会化标签系统，如美味书签网 Delicious、图片分享网站 flickr、视频分享网站优酷、书评和影评网站豆瓣等，主要是按主题类型进行的划分，并没有将商务化与非商务化明确区分。从商务角度来讲，电影和书籍都是产品，用户感兴趣时会产生购买行为。目前，基于社会化标签的推荐对象统称为资源或项目，包括标签、信息、用户、社区和产品，有些研究并没有具体说明推荐的对象，而具体说明的推荐对象主要是前四种，虽然很多推荐算法的实验数据来源于以上典型社会化标签系统，但专门针对社会化电子商务中其他产品的推荐研究很少。

商品推荐系统的终极目标就是综合运用各种的方法建立用户兴趣偏好与商品之间的关联，并主动呈现给用户。维格（Vig et al.，2010）认为这种方法归纳起来有三种：一种是发现并挖掘用户偏好商品的相似商品，然后主动呈现给用户，这就是基于商品内容的推荐；一种是获取用户的个性喜好，将与用户具有相似性其他用户所中意的商品推送给该用户，这是基于用户的推荐算法；最后一种方式就是通过用户对商品的一些特征需求进行关联，这些特征主要用属性集来表达，比如一件衣服的属性集包括类型、尺寸、质地、风格等，也有用潜在语义向量表示的，然后有针对性地挖掘和推荐与用户需求特征匹配的商品。本章将讨论社会化电子商务中当前的一种重要的特征表达——商品标签[①]。

----

① Jesse Vig，Shilad Sen，John Riedl. Tagsplanations：Explaining Recommendations using Tags [J]. Group Lens Research，2010：1-3.

标签由用户为物品标注，具有语义特征，具有可挖掘的重要信息：①用户主动标注物品的行为反映了用户的认知模式，兴趣偏好。②标签能够反映物品特征。大量用户为物品添加描述性标签，那么高频标签通常代表了用户对一个物品特征的广泛认同。③标签具有可检索性。标签作为用户和物品间的桥梁，系统一般提供了通过标签检索物品的链接。标签不仅显示了用户感兴趣物品重要相关特征，也包含了用户间及用户与商品间的关系，这样的实体关系网络将众多从未谋面的用户实现了关联。

社会化电子商务中用户标注的商品标签源于社会化标签系统，标签标注了产品特征的同时也表达了用户对商品的兴趣偏好，是基于用户偏好的商品推荐的重要数据来源。为体现用户的自主性，社会化电子商务中由购物达人或普通用户自由标注的标签居多，但会出现一词多义或一义多词的现象，且使标签的词表变得庞大。由于标签的大众化特征，同一社区的很多标签都是杂乱无章的，标签与用户、标签与物品之间可以是多对多的关系，加大标签组织和利用的难度，使得标签相似度计算不准确。因此，作为一种原生态的自然语言，标签语义的模糊性（即一词多义）、标签形式的多样性（即一义多词）和标签结构的扁平化（缺乏直接的层次逻辑关系），极大地限制了其在个性化推荐中的作用。在基于标签的推荐系统中，推荐准确性低，用户体验差。

然而社会化电子商务中用户对产品的标注可以看成是用户对产品的大众分类，用户以扁平化（向量）的方式标注了产品的类型、风格，隐含了用户的兴趣偏好，包含用户对项目的隐式评价，将标签的语义引入产品推荐过程，可以获得好的推荐结果。如何减少标签冗余和歧义给推荐带来的干扰、在扁平化的标签列表中发现他们之间的关联，从而明确标签所表达语义和主题，是更好地将标签应用于产品推荐的关键。本章主要讨论社会化电子商务中 UGC 标签的应用，研究如何利用本体序化用户标签及商品标签，从中获取用户偏好及商品特征的主题描述，探讨如何建立用户偏好与商品特征之间的关联，从而为用户推荐个性化商品。

5.1 基于标签—本体的商品推荐问题定义

标签，这种新的社会化网络数据，一方面表达了用户对各种资源的理解和概括，满足了用户自己自由组织所需信息资源的愿望，标签的个性化特征也得以凸显；另一方面，标签又对资源进行了描述和分类，相比用户评分，标签携带了更多关于用户和资源的信息量。目前，学术界的很多研究开始利用社会标签进行个性化推荐，取得了良好的效果。下面先回顾一下基于标签的推荐研究，在此基础上，总结现有研究尚未解决的问题，给出本书要解决的问题和思路。

根据推荐算法的不同，目前国内外对基于标签的推荐研究主要可概括为利用矩阵分解的协同方法、利用张量分解降维的协同方法、聚类方法和图论方法。

（1）矩阵分解

将用户、用户标注的资源以及标注的标签三者之间的三元关系矩阵分解成两两组合的二维矩阵，通过分析二维矩阵，先发现两两之间的关系，再进行综合，找到三者的对应关系，这样既可以减少矩阵计算复杂性，也能够实现标签或资源的推荐。该方法至今仍是基于标签的推荐系统中的研究热点之一。于洪等先构建用户和资源、用户和标签之间的二维矩阵，通过二维矩阵分别计算用户相似度，然后将同一个用户的这两个相似度加权平均，在综合用户其他行为之后产生推荐①。吉等将用户、用户标注的资源以及标注的标签三者之间的三元关系矩阵分解两两组合的二维矩阵之后，利用贝叶斯分类器对三者进行分类，然后实现协同推荐②。

---

① 于洪，李俊华. 结合社交与标签信息的协同过滤推荐算法［J］. 小型微型计算机系统，2013，34（11）：2467 – 2471.

② JI A. T. , YEON C. , KIM H. , et al. Collaborative tagging in recommender systems［C］// Proceedings of the 20th Australian Joint Conference on Artificial Intelligence. Berlin：Springer – Verlag，2007：377 – 386.

马里尼奥等首先通过用户与标签或资源的二维矩阵找到用户的邻居，然后对邻居用户的标签进行聚类，找到邻居中的积极分子，用目标用户与他们的相似度加权他们的标签，进行标签推荐①。

（2）张量分解

该方法不对用户及其标注的资源三元矩阵分解，而是利用奇异值分解的方法进行降维，然后排序标签，实现标签推荐；也可以根据标签与资源的关联关系，向用户推荐资源。

（3）聚类方法

标签系统中三种实体都可以聚类。a. 用户聚类。根据现有标注的标签或资源的相似可以推测用户兴趣的相似，相似用户会有更多潜在共性，甚至可以结成一个特殊的社群。纳卡莫特等将用户标签与情境结合，利用用户标签的相似性计算用户之间的相似度，结合情境因素，实现对资源的协同推荐②。赵等利用语料库找出不同用户对同一资源标注的标签的相似性③，据此计算用户之间的相似度，进行协同推荐。b. 资源聚类。通过资源聚类可以发现资源中的"睡美人"，提高资源推荐的覆盖率。c. 标签聚类。这是当前标签推荐或利用标签的资源推荐需要聚类时的首选。主要是依据标签共现次数聚类标签，常用的聚类算法有 K – MEANS、Markov 等，利用聚类结果中标签之间的关联，计算对应资源间的相似度，进行资源推荐。顾毅等将大众分类系统中的用户、资源、标签三类对象分为用户—标签、资源—标签两个二元关系，采用层次凝聚聚类分别提取用户兴趣标签簇、资源主题标签簇，并分别进行协同推荐，最后将两个推荐线性组合，得到的结果在准确度方法较组合前

---

① Leandro Balby Marinho, Lars Schmidt – Thieme. Collaborative Tag Recommendations [EB/OL]. [2009 – 5 – 25]. http：//www. springerlink. com/index/m5688r6761448612. pdf.

② Nakamoto R. , et al. Tag-based contextual collaborative filte-ring [J]. Iaeng International Journal of Computer Science，2007，34（2）：214 – 219.

③ Zhao Shiwan, DU Nan, Nauerz A, et al. Improved rec-ommendation based on collaborative tagging behaviors [C]//Proceedings of the International Conference on Intelligent User Interfaces. New Mexico：ACM Press, 2008：413 – 416.

的协同推荐结果更优①。尼瓦等在利用 TF – IDF 公式计算标签权重的基础上聚类标签，据此计算用户偏好资源与聚类中标签对应资源的相似度，实现面向用户的资源推荐②。吉玛等对标签进行层次聚类，基于此构建用户兴趣模型③。杨丹等通过标签聚类计算用户与标签的相似度，实现网页推荐④。

（4）图论方法

该方法利用网络图表达用户、用户标注的资源以及标注的标签三者之间的关系，利用社会网络分析方法进行用户偏好建模，从而实现基于内容的资源推荐或资源协同推荐。图论方法中的典型代表是霍索等研究出的 FolkRank 算法⑤。该算法利用无向图图表达用户、用户标注的资源以及标注的标签三者之间的关系。图中的节点是三者的并集，边是两两之间的共现值，通过对图中各元素的关联度分析，找出重要标签并排序，将重要标签对应的资源推荐给用户。构图只是基础，重要的是对图的分析，社会网络分析方法才是图论方法的核心，受到学者们的重点关注。有的学者根据相似标签或相似资源构建社会网络，利用局部模块度算法划分社区，进行资源的协同推荐。米歇尔迈尔等（Michlmayr et al.）根据图中标签共现的高权重值建立用户兴趣模型，并考虑用户兴趣随时

① Gu Y. , Yang Z. , Kitsuregawa M. Towards effective recommendation in asocial annotation sys-tem through group extraction ［EB/OL］. ［2011 – 12 – 1］. http：//db-event. jpn. org/deim2011/pro-ceedings/pdf/f96. pdf.

② Niwa S. , Doi T. , Honiden S. Web page recommender sys-tem based on folksonomy mining ［C］//Proceedings of theThird International Conference on Information Technology. New Generations，IT-NG，2006：388 –393.

③ Gemmell J. , et al. Personalizing navigation in folksonomies u-sing hierarchical tag clustering ［C］//Proceedings of the DaWaK 2008. LNCS 5182，2008：196 – 205.

④ 杨丹，曹俊. 基于 Web 2. 0 的社会性标签推荐系统 ［J］. 重庆工学院学报（自然科学版），2008（7）：52 – 53.

⑤ Hotho A. , Jäschke R. , Schmitz C. , et al. FolkRank：A Ranking Algorithm for Folkson-omies ［C］//Lwa 2006：Lernen – Wissensentdeckung – Adaptivität，Hildesheim，October – 2006，Joint Workshop Event of Several Interest Groups of the German Society for Informatics，2006：111 – 114.

间漂移的影响①。张等将用户、用户标注的资源以及标注的标签三者之间的关系图进行两两扩散，发现更多相似资源或标签，从而推荐产品②。李等充分利用加权标签图中标签之间的语义关系进行用户偏好分析，进行产品推荐③。

以上是一些主要的方法，但不是所有的方法，还有很多其他的研究视角和方法。如施米茨等利用数据挖掘技术中的关联规则挖掘研究对象的分类结构特征，进行人员、标签和项目的推荐④。曹高辉等认为标签是对资源的简洁描述，每一个描述的关键词可以看成一个概念，标签集合构成概念空间，并具有层次结构，通过构建标签层次结构实现了资源的个性化推荐⑤。田莹颖认为用户标注行为存在兴趣漂移的问题，提出利用 TF – IDF 和后控词表，给用户最近标注的标签设置较高的时间权重，然后计算用户之间的相似度，找出他们共同标注的信息资源，并通过标签将用户与资源之间进行相对匹配，将相匹配的信息推荐给目标用户⑥。邓双义将标签作为媒介，利用 WordNet 语义，计算用户偏好的标签集与资源的标签集的相似度，将相似度高标签分别对应的用户和资源进行比对，将相匹配的资源推荐给用户⑦。还有将以上主要方法相结合的混合推荐方法，拉菲利斯等先对标签、用户和资源三阶矩阵利用张量

① Michlmayr E. , Cayzer S. Learning user profiles from tag-ging data and leveraging them for per-sonal (ized) informationaccess [C]//Proceedings of the 16th International World Wide Web Confer-ence on Tagging and Metadata for Social Infor-mation Organization. Eigenverlag, 2007.

② Zhang Z. , Zhou T. , Zhang Y. Personalized recommendation viaintegrated diffusion on user-item-tag tripartite graphs [J]. Physica A：Statistical Mechanics and its Applications, 2010, 389 (1)：179 – 186.

③ Li D. , Xu Z. , Xua Z. , et al. Item recommendation in social taggingsystems using tag network [J]. Journal of Information and Computational Science, 2013, 10 (13)：4057 – 4066.

④ Schmitz C. , et al. Mining association rules in folksonomies [C]//Proceedings of the IFCS 2006 Conference. Berlin：Springer – Verlag, 2006：261 – 270.

⑤ 曹高辉，毛进. 基于协同标注的 B2C 电子商务个性化推荐系统研究 [J]. 图书情报工作, 2008, 52 (12)：126 – 128.

⑥ 田莹颖. 基于社会化标签系统的个性化信息推荐探讨 [J]. 图书情报工作, 2010, 54 (1)：50 – 54.

⑦ 邓双义. 基于语义的标签推荐系统关键问题研究 [D]. 上海：华东师范大学, 2009.

分解方法降维，然后对标签聚类，既解决了三元矩阵计算复杂度高的问题，又避免了稀疏矩阵对相似度计算的影响，对两种方法扬长避短，实现了资源的个性化推荐①。

虽然学者们从多个视角研究了基于标签的推荐算法来解决目前推荐研究中固有的问题，并试图避免标签本身的缺陷带来的新的问题。但是，这些基于标签的推荐算法仍然存在一些不足：a. 不管是矩阵方法还是图论方法，计算复杂度都很高；b. 标签内容一般为用户自主标注，存在标签冗余的问题，另外，虽然标签数据量较大，但部分单个用户所标注标签数目较少，难以准确获取用户偏好，限制了推荐的效果，并且获取的数据存在标注用词随意、对同一个资源不同用户标注词差异大等问题，造成数据的噪音干扰；c. 标签语义存在歧义，现有的研究还没能较好地解决该问题；d. 目前大部分研究在进行推荐时假设用户兴趣是不变的，这是不符合现实情况的，虽然最近有些研究考虑了时间等情境因素对用户标注行为的影响，但相关研究主要考虑单一因素的影响，很少考虑多方面因素的综合影响，且研究成果较少。因此，考虑多因素影响下的可靠标签获取，并基于此挖掘用户兴趣偏好，从而产生推荐是未来的研究方向之一。因此，在总结前人研究基础上，本章提出一种社会化电子商务环境下利用社会化标签的个性化商品推荐模型，该模型综合考虑用户使用标签的频率和时间因素来计算用户的兴趣偏好，并基于标签特征和电子商务网站中商品检索中的检索条件，构建某一主题商务社区中商品本体，利用本体规范化用户标签语义，并对商品进行聚类，然后寻找含有用户偏好的类簇，计算该类簇中商品与用户偏好商品的相似度，将用户未标注过的与用户偏好相似的商品推荐给用户。本章所提出的方法旨在算法计算的复杂度、标签语义规范化以及综合考虑不同因素对标

---

① Rafailidis D. , Daras P. The TFC Model：Tensor Factorization and Tag Clustering for Item Recommendation in Social Tagging Systems［J］. IEEE Transactions on Systems, Man, and Cybernetics：System, 2013（3）：673－688.

签作用的影响三方面进行改进。

5.2 基于标签—本体的商品推荐模型构建

根据以上的思路，本节构建基于标签—本体的商品推荐模型见图 5-1。

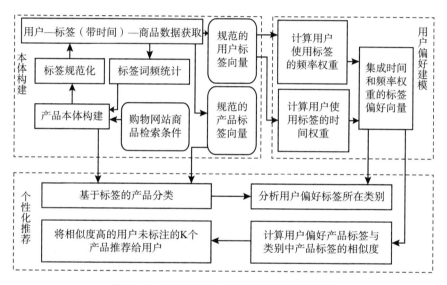

图 5-1 基于标签—本体的商品推荐模型

本模型一共分为三个部分：本体构建、用户偏好建模和个性化推荐。本体构建的依据是电子商务购物网站中进行商品检索时给出的检索条件和根据社会化电子商务网站中用户标签的词频统计。电子商务购物网站中的商品检索条件给出了商品类型、品牌、价位、尺寸、质地、风格等产品属性的选择，这些产品属性正是产品本体构建所需要的子类。另外，用户对产品进行标注虽然没有标出所有的产品属性，但也是根据自己的喜好标出了产品的类型、风格、质地等部分属性，但是存在属性词使用自由化导致的用词不规范问题。结合二者构建产品本体既可以体现产品之间以及产品属性之间的层次关系，也可以相互补充避免遗漏一些重要属性。既然要用到标签词频，在构建本体之前首先要获取并保持用户—标签及其标注时间—产品信息，构建好产品本体后，本体属性的描述也规范化了，需要用规范化了的属性描述去修正用户标签，将描述含义相同或很相近的词用本体属性描述词统一替代。本体构建后的结果就是产品本体以及规范化后的用户标签向量和产品标签向量，以供以下步骤使用。

用户偏好建模综合考虑了用户使用标签的频率和标签标注的时间两个因素。一般来讲，用户使用某个标签的频率越高，对该标签标注的产品越感兴趣。而用户的兴趣偏好又是随时间的变化而不断发生变化的，离当前时间越近的标签越能够反映用户当前的兴趣偏好。因此，本书在设置用户标签频率计算函数和用户标注标签的时间函数的基础上，分别计算用户使用某标签的频率权重和用户标注标签的时间权重，将这两个权重进行归一化处理，并集成起来作为用户对某个标签的偏好值，用户偏好向量就是包含用户标注的标签及其权重的组合。将用户标签向量作为后续步骤的输入数据。同时计算物品标签的使用频率，将物品标签向量表示为标签及其权重的集合。

个性化推荐模块首先根据构建的本体对产品的类型和层次的划分，结合产品标签信息将产品进行类型划分，每个产品归属于一个类别。然后将用户标签与各类别对照，找出用户兴趣标签所属的类别，计算所属类别中不同用户标注的产品标签与用户标签的相似度值，将相似度高的若干标签所标注的产品推荐给用户。下面详细介绍具体的实现过程。

5.2.1 产品本体构建

5.2.1.1 标签数据获取及词频统计

在社会化电子商务网站中，每一个注册用户可以自由管理感兴趣的产品信息。很多社会化电子商务网站提供了用户分类表达自己兴趣内容的工具：如"喜欢""兴趣""关注""分享"等分类夹。翻东西网让用户将自己满意的试穿效果图放在"哇晒"分类夹中，而将自己在别人购物网站看到并喜欢的商品通过复制网址的方式分享于"喜欢"分类夹中，在"帮我挑"中分享自己的购物经验，用户也可以关注其他用户或品牌。由于用户标签数量的相差较大，大部分用户标签稀疏，本书中对商务社区中标签的理解不单是"喜欢"分类夹中的标签，而是包含所有分类夹中对商品进行过标注的标签，以此来扩展目标用户标签，以全面获取用户兴趣偏好。

购物社区中的用户标签不仅仅是用户个人对商品名称和商品属性特征利用简短的关键词的个性表达，也是用户与商品之间的纽带。通过观察不同用户对同一商品的标注关系以及一个用户对多个商品的标注关系组成的集合，可以看出用户、标签和资源三者之间的关联，见图5－2。这样，可以通过合适的方法，将标签作为中介和分析对象，发现用户关于商品的兴趣偏好。

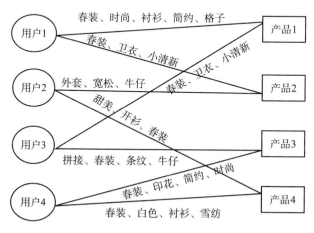

图5－2　社会化电子商务中的用户—标签—产品关系示例

社会化电子商务网站提供了用户给商品添加标签的功能，并通过积分奖励的办法鼓励他们将自己喜欢的商品和标注的标签分享给网站中其他的注册用户，当然这些分享信息非注册用户也可以看到。这些标签都在用户的"喜欢""晒单""兴趣""分享"主题下，无疑显示了用户感兴趣的商品及兴趣主题，也暗含了用户平时的行为习惯及偏好，那么形式化表达用户—标签—产品之间的关系是用户偏好获取的前提。用户建模是获取用户兴趣偏好的关键技术，关于社会化标签系统中的用户建模方法，总结起来有四种。

（1）向量空间模型

每一个用户标注的每一个标签作为向量的一维，每一维度的数值为用户使用该标签的次数，所有用户的所有标签及其标注次数构成了一个标签向量空间。当然，也有学者利用 TF－IDF 公式来表示用户标签权重值。

（2）使用出现频率最高的标签表示

现有的社会化电子商务中，一般使用用户选用最多的若干个关键词作为用户标注的标签集，而研究中也利用这些标签来计算用偏好。比如翻东西网站中，当用户使用的标签大于 40 个时，取出现最多的前 40 个标签作为用户标签，当用户使用标签少于 40 个时，将所有标签列出。

（3）标签共现模型

当多个标签多次同时被一人或多人使用时，说明这些标签之间、用户之间以及标签与用户之间可能存在某种关联。既然如此，则可以用标签共现网络直观表示这些关系，以便分析这些关联中反映的用户偏好。表示的方法是，用标签作为网络中的节点，用共现表示网络中的边，边的权重用共现次数表示。有时为了实时反映用户偏好，会考虑时间因素，将用户最近标注的标签赋予较高的权重。

（4）层次标签模型

用户标注的商品标签也反映了商品之间以及商品与其特征之间的层次关系，根据这个现象，可以利用层次模型表达标签的层次关系，以便实现不同层次上的标签分类或相似度计算。

杨（2008）认为用户的兴趣是多样的，可以先利用用户标注得商品集获得用户标签，然后进行标签聚类找到用户的多个兴趣簇，用不同簇的标签组表示用户的不同兴趣，将所得标签组合并起来成为一个向量，用这个向量来表示用户兴趣[1]。

以上的向量空间以及标签频率表示主要表达的是单个用户的标签，可以通过这样的标签挖掘单个用户的偏好；而标签共现和层次标签模型主要表达的则是标签之间的关系，通过这样的表达可以挖掘标签之间、标签与用户之间、用户与之间的隐性关联，发现群体偏好特征。本书先利用网络爬取工具先从商务社区爬取用户、用户标签及其时间（各标签之间用空格分开）、标签所代表的产品信息，并将其保存在电子文档中。然后将标签分别表示为用户标签（即按用户统计标签）和产品标签（不同用户给同一个产品的标注），用户标签初始表示为 $i((1, t_1), (2, t_2), \cdots, (n, t_n))$，$i$ 为用户集合 I 中的元素，n 为用户 i 所使用的标签数，t 为对应标签标注的时间。产品标签初始表示为 $p((1, f_1), (2, f_2), \cdots, (m, f_m))$，$p$ 为产品集合 P 中的元素，m 为产品 p 所使用的非重复标签数，f 为对应标签使用的次数。将电子文档中标签一列单独取出，利用中科院 ICTCLAS 3.0 分词系统对其进行词频统计，并按词频大小排序标签。

5.2.1.2 产品本体构建方法

目前，社会化电子商务社区中允许用户利用标签表达兴趣时，给予了用户极大的标注自由，用户可以随意用口语或网络语言或不规范的字符来标注商品。因此标注的标签存在一词多义或多词同义的现象，其中的语义层次关系需要重新理顺。因此需要引入一种机制来确保用户准确获取需求信息——本体。本体能够表达概念之间的语义层次关系，利用本体可以规范用户标注的标签语义，也可以进行标签分类。遗憾的是，由于本体构建本身的难度，截至目前，很少有将本体应用于基于标签

① Yeung, Gibbins, Shadbolt. A study of user profile generation from folksonomies. In Proceedings of the WWW 2008 Workshop on Social Web and Knowledge Management, 2008, 356.

的商品推荐中的研究成果，说明基于标签的推荐与本体相结合研究还很少见。

通过文献梳理发现，有基于标签构建本体的相关研究，主要方法有：

（1）构建标签本体规范用户行为

对用户的标注行为进行语义标注，从而构建用户行为标签本体。但这个过程异常烦琐，属于基础性工作，需要花大量时间耐心、细致地完成。而且本体构建需要领域知识，是一项复杂的知识工程，难度大、成本高。现有的成规模的标签本体有社会化语义标签云（SCOT）、高级标签本体（UTO）和标签语义（MOAT）等。

（2）分析标签集，构建标签本体

主要是从标签集中找出标签之间的关联，用概念空间的思想，表达标签的空间布局，从而构建标签本体。其中用到了社会网络分析来分析标签之间的关系，共现分析来分析标签之间的联系，聚类分析将相似标签合拢起来，从而构建本体。也有根据标签特征，将其与已构建好的本体融合，来分析标签语义的，这就需要先对标签进行去噪、同义词合并、不规范表达替换等预处理；之后进行关联标签的共现处理、相似标签聚类；最后将处理好的标签融合到已有本体，形成概念关系层次结构。利用本体来规范标签语义得到越来越多的学者们的认同，国外有的学者甚至提出建立统一的标签语义网络；而有的专家在尝试利用已有领域本体自动建立和更新标签本体。

之所有要构建标签本体是要利用本体的结构和语义来规范用户标签。其本质作用就是对商品以及商品属性信息资源进行规范化的再组织，以提高这些资源的利用效率。从商品推荐的视角来看，可以为提高商品推荐的效果做贡献。

标签不仅能够表达用户偏好，也标注了商品属性和类别，隐含表达了各种商品及其属性的层次关系。本章实验研究的是服饰类商品的标签本体和推荐问题，商品和标签的层次结构见图5-3。图中表达的意思是，一个大类下面有多个小的类别，如服饰与帽子、上衣之间；每一个小类可以有多个实例，如裤子小类中包含打底裤、短裤等；每一个实例可以有多个特征或属性，如用户可以对一条长裙标注清新、优雅等多个标签，这些大类、小类、实例和特征或属性之间具有层次关系，标注它们的标签也应该具有层次关系。

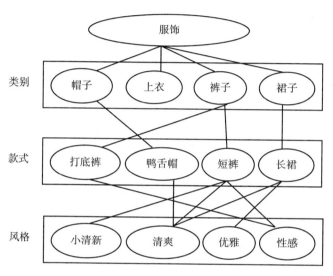

图5-3　标签层次结构

一个商品可以用多个标签来标注，而标签之间的层次可以表达出来。那么，在基于标签的商品推荐中，通过这种层次结构对商品分类，并基于标签计算商品之间的相似度时，具有以下规律：①商品共用的标签越少，而共用标签标注的商品越多，这些商品越少相似。图5-3中，"性感"只是"打底裤"和"短裤"的标签，而"清爽"是"鸭舌帽""短裤""长裙"的标签，因此 sim（打底裤，短裤）＞sim（鸭舌帽，短裤）；②不管是层次上还是同一层次的距离上，共同标签离商品越远，商品之间越不相似，反之越相似。图5-3中产品"打底裤""短裤"的最近共同标签是"裤子"，产品"短裤""长裙"的最近共同标签是"服饰"，而"裤子"是"服饰"的子节点，因此 sim（打底裤，短裤）＞

sim（短裤，长裙）；③由于标签是对商品的全方位描述，理论上，商品的标签差异性越大，商品越不相似，反之越相似。但由于有些标签会重复使用，实际的差异性可能比按相似度计算出来的更大。

本书首先获取电子商务购物网站中进行商品检索时给出的检索条件，然后根据社会化电子商务网站中用户标签的词频统计，结合二者构建产品本体。结合淘宝网的服饰搜索条件和社会化电子商务网站翻东西中"大家淘"版块热点标签构建的产品标签的概念本体，见图5-4。

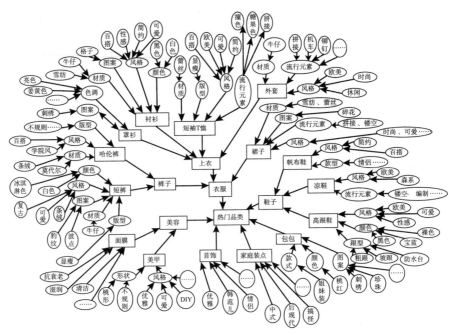

图5-4 基于标签的本体构建

5.2.1.3 标签的规范化处理

根据本体中不同产品类型及其属性描述词汇，特别是关于产品特征的描述词汇，再参照同义词典，将用户随意使用的属性词汇用本体中意思相同或最相近的属性描述词替换。如以上的服饰产品中，对上衣风格的描述有"卡通""甜美""小清新""萌""可爱"，而其中"卡通"

是本体中没有的，但根据同义词典，这些词都与"可爱"意思相近，因此用"可爱"替代他们。类似的还有"百搭"与"混搭"，将"混搭"统一替换为"百搭"，等等。将所有规范化的标签更新电子文档中的初始标签，并将用户标签和产品标签分别表示为标签向量，作为下一步用户偏好建模的输入数据。

5.2.2 用户偏好建模

根据标签构建用户偏好模型的目的就是从标签中获取用户对商品的隐性需求或偏好。随着标签在社交网络和社会化电子商务中的广泛应用，学者们对标签研究的逐步深入，有学者发现不同应用情境影响用户的标注行为，并开始关注标签反映用户偏好的影响因子，将这些影响因子纳入基于标签的推荐算法中，不断对算法进行优化。于洪等（2013）认为社会网络中用户兴趣或标签的相似是小概率事件，大部分的用户个性化较强。而有些用户在网络中扮演着非常重要的角色，对其他用户的影响较大，或少数标签会被多次使用。提出通过相似度计算并考虑用户的重要度的信息推荐策略，实验证明了其观点[①]。窦羚源等（2016）将经常使用的标签提取出来表达商品标签向量，以提高推荐结果的准确度[②]。为了研究用户兴趣的漂移，考虑用户购买日期的远近得到一些学者的关注。杨杰等（2014）提出了多兴趣模式以应对用户需求的变化[③]。本节综合考虑标签标注时间和标签使用频率对用户偏好的影响，分别计算用户使用标签的时间权重和用户使用标签的频率权重，集成这两个影响因子权重计算基于标签的用户偏好。

---

① 于洪，李俊华. 结合社交与标签信息的协同过滤推荐算法［J］. 小型微型计算机系统，2013，34（11）：2467 - 2471.

② 窦羚源，王新华，孙克. 融合标签特征和时间上下文的协同过滤推荐算法［J］. 小型微型计算机系统，2016，37（1）：48 - 52.

③ Yang Jie, Chen En - hong. The detection of user interest model in recommendationsystem［EB/OL］.［2014 - 09 - 14］. http：///www. paper. edu. cn, 2014.

5.2.2.1　用户使用标签的频率权重计算

并不是所有标签都可以很好地反映出用户的真实兴趣。例如，用户在商务社区中偶尔看到一件衣服比较好看，可能会对这件衣服点赞或标记为喜欢。但是不能因为用户偶尔标记了"喜欢"就认为这是用户的兴趣偏好，因为用户可能会对很多商品标记喜欢或由于笔误不小心进行了标记。俗话说爱好越广等于没有爱好，如果全部视作用户偏好，将难以准确捕捉用户偏好。但绝大部分用户在绝大部分时候会管理、收藏、分享自己喜欢的商品信息。据此可以认为，用户使用的商品标签能够反映该用户对商品的兴趣偏好。用户对某些标签使用越多，说明对其情有独钟，也说明对这些标签共同描述的商品的喜爱。对于商品而言，不管多少个用户对一件商品进行了标注，标注的标签可以反映该商品的特征。某些标签使用的频率越高，它们就越能代表这个商品的特征。

在构建用户偏好商品模型时，重点考虑用户使用过的社会标签。当用户在浏览网上资源时，对自己喜欢的资源选择相应的社会标签对其进行标注。社会标签的类别可以从一定程度上反映用户的喜好类型，比如用户"好男人"采用的社会标签中，经常出现"外套""休闲"等短语，那么"好男人"可能喜欢外套或休闲类服饰。并且"好男人"使用的标签中"休闲"这一标签中出现的频率较高时，他可能更加喜欢休闲类服装。也就是说，用户使用的社会标签的频率可以反映用户某项喜好的喜好程度。但有学者提出，如果用户高频率使用标注系统中低频率出现的标签，则表明该标签内容更能反映用户对商品的偏好。故此通过计算标签与用户间的关联程度可以判断标签内容是否真正与用户兴趣相吻合。这也是传统 TF - IDF 算法的要义，故引入 TF - IDF 算法可以计算标签与用户的关联程度。

假设 U 表示用户集合，T 表示标签集合，P 表示产品集合。

- 对 $u \in U$，P_u 表示用户 u 标注过的产品集合，T_u 表示用户 u 使用过的标签集合。

- 对 $t \in T$，P_t 表示用标签 t 标注过的所有产品集合，U_t 表示用过标

签 t 的用户集合。

- 对 $p \in P$，T_p 表示标注了产品 p 的标签集合，U_p 表示标注了产品 p 的用户集合。

因此，三元组（u, p, t）表示用户 u 用标签 t 标注了产品 p。

针对每个用户的标签集进行量化表示，通过使用一个标签向量 $Tu = (t_1u(f_1), t_2u(f_2), \cdots, t_mu(f_m))$ 来表示。其中，Tu 表示用户 u 使用标签的总数，m 是标签的个数，t_mu 表示用户 u 的第 m 个标签，f_m 表示用户 u 的第 m 个标签的频率。$t_mu(f_m)$ 描述标签 t_m 表示的用户偏好程度，f_m 用 TF – IDF 公式来计算。

$$t_mu(f_m) = TFu(f_m) \times IDFu(f_m) \tag{5-1}$$

对三元组进一步挖掘，将用户 u 使用的标签 t 的次数记为 $count(u, t)$，使用标签 t 来标注产品 p 的用户集合记为 $UserCount(t, p)$。由用户标记的标签次数 $count(u, t)$ 可以得出用户 u 使用标签 t 的频率，用 $TFu(f_t)$ 来表示该频率，计算公式如下：

$$TFu(f_t) = \frac{UserCount(u, t)}{\sum_{k \in Ut} UserCount(u, k)} \tag{5-2}$$

其中，k 表示用户标注过的某个标签。

$$IDFu(f_t) = \log \frac{N}{n_t} \tag{5-3}$$

其中，N 表示用户总数，n_t 表示收藏和使用标签 t 的用户总数。

将公式（5-2）、公式（5-3）代入公式（5-1）得出用户与标签的联系程度为：

$$t_mu(f_m) = \frac{UserCount(u, t)}{\sum_{k \in Ut} UserCount(u, k)} \times \log \frac{N}{n_t} \tag{5-4}$$

产品的各个标签的使用频率也可以用标注该产品某标签的使用次数除以该产品的所有标签数。那么标签与产品的相关程度的计算方法为：

$$relate(t, p) = \frac{UserCount(t, p)}{\sum_{q \in Pt} UserCount(t, q)} \tag{5-5}$$

其中，q 表示由标签 t 标注的某个产品，$relate(t, p)$ 的值越大，说明有很多的用户使用该标签去标注该产品，表示标签 t 与产品 p 之间的相关程度越高，标签 t 代表产品 p 的可信度就越高，在标签 t 下产品 p 得到推荐的优先级就越高。计算产品与标签的相关度后，产品的标签向量表示为

$$Tp = \left(t_1 p(relate(t_1, p)), \ t_2 p(relate(t_2, p)), \ \cdots, \ t_m p(relate(t_m, p)) \right).$$

5.2.2.2 用户标注标签的时间权重计算

在社会化标注系统中标签存在时间效应并且兴趣存在偏移现象，用户所标注的标签会随时间而变化。例如，用户 u 过去用众多"春装"的标签去标注相关产品，这也许因为那时是春秋季节，此人想购买当季的服装。随着季节的变化，用户可能会关注其他季节的服装。再如，当用户计划旅游时，会关注旅游地以及旅游景点而对这些信息有较多的标注，当用户选择一个旅游景点后，可能会关注当地的宾馆、小吃、特产以及娱乐场所等。此时，我们应更关注用户近期的标注，这种近期标注相比其他历史标注行为更能反映用户兴趣热点，对用户未来行为预测更有帮助。所以，时间是标注行为中的重要信息因素，引入时间信息能更好地获取用户最新兴趣热点，使用户获得高匹配的个性化推荐。

通常而言，用户对不同物品进行标注标签存在时间上的差异，用户兴趣热点随时间会发生偏移。用户关注资源的时间与当前越近，该资源就越有价值，也就与用户当前兴趣热点相关性越高。另外，用户对同一标签关注时间长度与用户对标签的兴趣偏好正相关，关注时间持续越长，用户对标签越感兴趣，标签与用户当前兴趣热点吻合度越高。陈等考虑到用户兴趣热点会随时间偏移，采用自适应指数衰减函数来处理这一问题，而指数遗忘函数是利用用时间效应建模中广泛使用的一种函数，这种方法通过弱化用户历史行为影响以强化近期行为的作用[1]。本

① Cheng Y., Qiu G., Bu J. J., et al. Model Bloggers'Interests Basedon Forgetting Mechanism [C]. In Proceedings of the 17th International Conference on World Wide Web. New York: ACM Press, 2008: 1129 – 1130.

书将指数遗忘函数引用到通过用户对标签使用时间来挖掘用户标签偏好中，结合时间信息计算用户标注的标签权重，如公式（5-6）所示：

$$P_{time}(u_m, p_n) = \exp\{-\ln2 \times time(u_m, p_n)/hl_u\} \qquad (5-6)$$

$P_{time}(u_m, p_n)$ 是通过时间因素计算出来的用户 u_m 对产品 p_n 的标签权重，揭示了用户 u_m 对产品 p_n 的偏好。其中是一个非负整数值，当用户 u_m 对产品 p_n 的标注行为是用户 u_m 的标注行为的最后一天，那么被设置成0，若是倒数第二天，则设置为1，以此类推。

代表用户的生命周期，其计算公式为：

$$hlu = Date_{last} - Date_{begin} \qquad (5-7)$$

其中，$Date_{last}$ 是用户最后一次标注标签的时间，$Date_{begin}$ 是用户第一次标注标签的时间。

长生命周期用户的兴趣因稳定好而下降缓慢，故对其近期兴趣不宜过高偏重。而短生命周期用户兴趣因不成熟性而变化较快，生命周期短的用户的兴趣变化大，故对其近期兴趣应给更多倚重。所以，我们赋予近期行为权重应高于之前历史行为权重，借助时间效应更好地识别出用户当前兴趣热点。

使用时间权重对每个用户的标签集进行量化表示，通过使用一个标签向量 $Tu = (t_1u(time_1), t_2u(time_2), \cdots, t_mu(time_m))$ 来表示。其中，Tu 表示用户 u 使用标签的总数，m 是标签的个数，t_mu 表示用户 u 的第 m 个标签，$time_m$ 表示用户 u 的第 m 个标签的时间权重，$t_mu(time_m)$ 描述标签 t_m 在多大程度上体现近期用户 u 的兴趣爱好。

5.2.2.3　集成频率与时间的用户偏好表达

加权标签能更好地将用户对产品的意见与兴趣表现出来，其丰富信息有助于我们构建更全面和更精确的用户模型。用户使用标签的频率与用户对标签内容偏好程度成正相关，用户当前兴趣与标签使用时间成负相关。该模型利用上述两点提出频率权标签偏好和时间权标签偏好，最后将两者融合提出最终的用户标签偏好向量，使个性化推荐系统具有更好的可扩展性和实时性特征。

本书不仅考虑用户对标签使用次数的多少来评判其标签偏好，也考虑用户标注时间因素，即二者的集成。如果用户高频率使用某标签，说明此标签所标注的产品对用户具有高兴趣度，而标注的时间权重越大，越反映用户的最近兴趣。因此，本书用标签的频率权重与时间权重相乘得到用户最终的兴趣标签。利用上述公式对用户 u 的标签向量进行修正后的结果为：

$$Tu = \Big(t_1u(f_1) \times t_1u(time_1), \ t_1u(f_1)$$

$$\times t_1u(time_1), \ \cdots, \ t_mu(f_m) \times t_mu(time_m) \Big) \qquad (5-8)$$

5.2.3　个性化商品推荐

本书提出的基于标签—本体的商品推荐在建立产品标签本体和用户偏好模型后，利用本体中概念之间的关系分类产品标签，并将分类后的产品标签集与用户偏好标签匹配，找到相匹配的产品标签集后，进一步计算各匹配标签集中的产品标签与用户偏好标签的相似度，将相似度高的若干产品标签所标注的产品推荐给用户。

5.2.3.1　基于本体的产品分类

本体中实体之间的关联关系以及实体与其属性之间的层次关系可以直观显示，而产品标签也非直观表达了产品的类型、风格等信息，产品的标签和分类之间存在联系。可以将产品标签遍历本体的这些关系，将产品进行归类，每一个类代表一个主题。利用标签本体对产品进行归类后，每一个产品属于一个分类簇，将所有的产品分配到一个单独的类簇（即主题），有若干个处在本体描述的关系结构树的不同位置的类簇。

本书提出基于标签的商品推荐是一个跨主题的推荐，对每一个用户标签，在各类簇中查找与其匹配的产品标签，至少有一个与用户标签相同。找到匹配的类簇后，将类簇中用户已标注的产品过滤掉，然后提出一种相似度公式，计算该类簇中用户未标注的各产品标签与用户标签的相似度，如果某产品具有更多的用户匹配标签，则可获得越高推荐分数。

5.2.3.2 同类别的产品标签与用户标签的相似度计算

用户对某个物品打上标签，说明用户对此物品存在某种兴趣。用户对该标签内容兴趣越高，使用频率越大。利用标签为特定用户进行物品推荐计算时，先通过计算与目标用户的相似性挖掘出相似用户，再借助用户协同推荐算法为目标用户提供含有 N 个供选物品的推荐列表。本书中用户将获得与自身偏好相似度高的产品推荐，并计算产品标签用户偏好之间的相似度。

$$sim(u, p) = \frac{N(u) \cap N(p)}{N(u) \cup N(p)} \tag{5-9}$$

其中，$N(u)$ 为用户 u 的标签集合，$N(p)$ 为产品的标签集合。

前面已将用户标签及产品标签进行了权重表达，用户标签向量：

$$Tu = (t_1 u(f_1) \times t_1 u(time_1), \ t_2 u(f_2) \times t_2 u(time_2), \ \cdots,$$
$$t_i u(f_m) \times t_i u(time_i)) \tag{5-10}$$

产品标签向量：

$$Tp = t_1 p(relate(t_1, \ p)), \ t_2 p(relate(t_2, \ p)), \ \cdots,$$
$$t_j p(relate(t_j, \ p)) \tag{5-11}$$

先将全体物品标签与加权后用户标签采取向量表示，然后利用余弦相似度方法进行匹配主题内产品 p_j 的标签和用户 u_i 的标签之间的相似度计算：

$$\text{sim}_{ij}(u_i, \ p_j) = \frac{\overrightarrow{u_i^*} \times \overrightarrow{p_j^*}}{\| \overrightarrow{u_i^*} \| \times \| \overrightarrow{p_j^*} \|} \tag{5-12}$$

设定预设阀值为 e，如果 $Sim_{ij}(u_i, \ p_j) > e$，则产品与用户偏好相似。

5.2.3.3 相似度排序与商品推荐

一般的推荐规则可以是当前用户对产品标注的相似性，或是历史的标签记录，也可以通过协同过滤的方式，即根据当前用户与其他用户的相似性来决定推荐内容，实现产品的个性化推荐。首先进入社会化电子商务网站，获取需要样本的每一个用户的所有标签。根据前期利用标签构建的商品本体，给本体中不同概念层设置不同的权重系数，通过匹配用户标签所在的本体层次位置，以及计算用户的每一个标签的权重，设置权重阈值。将大于阈值的标签权重保留，这些标签就是用户的偏好主题，计算目标用户的标签与其他同层次的上用户标签的相似度，找到用户的邻居。根据用户标签与商品之间的关联，找到邻居用户喜好的商品，将这些商品标签与目标用户标签集匹配，将相匹配的商品推荐给目标用户。

根据前面中计算的用户标签偏好向量与产品标签向量的相似度，当二者的相似性大于阈值时，则将该产品作为候选推荐对象，得出所有的候选产品后，按相似度值从大到小排序，最终选取 TOP - K 形成推荐产品列表，推荐给用户。

5.3 实验及结果分析

5.3.1 实验数据的描述与处理

"翻东西"是国内典型的第三方社会化电子商务网站，网站中聚集了大量的用户，他们以标签 + 图片的形式分享自己喜欢、感兴趣、自己买过商品信息，其他用户也可以关注自己或自己的标签，也可以评论用户分享的商品。目前，该网站聚集了大量用户，热门标注的商品接近 30 万件，热门标签约 75 万个。本书从热门标注的商品中随机择取近期最活跃的 200 个用户作为目标用户，对用户及其标注的信息进行采集，获取的字段包括用户名、标签、标注的时间、商品名称，以电子文档保存。部分记录见图 5 - 5。

	A	C	D	E
1	用户名	标签	标注时间	产品名称
259	×××	裙裤 文艺 显瘦 时尚	2015/7/14	MJY 2015's 简约 显瘦 藏青竖条纹裙裤-淘宝网 https://item.
260	×××	文艺 pink 白搭	2015/7/10	MJY 2015's 复古气质 花纹雪纺 花边袖 显瘦宽松美衫-淘宝网
261	×××	文艺 裙 白搭	2015/7/10	MJY 2015' s Pink Lady 粉色气质 显瘦 镂空花纹半身裙-淘宝网
262	×××	文艺 显瘦	2015/7/9	MJY 2015's 自留款 百搭休闲 做旧白色 显瘦 牛仔短裤 热裤-淘
263	×××	显瘦	2015/7/7	MJY 2015's 自留款 百搭休闲 做旧白色 显瘦 牛仔短裤 热裤-淘
264	×××	WANDERLUST + CO	2015/7/7	Wanderlust + Co 戒指 - 金色 | REVOLVE http://www.revolv
265	×××	SENSO BLAKE XI	2015/7/7	SENSO BLAKE XI 短靴 - 乌黑色 | REVOLVE http://www.revol
266	×××	显瘦 白搭	2015/7/7	MJY 2015's 气质灰 宽松 雪纺T 送方巾-淘宝网 https://item.
267	×××	显瘦 文艺	2015/7/7	MJY 2015's 无敌显瘦 黑色松紧带 哈伦西装裤-淘宝网 https:/
268	×××	Phillip Lim 白搭	2015/6/29	Phillip Lim
269	×××	文艺 显瘦 白搭	2015/6/29	MJY 2015' s 复古 显瘦 水洗牛仔A字裙 2色入-淘宝网 https:/
270	×××	白搭	2015/6/29	Phillip Lim
271	×××	Repetto	2015/6/29	Repetto
272	×××	连衣裙 文艺 白搭	2015/6/25	MJY 2015' s休闲 街头 宽松黑白 短袖 polo裙-淘宝网 https:/
273	×××	连衣裙	2015/6/25	MJY 2015' s显瘦宽松 假两件黑白印花 无袖裙-淘宝网 https:/
274	×××	靓丽	2015/6/25	https://item.taobao.com/auction/noitem.htm?itemid=5202492
275	×××	显瘦 百搭	2015/6/25	MJY 2015' s清新百搭 显瘦 浪漫白色花纹半裙-淘宝网 https:/
276	×××	靓丽	2015/6/25	https://item.taobao.com/auction/noitem.htm?itemid=5202492
277	×××	显瘦	2015/6/25	https://item.taobao.com/auction/noitem.htm?itemid=5202517
278	×××	连衣裙 文艺	2015/6/25	MJY 2015' s气质大牌 镂空条纹设计经典小黑裙-淘宝网 https:
279	×××	显瘦	2015/6/25	https://item.taobao.com/auction/noitem.htm?itemid=5202517
280	×××	显瘦	2015/6/25	MJY 2015' s气质大牌 显瘦 松紧带 高腰条纹阔腿裤-淘宝网 ht
281	×××	文艺	2015/6/25	MJY 2015' s休闲百搭 文艺舒适棉麻印花 显瘦短袖T-淘宝网 ht
282	×××	百搭	2015/6/25	MJY 2015' s清新百搭 显瘦 浪漫白色花纹半裙-淘宝网 https:/
283	×××	文艺	2015/6/25	文气休闲 宽松显瘦 亚麻格纹短袖衬衫-淘宝网 https://item.t
284	×××	百搭	2015/6/25	MJY 2015' s 复古 显瘦 水洗牛仔A字裙 2色入-淘宝网 https:/

图 5－5　采集的实验数据

按用户将数据集随机分成10份，选取1份作为测试集，另外的9份组成训练集。按照本章构建的推荐模型的思路和方法进行实验。

5.3.2　数据分析

按照前面已介绍的用户关于标签偏好的计算公式，分别计算用户标签的使用频率权重系数和标注时间权重系数，并将其乘积作为用户标签权重，也即用户标签偏好值。测试集中用户“××××”的标签权重计算结果，见图5－6。

然后根据建立的产品本体，将训练集中产品按产品主题分类，找到用户标签匹配的主题。我们通过计算测试集中用户标签偏好值与训练集中匹配主题下的产品标签的相似度，将相似度高（本章取相似度阈值为0.5，即将相似度不小于0.5的产品作为候选推荐产品）的若干产品推荐给用户。

用户名	标签	时间权重	频率权重	时间×频率权重
××××	连衣裙(23)	0.672	0.996	0.669
	外套(239)	0.637	0.957	0.609
	风衣(76)	0.637	0.785	0.500
	复古(153)	0.637	0.748	0.477
	学院风(99)	0.637	0.717	0.457
	简约(212)	0.573	0.732	0.419
	防晒(32)	1.000	0.288	0.288
	拼接(72)	0.672	0.389	0.262
	条纹(73)	0.573	0.446	0.256
	衬衫(91)	0.637	0.378	0.241
	卫衣(55)	0.528	0.452	0.239
	半身裙(36)	0.637	0.372	0.237
	格子(55)	0.637	0.349	0.222
	甜美(83)	0.528	0.416	0.219
	宽松(79)	0.637	0.341	0.217
	T恤(90)	0.570	0.381	0.217
	毛衣(54)	0.573	0.372	0.213
	蕾丝(60)	0.672	0.316	0.212
	牛仔(62)	0.637	0.318	0.203
	荷叶边(42)	0.528	0.304	0.160
	代购(44)	0.551	0.290	0.160
	可爱(35)	0.637	0.241	0.154
	开衫(37)	0.500	0.304	0.152
	露肩(29)	0.503	0.300	0.151
	波点(29)	0.573	0.261	0.150
	百搭(61)	0.573	0.228	0.131

图 5 - 6　用户标签权重计算结果（部分）

为了检验本方法的优劣，将本书方法（TFT - Based）与只考虑标签时间权重的推荐（TT - Based）、只考虑标签频率权重的推荐（FT - Based）和不考虑标签权重的推荐方法（T - Based）进行比较。参照利用标签进行资源推荐的两篇文章的评价方法[1][2]，我们利用准确率（Precision）、召回率（Recall）和 F - Measure 值这三个指标作为本文推荐方法结果的度量。准确率表示用户对所推荐产品感兴趣的概率，召回率表示用户感兴趣的产品被推荐的概率。两个概率值越高，表示该方法推荐的质量越好。对于用户 u，令 $P(u)$ 为给用户 u 的长度为 N 的推荐列表，令 $D(u)$ 是测试集中用户 u 实际上打过标签的物品集合。

则推荐结果的准确率计算公式为：

$$Precision = \frac{\sum_{u \in U} |P(u) \cap D(u)|}{\sum_{u \in U} |P(u)|} \qquad (5-13)$$

---

① 蔡强，韩东梅，李海生，胡耀光，陈谊. 基于标签和协同过滤的个性化资源推荐 ［J］. 计算机科学，2014，01：69 - 71.

② 赵艳，王亚民. P2P 环境下基于社会化标签的个性化推荐模型研究 ［J］. 现代图书情报技术，2014，05：50 - 57.

召回率计算公式为：

$$Recall = \frac{\sum_{u \in U} |P(u) \cap D(u)|}{\sum_{u \in U} |D(u)|} \qquad (5-14)$$

$F - Measure$ 定义为：

$$F - Measure = \frac{2 \times Precision \times Recall}{Precision + Recall} \qquad (5-15)$$

5.3.3 实验对比与结果分析

根据公式（5－13）~公式（5－15）的计算方法，分别计算本书方法 TFT－Based、TT－Based、FT－Based 和 T－Based 四种推荐方法的 Precision、Recall 和 F－Measure 值，并用直观图形显示。见图 5－7，图中横坐标分别表示推荐结果靠前（TopK）的 K 的不同取值，纵坐标分别表示准确率、召回率和 F－Measure 的值。

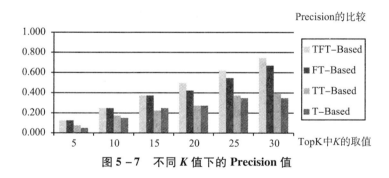

图 5－7 不同 **K** 值下的 **Precision** 值

从图 5－7 中可看出，四种方法推荐的准确率随着 K 值的增加缓慢提高，最高的是本文的推荐方法。但当 K≤15 时，四种推荐方法的准确率都不高，这可能跟用户用词的趋同性有关。本来是截然不同的两个物品，在用户没有标注细粒度品类特征的情况下，所描述的属性特征却可能相同，这样会导致与目标用户兴趣不同的物品可能会被推荐，降低产品推荐的准确率。如一件夏季的蕾丝衬衫和一件秋季的蕾丝外套，都标注"蕾丝、时尚、韩范儿"的标签，被认为是相同或相似度很高的两件衣服会被推荐给目标用户，但欲购买秋装的目标用户可能不喜欢，这也说明基于文本分析的推荐的弊端。实际上，用户喜欢用图文并茂的形式分享自己喜欢的物品，如果能够识别图片中物品的特征，在研究时将其添加到标签，或直接提取图片中物品的识别特征，在此基础上进行推荐，将会大大提高基于标签或关键词的推荐准确度。

从准确率随 K 的不同取值的变化上来看，随着 K 值的增加，各种方法的 Precision 都有所提高。提高得最快的是本书的方法，不稳定且最慢的是不考虑标签权重的方法。另外本书的方法相对于单纯考虑标签频率的 FT – Based 方法在推荐数目≤15 时，准确率相同；当推荐数目＞15 时，本书方法的准确率比 FT – Based 方法高。而单纯考虑时间因素的 TT – Based 方法与不考虑标签权重的推荐方法 T – Based 的准确率相近，却明显低于本书方法和 FT – Based 方法。这说明，考虑标签的频率和时间因素对用户偏好的影响是必要的，标注频率对用户偏好的影响比标注时间对用户偏好的影响更大。本书所取数据是按最新优先的顺序获取的，这也正好印证了，在没有特殊情况下，用户对某一领域的兴趣偏好在短期内变化不大。但正好提醒我们的是，需要进一步关注和分析拐点时间对用户兴趣偏好的影响，见图 5 – 8。

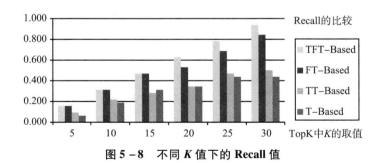

图 5 – 8　不同 K 值下的 Recall 值

从图 5 - 8 中可看出，四种方法推荐的召回率在 $K \leqslant 10$ 时也均较低，最高的也只有不到 40%，这可能跟用户标注标签的自由、随意有关。同样一件物品，不同的人看问题的视角不同，兴趣点也不同，所以同一个特征所用词汇不同，同一件物品所标注的特征也不同。因此，明明目标用户与推荐用户喜欢并描述了同一个物品，由于标注的标签大相径庭，因而该物品得不到推荐。这给基于标签的商品推荐提出了很大的挑战，如何对同一物品的不同标签的统一，目前还没有很好的办法。也许结合图片的物品语义特征的分析会是一个不错的方案，但在体量如此大的标签系统中如何实现，还需要利用图像技术和大数据处理技术进行尝试。但图 5 - 8 中的四种方法的召回率随着 K 值的不断增加也呈上升趋势，说明随着 K 值的增加，四种方法的召回率都会提高。而横向来看，本书提出的方法整体上较其他三种方法的召回率都有更好的表现。虽然当 $K \leqslant 15$ 时，本书的推荐方法与基于标签频率权重的方法的召回率相同，变化趋势相同；但当 $K > 15$ 时，文本的推荐方法的召回率大于 FT - Based 方法，并且差距有不断扩大的趋势。而 FT - Based 方法的召回率也明显高于 TT - Based 方法，说明标注频率对推荐召回率的影响大于标注时间对推荐召回率的影响，考虑标注频繁度更能提高用户喜欢的物品被推荐的概率。另外，考虑标注时间对用户偏好的影响对推荐结果的召回率作用不明显。在同一 K 之下，TT - Based 方法与 T - Based 方法的召回率相差不大，有时 TT - Based 方法的高，有时 T - Based 方法的高；在不同 K 之下，这两种方法相差也不大，但总体上，TT - Based 方法较 T - Based 方法有更好的表现。

F - Measure 值是 Precision 和 Recall 的综合，见图 5 - 9。

随着 K 值的增加四种方法的 F - Measure 值都呈上升趋势。其中本书的方法几乎为线性变化，当 $K \leqslant 15$ 时，本书方法与 FT - Based 方法的 F - Measure 值变化线重合；当 $K > 15$ 时，后者的变化曲线低于本书的方法，即其 F - Measure 值小于本书的方法。而 TT - Based 方法的 F - Measure 的表现与 T - Based 方法相近，其变化规律也与准确率和召回率的相似。但本书方法的 F – Measure 值相对于其他方法总体来看最高，FT – Based 方法次之，TT – Based 方法和 T – Based 方法最小。

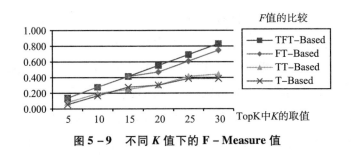

图 5 – 9　不同 *K* 值下的 F – Measure 值

　　综合来看，虽然四种推荐方法在 *K* 值较小时的准确率、召回率和 F – Measure 值都较低，但三种指标值都呈现随 *K* 值上升的趋势，且本书方法的三种衡量指标的表现略高于考虑标注频率对用户偏好影响的推荐方法，这说明用户标注频率对用户偏好的影响显著。但考虑标注时间对用户偏好影响的推荐方法的表现与不考虑标签权重的影响的推荐方法相当，也就是说，标注时间对用户偏好的影响很小，当然，这也许还跟获取的标签的时间范围有关。因此，考虑标注时间周期长短以及时间拐点对用户偏好的影响，是需要进一步研究的方向。另外，除了时间因素和标注频率因素，是否还有其他因素（如标注习惯、标签获取方式）的影响，以至于会产生不同的推荐效果，也有待进一步探索。

5.4　基于标签—本体的商品推荐的适用平台

5.4.1　基于标签—本体的商品推荐的应用前提、优缺点

　　基于标签—本体的商品推荐的应用首先要能够获得足够的关于商品

的标签，这就需要提供给用户自由标注的平台。社会化电子商务的兴起，提供了更多用户自由标注、表达意见的空间。一些"80后""90后"中比较热衷分享、活跃在网络自由空间的年轻人聚集到了这样的空间中。但目前能够提供用户自由分享标签的平台比较分散，除了标注主题有限的豆瓣网以外，国内尚缺少与商务交易平台数据相通的知名产品标签分享网站。另外，参与社会化商品标注的用户数量和用户类型较少，对基于标签的推荐研究具有很大的限制。因此，社会化商品标注系统应该以产品主题的新颖性和标注系统的友好可用性吸引更多的用户参与进来，以便可以获得更多有用的标注信息。

利用标签进行商品推荐能够将用户标签中隐含的用户兴趣偏好挖掘出来，并将符合用户偏好的产品推荐给用户。在用户评分数据稀疏的情况下能够弥补传统协同过滤推荐的缺陷，也为推荐研究提供了新的数据源。但社会化标签在赋予用户自由、自愿管理自己感兴趣的资源权利的同时，也给标签数据的处理带来了巨大的挑战。用户标签用词随意、语义模糊，而整体数量庞大，使得在进行推荐时需要花大量心思来规范化标签语义，而且推荐结果难以达到理想的预期。本书使用产品标签本体来序化标签、优化标签语义，但本体构建本身是一个复杂的工程，还没有通用的、面对动态数据的本体构建方法。

5.4.2 基于标签—本体的商品推荐的应用平台归纳

应用平台需要能够方便获取用户标签，另外本推荐方法利用了本体的构建，对于已经有成熟的领域本体，或涉及领域比较简单，能够比较容易构建本体的产品领域，该方法能够获得较好的推荐效果。目前国内的部分第三方社会化电子商务网站提供了标签的获取，而有些平台提供的社区所涉及的产品能够很方便建立领域本体或已经构建了供使用的本体。如的豆瓣书评和电影、人人逛街的主题社区等，还有本章实验使用的翻东西网站的主题社区。这些社会化电子商务平台使用本方法应该可以获得较传统矩阵方法更好的效果，而且计算的时间和空间的复杂度更小。

5.5　本章小结

　　社会化电子商务中用户自由标注的商品标签不仅可以描述商品特征而且隐含了用户的偏好，但标签自由、松散的分类方式使标签存在冗余、歧义以及多词同义的问题，使用户难以发现自己需要的产品，因此在基于标签的推荐系统中，推荐精确性低，用户体验差。本章针对现有基于标签的推荐研究中推荐精确度不高的问题，提出了一种结合产品标签本体与标签权重的推荐方法。在构建本体时，参照用户标注的标签信息和相关电子商务网站关于产品检索条件，构建基于标签的产品本体。该本体表达了产品之间、产品与其属性之间的层次关系。依据该本体与同义词典，一方面规范化初始标签集语义表达，另一方面对产品进行分类。在进行用户偏好建模时，同时考虑用户使用标签的频率与用户兴趣随时间变化的特点，运用 TF - IDF 公式计算用户与标签的联系程度，即标签的使用频率权重；运用指数遗忘函数计算用户标注标签的时间权重。将两个权重的乘积作为标签对用户重要度权重，也即用户对产品标签的偏好值。之后，将产品分类簇与用户偏好模型所获得用户权重标签进行匹配，找出相匹配的类簇，过滤掉用户已标注的产品后，计算用户偏好产品标签与类簇中产品标签的相似度。将相似度值进行排序，用户将获得相似度最高的 k 个产品推荐。实验结果表明，该方法相对于利用标签进行协同过滤推荐方法具有较优的效果。最后本书总结该方法的应用前提、优缺点和使用范围。

6

基于信任关系的商品推荐

　　商业行为中，商家和消费者之间信任关系很难建立，广告再有创意，都难以掩饰其背后的商业利益诉求。买卖双方本质上的利益对立使得双方天生存在不信任，随着社会化电子商务的发展，用户间社会关系的构建将对商家与用户原本独立的信任关系产生影响。事实上，用户社会化关系会诱导用户各类消费行为的产生，人们易于接受来自朋友的购物推荐，觉得在购物主题领域有专业知识或经验的人的意见更有用。社会关系对于消费行为最大的贡献在于它贡献了信任价值，由购买者提供的购买决策信息，更能获得其他购买者信任，购买者与商家天生的对立性使购买者与购买者之间具有高度认同感，而这往往是商家本身非常难以做到的。这种社会认同感使得社会化电子商务中的消费者很容易因为兴趣相投聚集在一起，建立联系，形成消费社区。不同主题的消费社区中总有一些人对该主题商品深有研究，具备该领域的专业知识或经验，掌握着前沿商品信息，而且在消费社区中表现活跃，成为该主题商品的权威人士或意见领袖，是商家和普通消费者之间的"桥"，根据结构洞理论，这些人可以操控信息的传播，深得该主题一般用户信任，对用户获取商品信息产生重要影响。哈佛商业评论认为，社区中的专家或权威人士的评论在社会化电子商务的功效显著。张宏解释了信任对顾客购买决策过程的影响，揭示了社会化购物社区中基于技术特征构建信任并基于信任关系实现推荐的内在机理①。研究表明，社会化购物社区的技术特征通过增强顾客信任影响顾客购买行为，而顾客信任正向影响顾客社会化购买意向。

社会化电子商务兼具社交媒体的让用户充分参与社交互动的特征和电子商务的商务交易目的，让用户在与其他人相互咨询、交流产品信息和购物经验的同时，开展商务交易。因此，让兴趣相似的人相互联系，建立起用户之间的商务社交网络。用户的兴趣、偏好、行为、信任等信息通过社交网络中的社会关系连接、传播、扩散，影响着用户的朋友、朋友的朋友的兴趣和行为选择。在传统电子商务中利用用户兴趣建模进行个性化推荐效果较好，但这种方法运用于社会化电子商务却效果不好。这主要是因为社会化电子商务区别于传统电子商务的特性所导致的。社会化电子商务中的用户与用户之间因朋友关系而相互关联起来，因相互间的关注关系而使用户间的个人兴趣互相影响。传统基于用户兴趣模型的个性化推荐方法对这种相互影响完全不予考虑，导致分析得到的用户兴趣与真实的情况存在差距，存在利用模型模拟结果在向用户现实推荐时效果不好的问题。

通过信任网络发现用户信任的朋友集合要比找到与目标用户相似的用户集合容易，而且数量更多。用户信任推荐系统可以利用社交网络组件帮助用户构建自己的信任网络，该用户信任网络将用户的评分信息与网络中的信任信息相结合，进而实现对用户的个性化推荐。信任机制的引入能较好地解决传统协同过滤推荐技术的不足，通过引入信任机制，亚马逊、Epinions、电驴、博客等网上交易市场和社交网络运行效率大幅提升。信任的一个重要属性是传递性，网络中通过信任传递，用户信任关系将不断拓展，这与现实中用户在陌生人与朋友的朋友两者中更倾向于相信后者是如出一辙。Guo G 等认为将信任信息引入推荐算法具有重要意义，信息信息的引入不仅解决了原推荐系统存在的数据稀疏性和

① 张洪. 社会化商务环境下顾客交互行为研究 [D]. 华中科技大学，2014.

部分冷启动问题，而且使协同过滤算法推荐结果的个性化程度与准确率大幅提升。但在提供交易平台的社会化电子商务网站，很多社会化交易活动需要信任为基础，对信任行为的研究远远滞后。

　　本书将信任引入社会化电子商务推荐，首先根据信任的相关研究，定义社会化电子商务中的用户之间的信任关系，然后结合信任的基本理论和基于信任的推荐相关研究，明确社会化电子商务中利用信任进行商品推荐需要解决的问题，在此基础上，构建基于信任的商品推荐模型，详细探讨该模型的实现过程，并进行实验。最后探讨该方法的优缺点和使用条件。

6.1　基于信任关系的商品推荐理论基础与问题定义

6.1.1　信任相关理论

（1）信任的定义

　　信任的含义复杂而抽象，虽然受到了自然科学和社会科学界学者的广泛关注，但截至目前，还没有一个广泛认同的定义。每位学者大多根据自己的研究问题或领域视角给"信任"下定义，或引用其他学者的说法。

　　心理学领域，认为信任是一种与守信用、坦诚、可靠、信赖相关的人格特质。这种人格特质不是一朝一夕能够养成的，而是长期的相处过程中，从一个人对另一个人行为的观察，或人与人之间的交互中总结出来的。如没有特殊情况，这种特质一般不会变化。罗特认为信任是一个人对另一个人的承诺认为可靠的期望[①]。可以看出，信任的前提是认知，

---

　　① Rotter J. B. A new scale for the measurement of interpersonal trust [J]. Journal of personality, 1967, 35 (4): 651 –665.

基础是可靠。周林轲通过罗特的定义，提炼出信任的前提条件，分别是信任者与被信任者相互熟知、二者具有共同的爱好、被信任者的身份可靠以及最重要的是信任者对被信任者有信任的意愿或需要①。Sabel 认为信任是人们相互对对方的放心，认为对方不会攻击自己的弱点②，是一种情境影响下的心理活动和行为表现。

社会学领域，由于社会中的主体是人，人是群居的也是相互独立的，社会学领域的学者们分别从群体和个体的视角研究群体之间、个体之间的信任关系，不仅研究社会要素如何影响信任的变化，也研究信任在社会中的重要作用。社会科学家认为信任是人与人之间一种相互依赖关系，是人类的社会属性。科曼提出信任具备社会资本形态，其可以减少监督与惩罚成本。卢曼认为信任是使个体合作关系简化的一种机制。甘贝塔认为信任是在具体情境下，个体预测他人采取某具体行动的主观概率③。

管理学领域认为人与人之间或者组织与组织之间因相互信赖而形成信任。信任具有双边性，相互间信任可以提升管理效率，降低管理成本，提升顾客满意度。

经济学领域认为人与人之间的信任是理性计算、选择的结果。赫塞尔德将信任理解为参与双方为维护关系与声誉而反复博弈的结果。克雷普斯等则认为信任源于人们为追求长远利益而对交易成本的节约。

计算机领域的信任研究自 PKI 开始已经有 20 多年，学者们从用户行为和身份两方面对信任进行了分类，前者指通过用户日常活动动态判断用户的可信懒度以及其服务能力，后者指核验用户身份以及用户权限等问题。乔等把信任分为可靠信任和决策信任，可靠信任是采信者认为

---

① 周林轲. 电子商务中基于信任的推荐算法研究 [D]. 湖南大学, 2011.

② Sabel C. F. Studied trust: building new forms of cooperation in a volatile economy [J]. Human Relations, 1993, 46 (9): 1133 – 1170.

③ Gambetta D. Can we trust trust [J]. Trust: Making and breaking cooperative relations, 2000: 213 – 237.

受信者能够达到自己所托或要求的概率，决策信任是采信者认为在一定的外部环境下受信者能够给予其安全感的可能性①。

从信息推荐的角度出发，梅伊等认为信任是个体针对另一个体的历史行为表现而对该个体未来行为所做的主观判断②。格尔贝克进一步阐明了信任的内涵，如果用户 A 认为采取用户 B 行为能获得更好预期，则表示 A 信任 B，两者间的可信任程度用信任度衡量③。在社交网络个性化推荐的应用情景下，信任定义为一个用户节点根据某些用户节点过去表现对该用户节点的未来行为做出的预期。

信任与信誉相近但有区别，信任主要用于个体间的主观信赖，而信誉则更多用于群体间或群体对个体产生的综合信赖度。但二者在利用信任的推荐研究领域中被统一起来，在进行信任计算时，有的学者将信任分为全局信任和局部信任，信誉归为信任网络中的全局信任，而个体之间的信任称为局部信任。

本书根据研究问题的需要，根据社会化电子商务中用户之间的信任特征，将信任定义为是一个用户的行为对于其他用户而言的可信赖度的评估。用户的可信赖度不仅与该用户的诚实、能力、声誉等个人因素有关，还与之有直接或间接关系的用户之间的共同兴趣有关，同时用户之间信任度也会随情境而变化。通常用 [0，1] 之间的实数来表示信任度。

不同用户之间盘根错节的信任关系构成信任网络，它表现为用户对用户友好的、正面的、肯定的评价。在不同的网络中，信任的表现形式各不相同，例如在新浪微博中，它表现为关注另一用户；在人人网中，

---

① Josang A. , Ismail R. , Boyd C. A survey of trust and reputation systems for online service provision [J]. Decision support systems, 2007, 43 (2): 618 – 644.

② Mui L, Mohtashemi M, Halberstadt A. A Computational Model of Trust and Reputation for E – businesses [C]. In Proceedings of the 35th Annual Hawaii International Conference on System Sciences, 2002: 188 – 196.

③ Golbeck, J. Computing and applying trust in Web-based social networks [D]. University of Maryland, College Park, 2005.

又表现为加 Ta 为好友。基于图论，信任网络也可以描述成一个有向图，信任网络图中的节点代表用户，节点间的路径代表用户间的直接或间接信任关系，路径的权值为用户间直接或间接的信任程度。

（2）信任的特性

依据不同视角提出的信任的定义，结合前人关于信任特性的分析，我们可以总结出信任的特性。

①主观性：是指个体对其他个体的信任与否是一种主观判断，但个体间存在人生经历、价值观、理性与感性认知的差异，个体间将采取不同评价标准去评价判断同一个体。而由于认知视角和认知程度的不同，一个用户对不同用户的信任评价也不同。

②非对称性：是指交互双方的信任程度是不完全等同的，A 对 B 的信任度与 B 对 A 的信任度可能不相等。甚至出现自己信任对方，但对方不信任自己。

③条件传递性：如果个体 C 得到个体 B 的信任，而个体 B 得到个体 A 的信任，则认为个体 C 也会得到个体 A 的信任。但这种信任并不是严格意义上可传递的，可能需要兴趣爱好相似等约束条件，而且不是等值传递，存在一定衰减。信任传递链越长，衰减越大，推荐利用了信任传递性。

④情境相关性：个体间的信任是在特定的情境下形成的，如是另一情境，两者则不一定形成信任关系。

⑤可度量性：只有对信任量化，才能精确描述用户间信任程度大小。

⑥动态性：用户间的信任度不是一个静值，在时间、交互经验、相互认知等影响下，信任值是动态变化的。其他用户的推荐或新的交互经验都有可能影响用户对实体的信任程度。个体间正面的交互会增加彼此信任度，而负面交互则极易使信任关系弱化或断裂，信任关系异常脆弱，且易断不易建。两个个体如果长时间没有交互活动，两者的信任关系也可能因时间流逝而弱化。

⑦模糊性：信任是一个模糊概念，"信任"和"不信任"之间并没

有一个确定的边界。

⑧时效性：时间累计出信任，历史交互行为对当前信任的参考价值与发生时间长远成反比，发生时间越远，参考价值越小；反之，则越大。

⑨信任的实体复杂性：指的是一方信任另一方，其信任度受到多因素的影响，在进行信任建模时，需要找到这些因素并设置恰当的权值，以便接近或符合真实情况。

（3）信任的分类

因为信任具有众多特性，故对信任分类也有多种，具体描述如下：

①根据信任获取方式，可将信任分为显性信任和隐性信任。显性信任指个体对其他个体明确做出的信任说明；隐性信任则需要通过用户的行为或者交互获得信任来判定信任关系。利用隐性信任的研究认为，两个用户对商品的评分越相近，或者两个用户相近评分的商品越多，或者两个用户关于商品评分共现率越高，则这两个用户之间越信任。

②依据信任的传递性划分，则分为直接信任和间接信任。直接信任关系是通过个体间直接交互（关注）行为形成的；间接信任也称推荐信任，是指从未发生过直接交互的实体之间的信任关系，这种信任关系由多个具有直接信任关系的个体相互传递而形成。

③根据单个个体信任度评估涉及的其他节点的范围，信任分为局部信任和全局信任。局部信任为朋友间信任，简称信任，是指在信任关系网络中，目标节点对邻近节点的信任度；全局信任是来自整个网络对目标节点的总可信度，用于刻画网络中所有节点对目标节点在具体方面的信任程度，也称声望。局部信任值是相对的，目标个体位置变化使个体间的间接信任度在同一系统中具有差异性，而每个个体的整体信任度具有唯一性。

在用于商品推荐的信任网络模型中，其他用户的对目标用户的整体评价作为全局信任的评判标准，它代表这个网络中其他节点对目标节点关于商品推荐方面的认可、信赖和这种推荐能力的认定。现国内的蘑菇街、美丽说等网站利用声望机制进行商品推荐，虽简单有效，但社交网络中个体间的朋友关系难以体现。局部信任使单个个体对其他个体的商品推荐能力做出的评价，这种评价是单向的、主观的。我们认为，在商品推荐时应将声望和朋友间信任融合统一，因为这两者对于商品推荐具有同等重要性。

6.1.2 社会化电子商务中用户之间信任的影响因素

社会化电子商务中，用户之间的信任关系的建立是进行基于信任关系的商品推荐的前提。其中关键的问题是找出社会化电子商务环境中影响用户之间信任关系的主要因素，通过分析这些因素对用户之间信任关系的影响力和影响方式，可以建立多源属性融合的信任模型，从而计算用户间信任度。

社会心理学者认为，用户的网络角色影响其他用户对其推荐内容的信任度，现实生活中的信任关系可以为朋友、同学、同事、师生、亲戚、邻居等。用户之间关系强度越高，彼此之间更加信任。在线社会网络中，用户间交互频率的高低往往代表他们之间关系的强弱。调查表明用户更喜欢来自朋友而非来自系统的推荐，66%的 Web 网站用户请他的朋友或粉丝来做决策。

用户兴趣相似度和用户信任度正相关性，选购母婴用品的妈妈们对其他年轻妈妈的信任远高于只偏爱运动器材的用户。信任受用户兴趣影响显著，我们在分析用户之间的信任以及设计利用信任的推荐算法时，首先应该想到兴趣这个影响因素。社交网络中，人们因为兴趣相投而熟悉，因为熟悉而愿意相信对方。一个电子商务应用网站中往往存在许多自组织兴趣社区，属于同一社区的成员拥有相同的或者相似的兴趣，他们也有独特的兴趣。

何友沁在构建用户间信任关系时选用了四个能代表用户对其他用户感兴趣的行为信息[1]：a. 关注，用户会从自身需求出发，通过对其他用户身份与推荐信息做出评价，进而决定是否对其关注。关注行为是用户

---

[1] 何友沁. 基于信任的推荐方法及应用研究 [D]. 大连理工大学, 2014.

在经过选择性寻找、观察、理解、判断、留意和记忆等心理认知基础上的最终行为选择，反映了用户认同。b. 转发，对一些自身感兴趣的信息，用户会将其转发给自己的朋友，融合自我表达和与朋友分享双重目的，转发信息也间接表示用户间的认同与欣赏。c. 评论，当用户浏览到感兴趣的内容后会做出回复与评论，将自己的意见与看法充分表达出来，评论能间接反映用户对其他用户认同与欣赏。阿拜斯指出朋友的负面评论影响力要大于正面评论①。d. 提及，用户在发布微博消息时如要强调某一用户，可用"@×××"方式提及。这种提及方式表示用户对被提及用户的认可与关注。

Epinions 等网站允许用户运用二值法对其他用户直接标记信任关系来评价他们发表的评论；豆瓣、微博等网站允许用户收听、关注、转发、评论其他用户或其发布的内容，表示对他们发布的信息感兴趣。这些行为都可以理解为用户之间具有直接或间接的信任关系。

友邻的社会影响力（或称口碑）也是影响用户信任度的一个重要因素，用户的信任度与自身社会影响力正相关，推荐过程中社会影响力大的用户应被赋予更大权重。有学者认为商品推荐时，友邻的社会影响力重要程度大于历史行为的相似性。袁泉等（Yuan Quan et al.，2011）通过分析针对社交网络的社会化推荐中用到的大数据发现，少部分用户影响力巨大，大部分用户表现平平，属于典型的幂律分布②。因此，需要关注社会影响力大的关键人物挖掘，可以通过计算全局信任度来度量友邻的影响力。唐等认为要区分不同用户在不同主题下的影响力，研究了在不同主题下用户的社会影响力如何传播的问题，构建了相应的传播模型。

另外，将不信任引入到信任模型中能有效遏制用户不诚信和恶意攻

① Abbass Z., Aperjis C., Huberman B. A. Friends versus the crowd: tradeoff and dynamics [R]. HP Report, 2013.

② Yuan Quan, Chen Li, Zhao Shi-wen. Factorization vs. regularization: fusing heterogeneous social relationships in top-n recommendation [C]. Proceedings of the 5th ACM Conference on Recommender Systems, 2011: 245-252.

击行为。甘等（Gans et al.，2001）认为在构建社会网络时引入不信任具有积极正面作用[①]。古哈等（Guha et al.，2004）认为在研究信任传递的作用于应用中，不信任的作用巨大[②]。假如申明了传递信任的两端节点不信任，则可以终止信任传递。有关如何考虑隐性不信任因素对推荐的作用的研究还有待于继续深入。

综上所述，社会化电子商务环境下，用户之间的社会关系、兴趣相似性、社会影响力、用户之间的互动频率等因素对信任度影响较大。现有推荐系统在推荐时都已引入这些因素，但针对这些因素在作用区分、行为描述、推荐决策融入、运行机制建立等方面的研究尚显不足。

本书认为，社会化电子商务中鲜有像 Epinions 网站那样允许用户直接标记的显性信任关系，大多数社会化电子商务网站中用户之间的信任关系是一种隐性信任，需要转化为显性信任。如兴趣相似的用户之间、意见领袖（购物达人）与普通用户之间、经常互动的用户之间，这些隐性而抽象信任关系，在计算信任度时需要具体化，然后量化。我们借鉴何友沁对信任关系的描述，并根据社会化电子商务用户信任行为表现，将其具体化为关注、转发、评论和提及等信任行为，同时考虑用户的信誉值，构建社会化电子商务用户信任网络。由于社会化电子商务中不信任因素更加隐蔽，本书暂不考虑不信任因素。在量化信任度之前，先形式化表达用户信任，将影响信任的因素看成信任的属性，假设信任用 T 来表示，其属性集 $\{a_1, a_2, \cdots, a_n\}$，那么 T 可以表示为 $T = u(a_1, a_2, \cdots, a_n)$。将这些影响因素设置权重，进行加权求和计算信任度。各因素的计算方法及权重值在信任建模中具体讨论。一般假设用户之间的信任概率值大于某一阈值（如 0.5），认定用户间存在信任关系；反之，不存在信任关系。

---

① Gans G.，Jarke M.，Kethers S.，et al. Modeling the impact of trustand distrust in agent networks [C]. Proceedings of the Third InternationalBi – Conference Workshop on Agent-oriented Information Systems，Montreal，Canada，2001.

② Guha R.，Kumar R.，Raghavan P.，et al. Propagation of trust anddistrust [C]. Proceedings of the 13th Annual International World Wide Web Conference，New York，2004.

6.1.3 基于信任关系的商品推荐问题定义

利用用户信任关系进行商品推荐的主要工作包括信任度的计算和基于信任关系的推荐算法两方面。

关于信任度的计算目前的主要工作包括计算直接和间接信任度。这里要解决三个问题：

（1）信任如何产生和实时更新

显性信任可以通过信任评分获取，但大多数社会化电子商务网站没有提供信任评分机制，用户之间的信任关系是隐性的。隐性信任的影响因素较为复杂，那么隐性信任应该怎么表示，怎么计算，当信任关系发生变化时，如何实时更新用户之间的信任度。现阶段对基于社交网络的信任模型的研究存在以下问题：对直接信任信息使用较多，对用户间潜在信任传递信息利用较少。信任值计算考虑的因素单一，具有片面性，对影响信任的众多其他因素缺乏考虑。现有信任模型也没有考虑信任的动态性特征及时间对信任度的影响。

针对信任产生的原因，赵玲等（2009）总结出了四个方面，分别是用户之间彼此熟知、彼此认为具有相似兴趣爱好、在社交中的声誉较好以及能够信任对方。由此产生的结果是对对方完成任务或工作的能力有信心，对对方的人品放心。并以淘宝网中用户的调查为实证，得出以下几条结论：采信用户和受信用户之间彼此熟知和受信用户在社交中较好的声誉显著正向影响采信用户对受信用户在工作能力方面的信任；彼此认为具有相似兴趣爱好与信任正相关；信任倾向显著影响个人对他人的态度；对成员能力的信任将对用户获取信息的意愿产生影响，而用户是否产生购买意向又受用户获取信息意愿的影响[①]。由此可知，用户是否

---

① 赵玲，鲁耀斌，邓朝华. 虚拟社区信任与社区成员购买行为研究［J］. 工业工程与管理，2009，14（3）：105－111.

形成购买意向，成员能力信任最主要，而熟知和信誉对成员能力信任最主要。

周林轲（2011）在深入分析信任产生原因后认为，信任的产生主要取决于用户间的亲密度与感知相似度。在分析用户在网络中的各种行为的基础上，使用 PageRank 算法，来判断社区中用户之间的亲密程度以及相似程度，以此来判断用户的信任度[1]。

（2）如何建立起信任传递

从国内外的研究文献中可以发现，对信任的关注程度还远远不够，国内更欠缺。在研究内容上应用直接信任关系的较多，系统研究间接信任关系的较少。目前，间接信任度计算复杂度较高。信任传递大都是粗粒度的，即如果 A 信任 B，就意味着 A 将信任 B 感兴趣的每个项目。显然，这是不符合实际的。因为 A 可能在某些 B 擅长得方面信任 B，B 不一定在 A 感兴趣的所有方面都擅长，而 B 擅长得不一定都是 A 感兴趣的。

在对间接信任的处理时，需要对信任传递进行研究，信任传递是有条件的。比如根据夫妻之间的信任和夫妻一方对其情人的信任，推测另一方对其情人也信任显得很荒唐。傅敏将不信任因子引入到推荐过程中来，对信任值和不信任值进行加权，然后利用递归算法，预测用户间总的信任值[2]。并将信任和不信任因子分别作为加权和过滤因子，加入协同过滤推荐算法。实验验证了加入不信任因子参与信任推荐过程能达到推荐结果准确度提升的目的，并扩大推荐邻居覆盖范围。张富国（2008）认为信任是跟主题相关的，用户的兴趣也是多样的，因此构建了多兴趣主题的信任推荐模型，并通过实验证明该算法具有良好的准确性和鲁棒性[3]。袁金凤（2014）构建了一个概率值矩阵，将信任传递模

① 周林轲. 电子商务中基于信任的推荐算法研究 [D]. 湖南大学, 2011.
② 傅敏. 基于信任和不信任的协同过滤推荐模型研究 [D]. 燕山大学, 2012.
③ Zhang Fu-guo. Research on trust based collaborative filtering algorithmfor user's multiple interests [J]. Journal of Chinese Computer Systems, 2008, 29（8）：1415–1419.

型应用于推荐过程，并把信任度加权在用户之间相似度计算公式中，提出利用信任传递的协同推荐方法。不仅为目标用户找到更多的相似用户，也缓解了传统推荐系统中存在的数据稀疏性和冷启动导致的准确率低等问题①。通过不考虑整体可信度太小的用户和归零兴趣相差太大用户之间的信任度以及删除该信任关系，减少计算复杂度和系统受攻击风险；过滤掉许多干扰用户，节省系统的实时推荐时间。

（3）兴趣如何引入到信任模型中

有信任无兴趣的商品用户是不会购买的，我们需要获取将兴趣融合到信任模型的方法。只有信任的朋友推荐的用户感兴趣的商品，才有可能被用户接受。这就需要推算推荐用户和目标用户之间的兴趣相似度。

利用信任的商品推荐算法则要融合上一步计算出来的推荐用户与被推荐之间信任度和基于兴趣的协同推荐模型，二者共同作用产生推荐。这就需要构建相应的融合推荐算法。梅夫雷特等（Meyffret et al.，2012）构建立足于局部信任的社会推荐，此算法结果因依靠局部信任信息所得，没有论证用户之间的局部信任信息就是真实可靠的信任评分信息②。

为了能够准确地刻画社会化电子商务用户之间的信任传递，提供更加符合用户需求的个性化推荐服务，本章将重点研究以下问题：

- 如何确定用户之间的信任影响因素及信任网络；
- 如何定量计算用户之间的直接信任和间接信任值；
- 如何根据用户之间的信任关系来推荐商品。

---

① 袁金凤. 基于信任扩散机制的推荐系统研究 [D]. 西南大学，2014.

② Meyffret S.，Dini L.，Laforest，Fr&#. Trust – Based Local and Social Recommendation [C]//Proceedings of the 4th ACM RecSys workshop on Recommender systems and the social web. ACM，2012：53–60.

6.2　基于信任关系的商品推荐模型构建

现有利用信任关系的商品推荐方法从信任关系的融合时机来看主要有三种情况，分别是：第一，用用户之间的信任关系筛选目标用户的近邻。利用显性评分的协同推荐一般先要建立用户—商品评分矩阵，这个矩阵一般比较稀疏，这种稀疏性会加大目标用户的邻居用寻找的难度。这时，先将目标用户的信任用户过滤出来，然后建立目标用户与其信任用户的用户—商品评分矩阵，将降低相似度计算的工作量，提高推荐的效率。第二，在第二步相似度计算或相似用户的评分预测时引入信任关系。一般将信任值作为相似度计算或评分预测的一个权重，用来提高相似度计算或评分预测的准确性。第三，在构建评分矩阵和计算相似度或评分预测时都融入信任关系，实现推荐的全过程融合。

在建立用户模型过程中，根据信任的特性结合信任机制有不同的解决方案。

刘英南（2014）计算了社交网络中的静态信任值，并将其用来过滤用户评分矩阵，也考虑了利用用户反馈来更新用户之间的静态信任值[①]。

刘世光（2014）先将用户信任网络中用户之间最初的直接信任值融入协同推荐，然后利用用户反馈和信任传递特性，对信任值进行动态更新和计算间接信任值，得出新的信任评分预测矩阵[②]。

贾冬艳（2013）认为影响用户之间信任的因素不止一个，提出多维信任度计算模型，将高信任度值用来甄选相似的可信邻居[③]。

吴慧（2014）按信任的不同分类，全方位计算用户信任度值，并将

---

①　刘英南．在线社会网络中基于动态信任的推荐机制研究［D］．华东师范大学，2014.

②　刘世光．基于初始信任的协同过滤方法研究［D］．燕山大学，2014.

③　贾冬艳．基于多维信任模型的可信推荐方法研究［D］．燕山大学，2013.

与之相似度融合甄别最近邻①。

谢胜军（2014）依据直接信任并考虑其随时间的流逝而减弱的情况，动态地去更新目标用户的相似邻居，有效提高了推荐效果，在准确性和鲁棒性方面表现良好②。

郭等（2015）运用概率方法计算信任度与相似度全方位融合的可能性，结果在解决冷启动问题的同时能有效提高推荐的准确率和召回率③。

周林轲（2011）提出用户个人模型和社区模型相结合的方式构建用户模型。利用社区模型获取用户之间的信任关系，并分别计算用户之间整体和局部信任度，基于此筛选出用户的相似近邻。实验结果表明，该模型能够缓解协同推荐的稀疏性和新用户问题，不仅提高了推荐的准确性，还提高了其抗攻击性能④。

原福永等（2014）提出一种在信任网络中随机游走的推荐算法。利用二部图网络结构的一维投影度量用户间的信任值并形成用户间直接信任的矩阵。实验表明该算法相比于其他算法，可以显著提高平均绝对误差、平均排序倒数、标准化折扣增益值。但本算法受到新用户新项目的限制⑤。

以上文献从全局信任与局部信任或二者结合、显性信任与隐性信任、信任值的动态更新等方面研究了信任度的计算及其融合到协同过滤推荐算法中的方法，为本章利用信任关系的商品推荐提供了研究基础和借鉴。本书拟将前面总结的用户之间信任的影响因素——用户之间的互动关系（具体包括关注、评论与回复）、互动用户的社会影响力（粉丝

① 吴慧，卞艺杰，赵占吉，等. 基于信任的协同过滤算法 [J]. 计算机系统应用，2014，7：131 – 135.

② Xie Shengjun. A Collaborative filtering recommendational gorithm improved by trustworthiness [J]. International Journal of Future Generation Communication and Networking，2014，7（2）：35 – 46.

③ Guo G.，Zhang J.，Yorke-smith N. Leveraging multiviews of trust and similarity to enhance clustering-based recommender systems [J]. Knowledge Based Systems，2015（9）：14 – 27.

④ 周林轲. 电子商务中基于信任的推荐算法研究 [D]. 湖南大学，2011.

⑤ 原福永，蔡红蕾. 一种在信任网络中随机游走的推荐算法 [J]. 现代图书情报技术，2014，10：70 – 75.

人数与自己关注人数之比）、用户之间的联系频率（评论与回复的次数）作为构建社会化电子商务用户与用户之间信任关系的潜在因子，构建社会化电子商务信任网络。将这些潜在因子作为信任值计算的依据，并设置相应的权重，计算此信任网络中直接相连的用户之间的信任度，成为直接信任度。利用信任传递性，计算不直接相连用户之间的信任度，也称间接信任度或传递信任度。结合用户信任度和用户关于商品的兴趣相关度（用户标签的相似度），构建信任值、商品兴趣相似度综合推荐算法，将目标用户信任度高的用户的与目标用户兴趣相似度高的商品推荐给目标用户。基于信任关系的商品推荐模型见图 6 – 1。

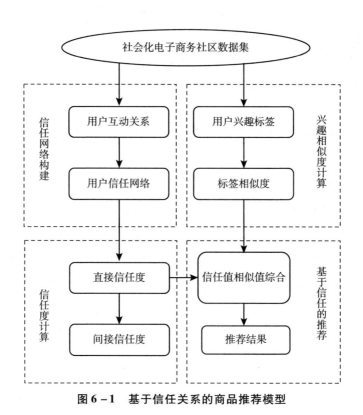

图 6 – 1　基于信任关系的商品推荐模型

　　根据此模型，把社会化电子商务中基于信任的商品推荐模型的实现

过程分为依据用户互动的用户之间信任网络的构建、依据信任影响因子
的用户之间直接信任度与传递信任度的计算、利用用户标签的兴趣相似
度计算以及利用信任和满足用户兴趣的综合商品推荐四个模块。下面分
别讨论每个模块的实现方法。

6.2.1 用户信任网络构建

1994 年，Marsh 首次提出用社会网络中信任关系来研究计算机网络
中的人际关系[1]。格尔贝克（Golbeck，2008）构建的信任网络可以借助
信任关系对社交网络产生的社会关系进行定量分析[2]。国外有些电子商
务网站，如 Epinions，允许用户直接为其他用户打分来量化该用户对其
他用户的信任。在没有提供直接信任打分的社会化电子商务网站中（尤
其是国内网站），用户间不存在显性的信任关系，信任关系网络往往依
据用户间的社会关系网来构建。在伊贝和亚马逊网站中，用户间的信任
是根据他们之间历史交易的反馈来获得。格拉诺韦特（Granovetter，
1973）将用户与用户之间联系的紧密度作为用户社会网络信任关系构建
的要件[3]。吉尔伯特（Gilbert et al.，2009）将用户间的信任关系理解为
简单的信任与不信任两种状态。但实际上，用户间不能如此简单定性地
表示其信任关系，信任是有一定程度变化的，可定量的进行计算[4]。翔
等（2010）采用无监督学习的方法衡量用户间信任关系强弱[5]。扎尔哈

① Marsh S. Formalisingtrust as a computational concept [D]. Srirling. Scotland, UK：University of Stirling，1994.

② J. Golbeck，Computer science – Weaving a Web of trust [J]. Science，2008，9（321）：1640 – 1641.

③ Granovetter M. The strength of weak ties. American Journal of Sociology，1973，78（6）：1360 – 1380.

④ Gilbert E.，Karahalios K. Predicting tie strength with social media. In：Proc. of the SIGCHI Conf. on Human Factors in Computing Systems. New York：ACM Press，2009：211 – 220.

⑤ Xiang R.，Neville J.，Rogati M. Modeling relationship strength in online social networks. In：Proc. of the 19th Int'l Conf. on World Wide Web. New York：ACM Press，2010：981 – 990.

米等（Zarghami et al.，2009）利用 T – index 来衡量用户间信任高低[①]。

在社交网络中，现有文献主要以用户之间的关注关系为媒介来构建。鉴于社会化电子商务具有社交网络的用户交互特征，本书也以用户之间的关注关系建立社会化电子商务中的用户信任关系。假设用户 u 关注了用户 v，则可以认为 u 信任 v，u 与 v 之间可以建立起点为 u、终点为 v 的有向边，表示 u 对 v 的信任。同时，有很多用户关注 u 和 v，u 和 v 也可能关注很多其他的用户，他们都充当信任者和被信任者，这样通过关注关系网络建立起用户之间的信任关系网络。用户描述成节点，用户间信任关系描述为有方向的边，由此可以将该网络描述成有向图。见图 6 – 2，其中 b 与 v、b 与 c 之间是相互关注关系，即相互信任。这在虚拟网络中比较少见，一般存在与亲密朋友或兴趣相投的用户之间。即使是相互信任，一般认为其信任度是不同的，即图中 b 对 c 与 c 对 b 的信任值是不同的。因此两条边不能合二为一，b 与 v 也一样。由任意一个用户节点出发，信任关系会沿着网络结构传播，形成用户节点之间的信任网络。通过这个信任网络，任何一用户节点都能与无直接交集的用户节点之间建立适当的信任关系。信任值随着节点之间距离增加而减少。

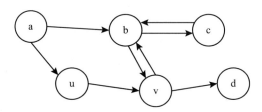

图 6 – 2　用户之间信任网络概念

信任网络中，任意节点之间以及不直接相邻节点之间存在直接信任

①　Zarghami A.，Fazeli S.，Dokoohaki N.，Matskin M. Social trust-aware recommendation system：A t-index approach. In：Proc. of the2009 IEEE/WIC/ACM Int'l Joint Conf. on Web Intelligence and Intelligent Agent Technology，Vol. 3. Washington：IEEE Computer Society，2009：85 – 90.

和传递信任，各自的大小不同而且可以量化表示。用户之间的信任表示称为信任模型。国内外相关研究一般采取概率的方法或渐进式方法来表达信任。前者通过计算信任的概率值表达用户之间的信任值，后者把对信任的预测定义为之前努力的结果朝着既定目标发展的可能程度。给信任网络中初始信任值赋值的方法有两种，分别是：第一，如果用户间有信任关系，则赋值为 1，一般在信任网络中省略不标；如果用户间不信任，则赋值为 0。但需说明的是，不信任不等于不存在信任关系，而是一种信任值。信任网络中只有这两个值，称为二值网络，如 Epinions 网中用户之间的信任值就是这种赋值方式。第二，用代表信任程度的若干个限定区间内的数值表示用户间的信任值，这个区间一般为 [0，5] 或 [1，10]。本书依据用户之间的关注关系建立信任关系网络，如果用户之间有关注关系，那么将他们用有向边连接，并赋初值为 1。但用户之间的信任值不一定是离散值，特别是根据多因素加权计算得来的隐性信任度值。完整的信任网络见图 6-3，图中用户之间的直接信任度值用实线部分的数值表示，用户之间的传递信任值用虚线部分的数值表示。

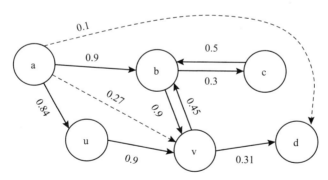

图 6-3 带信任值的信任网络

6.2.2 用户之间信任度计算

信任度计算和推荐算法是基于信任的推荐研究最关键最主要的两个内容。本节讨论社会化电子商务用户信任网络中信任度计算问题。关于信任度的计算方法，现有研究根据信任的类型进行了多方探讨，提出了一些值得借鉴的方法。下面先回顾一下这些方法，并在其基础上结合社会化电子商务中用户信任影响因子计算社会化电子商务中用户之间的信任度。

6.2.2.1 信任度计算方法分类

（1）显性信任与隐性信任的计算方法

显性信任值一般通过获取信任网络中用户之间直接的信任评分而得到。有些信任网络提供用户之间的信任评价，或让用户选择"信任"或"不信任"其他用户，对应用0和1作为该用户对其他用户的信任值；或用0~10的区间值表示信任程度。这些信任评分是用户通过交易互动反馈出的对其他用户的信任评价，获取信任网络中所有用户的信任评价值也称基于交易反馈聚合的信任度计算，目前该研究最为广泛。典型代表有：基于贝叶斯网络的信任模型和基于信誉的信任算法等。

然而，大部分信任网络没有直接的信任评分，需要通过一定的方法量化信任影响因子作为隐性信任值。如何量化用户之间的隐性信任关系是利用信任关系的个性化推荐研究亟待解决的问题。依据关系形成的社交网络中和基于兴趣小组形成的社交网络中，用户间的信任程度用关系深度或用户兴趣相似度的计算值表示。布林克利等（2010）提出利用兴趣相似度、关系广度和关系紧密度等因素来衡量用户信任值的方法[1]。

乔秀全等（2011）将信任度计算分成了熟悉性信任度和相似性信任度，熟悉性信任值得于用户间反复交易的反馈评价，相似性信任即用户间兴趣相似度计算值[2]。周林轲（2011）通过挖掘社区中社交信息获取用户间相似度和熟悉程度来计算隐性信任度[3]。

---

[1] Brinkley D., Miller L. Foaf Vocabulary Specification 0.97. EP, 2010, 23 (3): 21-30.

[2] 乔秀全，杨春，李晓峰等. 社交网络服务中一种基于用户上下文的信任度计算方法 [J]. 计算机学报，2011，34 (12): 2403-2413.

[3] 周林轲. 电子商务中基于信任的推荐算法研究 [D]. 湖南大学，2011.

（2）全局信任与局部信任的计算方法

这两种信任是按信任度计算所使用的信任网络节点范围来分的。全局信任度依的计算依赖所有用户关于某一用户的信誉评分。可以是分别统计某用户正负信誉得分并分别显示，也可以用总分的平均。也可以用 PageRank 算法迭代。

部分研究人员认为，只有局部信任才是"真正"个性化的信任度量。虽计算复杂，但抗攻击能力强。局部信任度度量方法可以分为依据节点相似性的方法和依据路径的方法。

节点相似度方法的前提假设是如果两个节点之间的共同邻居数目越多，那么他们之间的相似性也就越大。

很多人提出了基于路径的信任值计算方式。如马萨等（Massa et al.，2004）用 $(d-n+1)/d$ 来计算，d 表示用户之间最大距离，n 表示从源节点到目标节点的最短路径长度[①]。古哈等（2004）直接选择最短路径作为最优信任路径[②]。Tidal Trust 通过广度优先遍历最短路径计算局部信任值[③]。MoleTrust 在 Tidal Trust 基础上设置了一个最大路径长度，同时考虑用户信任评分，计算用户间信任度[④]。最优路径总是先找所有信任路径，工作量大[⑤]。

为了解决社交网络路径选取的相关问题，韩等提出挑选聚集的最大社会信心值的路径作为最优信任路径[⑥]。孙国豪提出了基于蒙特卡罗方

① Massa P.，Avesani P. Trust-aware collaborative filtering for recommender systems［C］. Proc. of the Federated International Conference on the Move to Meaningful Internet，2004：492 – 508.

② Guha R.，Kumar R.，Raghavan P.，et al. Propagation of trust and distrust［C］//International Conference on World Wide Web. ACM，2004：403 – 412.

③⑤ J. S Golbeck. Computing and applying trust in web-based social networks［J］. PhD. thesis，University of Maryland，2005.

④ Massa P.，Avesani P. Trust-aware Recommender Systems［C］//In Proc. of Conference on Recommender Systems，2007：17 – 24.

⑥ Chung – Wei Hang，Yonghong Wang and Munindar P Singh. Operators for propagating trust and their evaluation in social networks［C］. Proceedings of The 8th International Conference on Autonomous Agents and Multiagent Systems – Volume 2，2009：1025 – 1032.

法近似求解信任路径的算法①。

（3）直接信任与间接信任的计算方法

有直接信任关系的信任称为直接信任。现有研究大多数基于显性反馈信任值、隐性信任值或二者的结合来度量直接信任度，而隐性信任值的计算主要单独或综合考虑了节点之间的相似性、节点的影响力、节点之间的熟悉度等影响因子。除了交易反馈的简单算术运算之外，求直接信任度的方法还有基于概率的方法和模糊逻辑法。概率方法提供了信誉值计算的理论基础，通过特征的概率分布求得信任值，但整体计算过程太复杂，难于理解。模糊逻辑法使用模糊理论解决交易节点的多因素信任评判问题。该方法首先要确立隶属函数，确立方法有：模糊统计法、线性回归法、S 型分布法。该方法推理过程相对简单，但是隶属函数的选择较为复杂。

间接信任也称传递信任，通过直接信任并采取一定的传递规则计算得来。节点间的信任关系见图 6 - 4。

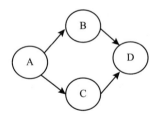

图 6 - 4　节点间的信任关系

对于图 6 - 4 中节点间的信任关系，则根据基于概率的算法可以计算节点 A 对节点 D 的信任值为：

$$trust_{AD} = (trust_{AB} \times trust_{BD}) + (trust_{AC} \times trust_{CD})$$
$$- (trust_{AB} \times trust_{BD} \times trust_{AC} \times trust_{CD}) \qquad (6-1)$$

①　孙国豪. 社交网络中基于信任的推荐系统［D］. 苏州大学，2015.

根据基于熵的算法可以计算出节点的信任值为：

$$t_{AD} = \frac{t_{AB}}{t_{AB} + t_{AC}} t_{AB} t_{BD} + \frac{t_{AC}}{t_{AB} + t_{AC}} t_{AC} t_{CD} \qquad (6-2)$$

6.2.2.2 社会化电子商务用户信任度计算

从以上的信任度计算的分类模型与算法看，针对一种分类标准分出的不同信任类型，分别有对应的计算方法。但是不同分类标准下的信任类型的信任值计算方法却有交叉。如直接信任值法可以是显性信任中的交易反馈信任值或其简单算术运算值，也可以是全局信任值，也可以是隐性信任值。有些间接信任值的计算方法又用到隐性信任值的计算思想如概率法、模糊逻辑法。不管哪种方法，都有各自的优点和不足，综合来看，现有的算法或模型存在没有融入交互环境（如商务环境）、没有很好的办法进行信任值的动态更新、没有考察推荐结点的可信度，不能排除共谋及恶意推荐的嫌疑。因此，本书考虑信任网络所处的环境——社会化电子商务信任网络的特征，选择合适的影响因子，如推荐结点的影响力、用户之间交互频率等，以提高信任度值的准确性，遏制恶意结点之间的信誉共谋。

对于直接信任值，通过综合用户 u 对用户 v 初始关注值、被信任用户的社会影响力、用户之间的熟悉度（联系频率）加权计算获得。假设 u 对 v 初始关注值为 $Follow_{(u,v)}$（一般设为1），权值为 α；v 的社会影响力为 $Influence_{(v)}$，权值为 β；u 与 v 之间的熟悉度为 $Familiarity_{(u,v)}$，权值为 γ。则 u 对 v 的直接信任值 $Trust_{(u,v)}$ 可以表示为：

$$Trust_{(u,v)} = \alpha \times Follow_{(u,v)} + \beta \times Influence_{(v)} + \gamma \times Familiarity_{(u,v)} \qquad (6-3)$$

其中，$0 < \alpha, \beta, \gamma < 1$，$\alpha + \beta + \gamma = 1$，是系统可调节参数，在后面的实验中取值分别是0.1、0.8和0.1。其中社会影响力的计算可以用用户粉丝数/用户关注数，然后计算该结果与所有网络中用户社会影响力相比，进行归一化处理。用户之间熟悉度的计算可以用用户与该关注用户交互次数/用户与所有关注用户交互次数。

对于间接信任，则信任源节点和目标节点的连接有以下几种情况：

（1）简单串联（见图6-5）

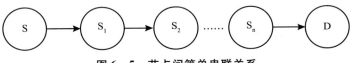

图6-5 节点间简单串联关系

则 S 对 d 的信任值为：

$$Trust_{sd} = trust_{ss1} \times trust_{ss2} \times \cdots \times trust_{ssn} \tag{6-4}$$

（2）简单并联（见图6-6）

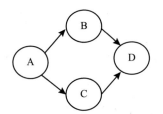

图6-6 节点间简单并联关系

则 A 对 D 的信任值，本书用以上基于概率的公式（6-1）计算得出。

（3）混合或多重并联结构（见图6-7）

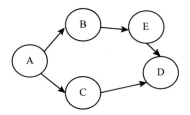

图6-7 节点间其他连接关系1

对于图6-7中的拓扑结构，我们可以消去用户 B 与 E 之间的用户

D，则网络拓扑变成图6-6所示的结构。这时用户 B′ 与用户 D 的信任

值为：

$$trust_{B'D} = trust_{BE} \times trust_{ED} \qquad (6-5)$$

这样，我们就可以使用公式（6-1）对这种路径串联和并联混合的用户间计算信任值。

对于多重并联结构，先计算任意两条并联路径下 A 对 D 的信任值，将二者合并，迭代计算下去，直至路径为简单并联，见图 6-8。

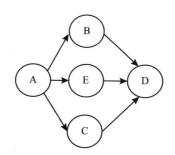

图 6-8　节点间其他连接关系 2

在计算信任值之前，先构建用户之间的信任网络，为了便于信任值的计算，一般选取关注数和粉丝数都不小于 10 的用户作为信任网络的中间点用户，而关注或粉丝数小于 10 的用户可作为叶子节点。基本方法是从社会化电子商务社区的一个用户出发，使用广度优先算法寻找在距离用户深度为 $1 \sim k$ 范围内的用户构建用户信任集合，这样构成信任网络。这里涉及 k 值的确定问题，根据六度分割理论，任何人经过至多 6 个人即可与陌生人产生联系，2008 年，该数值被修正为 5.28 次，而随着人与人之间联系的越来越紧密，在 2011 年，美国社交网站脸书在通过一项针对 7.21 亿人的研究之后发现，只需要 4 个人的就能把两个互不相识的人联系起来①。随着 k 值的增加，搜索的用户数可能会呈几

① 感谢 Facebook 向 "六度分隔理论" 说再见 ［EB/OL］. ［2011-11-23］. http://article. yeeyan. org/view/Henrish/234464.

何级数增长，带来的信任值计算复杂度高；而信任值却会迅速递减，到最后一个人信任值接近于0，因此较长的搜索深度不仅带来高复杂的计算还对结果的影响很小。综合这些因素，本章将搜索深度 k 值定为3，这也是很多研究者的经验值。当信任网络构建好以后，利用以上计算直接信任和间接信任的方法，计算用户之间的信任度值，确定信任阈值，进行商品推荐的候选条件。

6.2.3　基于标签的用户兴趣相似度计算

在当今社会网络中，用户间的兴趣点各异，每人都有自己感兴趣与熟悉的领域，有些用户热衷于最新电子产品的追逐，而另有些用户更偏好户外运动而对运动器材情有独钟，用户间的这种差异会让用户其更倾向于向各领域的朋友征求建议。基于这种思想，我们需要计算有信任关系用户之间的兴趣相似度。用兴趣相似度值去过滤信任用户，过滤出与目标用户有相似兴趣的信任用户作为商品推荐目标用户的信任用户。

假设用户 i 的初始信任用户集合为 $J = \{j_1, j_2, \cdots, j_n\}$，任一信任用户 j_k 的兴趣标签为 $M(m_1, m_2, \cdots, m_l)$，$m_1, m_2, \cdots, m_l$ 为 j_k 所感兴趣的商品类，用户 i 的兴趣标签为 $P(p_1, p_2, \cdots, p_x)$，$p_1, p_2, \cdots, p_x$ 为 i 所感兴趣的商品类，则 i 与 j_k 的兴趣相似度计算公式为：

$$\text{sim}(i, j_k) = \frac{P(i) \cap M(j_k)}{N(i) \cup N(j_k)} \qquad (6-6)$$

计算出目标用户与其信任用户的兴趣相似度后，将信任用户的产品标签属于目标用户兴趣标签的产品推荐给用户。

6.2.4　基于信任关系的商品推荐算法

借助用户之间拥有的信任度可以增加物品推荐的满意度。现有基于信任的推荐模型研究的主要成果有：

　　马萨等认为利用用户间信任度进行推荐的效果好于用户间相似性的推荐效果，其构建局部信任推荐算法（Mole Trust）能确定用户的最终信任度的，该方法的召回率较高，但准确性欠缺①。在后续的改进模型中数据稀疏性问题因利用信任网络而得到改善②。熊忠阳等③提出了基于Markov 逻辑网的信任传递模型，通过其推理算法预测信任关系。实验结果表明该模型比 Mole Trust 方法在推荐精度和解决冷用户问题上有更好的效果。Golbeck 构建出 Tidal Trust 模型，该算法在算出目标用户与源用户的初始信任度基础上进行迭代更新。因信任值源于两者的最短路径计算所得，故处于较远距离信任信息可能会丢失④。翁等采用共同评分项目来测度用户间的信任度⑤。马恩等利用本身意愿与关系人推荐共同决定用户最终购买这一假设⑥，构建了概率因子分析模型，该模型中将用户偏好与关系人推荐用一组参数加以结合，但没有考虑间接信任，结果的召回率低。

　　综上所述，首先基于信任的推荐根据显性信任评分或隐性信任因素，构建信任网络，计算直接值；其次利用信任传递性，计算间接信任值；最后结合项目评分，提出基于信任的协同推荐。但本书对最后一步有所改变，是综合信任值和用户兴趣相似度来计算推荐值，而不是利用信任值去修正产品的评分。做这样的改变原因有二：一个是社会化电子商务社区中用户通过关注关系建立用户之间的信任，通过兴趣标签表达自己的兴趣，

①　Paolo Massa, Paolo Avesani. Trust-aware Collaborative Filtering for Recommender Systems ［C］. Heidelberg: In Proc. Oftlle International Conference on Cooperative Information Systems Springer Berlin, 2004: 492 – 508.

②　Massa P. , Bhattacharjee B. Using Trust in Recommedation Systems: an Experimental Analysis ［M］. In Proc. of the Trust. Oxford, Springer, 2005, 2995（5）: 221 – 235.

③　熊忠阳，刘明，王勇，等. Markov 逻辑网在基于信任的推荐系统中的应用 ［J］. 计算机工程与应用，2012（23）: 81 – 84.

④　Golbeck J. Computing and Applying Trust in Web-based Social Networks ［C］. PhD. thesis, University of Marland at College Park, 2005: 695 – 701.

⑤　J. Weng, C. Miao. Improving Collaborative Filtering with Trust-based Metrics ［C］. Dijon: Proceedings ofthe 2006 ACM symposium on Applied Coputing, 2006: 1860 – 1864.

⑥　Ma H. , King I. , Lyu M. R. Learning to recommend with social trust ensemble ［C］//Proceedings of the 32nd international ACM SIGIR conference on Research and development in information retrieval. ACM, 2009: 203 – 210.

较少直接跟用户对产品的评分联系起来的，如果用信任值去修正评分值，很难获取相关数据；一个是目标用户兴趣和其信任用户兴趣可能都是多样的，通过兴趣相似度的计算，可以把目标用户信任的每个用户的多个相似兴趣产品推荐给目标用户，提高推荐的多样性。前面已经介绍信任值的计算方法和用户兴趣相似度计算方法，首先将信任值大于某个阈值的信任用户作为为目标用户推荐商品的候选用户，再根据相似度值的结果，筛选出相似度值不为 0 的信任用户，将其与目标用户兴趣相似的商品推荐给目标用户。

6.3 实验及结果分析

6.3.1 实验数据的描述与处理

从翻东西网站上随机选取一个关注数和粉丝数都大于 10 的用户，从该用户出发，获取其所有的关注用户，以及其关注用户关注的用户，根据模型中的设置，选取距离该用户深度为 3 的所有用户作为该用户的直接和间接关系用户。并依此从该用户邻居出发，按照同样的方法，获取其邻居用户的直接和间接关系用户。这样，一共获取 1182 个用户，12486 个关注关系，6119 个商品和 701 个商品标签，根据其关注关系，建立用户信任关系网络。将抽取到的数据按照 80% ～20% 的比例划分为训练集和测试集，检验该方法的推荐质量。

实验过程是首先根据关注关系构建用户信任网络（有向图），根据前面分析的直接信任计算方法，计算用户之间的直接信任值；根据以上串、并联路径传递计算方法，计算用户间间接信任度。取信任值阈值为 0.5，将信任值大于 0.5 的用户作为候选推荐用户；计算候选推荐用户兴趣商品标签与目标用户兴趣商品标签的相似度，取相似度阈值为 0.6，将标签相似度不小于 0.6 的信任用户的在目标用户兴趣标签范围内的标签所标注的产品推荐给目标用户。

6.3.2 评估指标与对比方法

参照知网中收录的邢星博士的毕业论文中基于信任的资源推荐的实验评估方法①，本章实验研究构建的社会化电子商务信任网络中的前 K 个推荐产品在准确率 Precision、召回率 Recall 和二者的综合值 F – Measure 三个评价指标下的推荐质量。用 N_{recp} 表示被推荐的商品数，用 N_{reli} 表示感兴趣的商品数（用户在喜欢、兴趣、分享、晒单中标注过的商品），用 $N_{recp \cap reli}$ 表示用户既感兴趣又被推荐的产品数。则

$$准确率 = N_{recp \cap reli}/N_{reli} \qquad (6-7)$$

$$召回率 = N_{recp \cap reli}/N_{recp} \qquad (6-8)$$

$$综合值 = 2 \times Precision \times Recall/(Precision + Recall) \qquad (6-9)$$

三个评估指标越大，推荐效果越好。

为了评价本书提出的推荐方法质量的优劣，我们将本书方法与 Gol-Beck 提出的 Tidal Trust 方法进行比较。本书方法称为加权因子信任的商品推荐方法（Weighted Factor Trust，WF Trust），在计算直接信任指时，将关注关系、关注用户影响力、用户与关注用户之间的熟悉度作为加权影响因子；在计算间接信任值时，根据前面对路径传递的串、并以及混合连接关系提出的不同处理方法，利用直接信任值和不同处理方法计算传递信任值，其中，最大传递距离设置为 3。Tidal Trust 方法是建立在社交网络的显性信任基础上的，通过用户对其他用户的信任评分构建信任网络。由于翻东西网站没有提供直接的信任评分，与本书方法一样，将用户之间的关注关系作为信任关系，将直接信任值设置为 1，将间接相连的用户的信任初值设为 0，间接信任传递值通过公式计算得到，计算公式为：

$$t_{is} = \frac{\sum_{j \in adj(i)} t_{js}}{|adj(i)|} \qquad (6-10)$$

其中，t_{is} 是用户 i 和 s 之间的间接信任值，$adj(i)$ 表示 i 的邻居用户数。

6.3.3 实验与结果讨论

本书方法中，对于直接信任的权重参数 α、β、γ 的取值问题，前面对其取值要求是 $0 < \alpha$、β、$\gamma < 1$，且 $\alpha + \beta + \gamma = 1$。

随机选择一个目标用户，分别取 $\alpha = 0.1 \sim 0.8$，$\beta = 0.1 \sim 0.8$，$\gamma = 1 - \alpha - \beta$，计算用户之间的直接信任值，用每一次计算的直接信任值最高用户的与目标用户标签相似度高的产品，形成最终的推荐列表。调节参数与最高信任值的关系见表 6-1。

表 6-1　　　　　　　信任权重调节参数与最高信任值的关系

参数组合			最高信任值
α	β	γ	TopT
0.1	0.8	0.1	0.804
0.2	0.7	0.1	0.706
0.3	0.6	0.1	0.609
0.4	0.5	0.1	0.511
0.5	0.4	0.1	0.413
0.6	0.3	0.1	0.315
0.7	0.2	0.1	0.217
0.8	0.1	0.1	0.119

本书取推荐列表的长度为 10，参数值分别取表中的参数值组合，推荐效果见图 6-9。

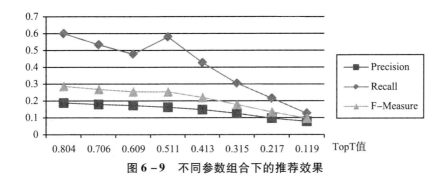

图 6 – 9 不同参数组合下的推荐效果

由图 6 – 9 可知，当 $\alpha=0.1$，$\beta=0.8$，$\gamma=0.1$ 时，推荐得到的评价指标值高于取其他值情况的评价指标值。这是说明用户在商务社区中的影响力对其他用户的商品选择具有积极的推动意义，也印证了购物达人的意见对普通用户的购买意愿影响较大，人们更倾向于购物达人的推荐。因此，本书选择 $\alpha=0.1$，$\beta=0.8$，$\gamma=0.1$ 时的推荐效果与基于路径传递的经典方法 Tidal Trust 的比较，从而分析本书的方法。

将本书方法与 Tidal Trust 方法用本章的实验数据进行对比，其评价结果见图 6 – 10。图中横轴表示推荐商品数，纵轴表示准确率、召回率和综合指标的值。

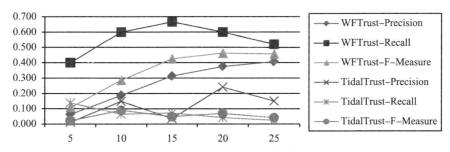

图 6 – 10 Tidal Trust 与权重因子信任推荐方法的评价对比

从准确率来看，随着推荐列表的增加，Tidal Trust 方法的准确率在波动式上升，本书提出的方法呈平滑式上升，但本书方法的推荐准确率要高于 Tidal Trust 方法；从召回率来看，随着推荐列表的增加，Tidal Trust 方法的召回率呈缓慢降低趋势，本书方法的召回率呈先上升后缓慢下降的趋势，本书方法的召回率也远高于 Tidal Trust 方法，其高出的幅度比准确率的大；从综合指标值来看，Tidal Trust 方法的 F – Measure 呈小幅波动式下降趋势，本书方法呈先平滑上升后缓慢小幅上升趋势。本书方法的 F – Measure 值在推荐列表为 5 时小于 Tidal Trust 方法，当推荐列表大于 5 时，一直大于 Tidal Trust 方法。综合本实验来看，本书方法在准确率、召回率和综合指标上相比 Tidal Trust 都表现得更良好。

6.4   基于信任关系的商品推荐的适用平台

6.4.1   基于信任关系的商品推荐的应用前提、优缺点

基于信任的商品推荐应用前提是社会化电子商务中用户之间有显性或隐性的信任关系。对于国内的社会化电子商务网站，很少有提供标注信任关系的功能，也就是说，很少有关于给自己信任的用户进行信任评分的平台。国内社会化电子商务网站用户之间信任关系网络的建立需要研究者根据信任的特性及其在社会化电子商务中的体现人为构建信任网络。构建的信任网络是否符合真实的信任关系是基于信任度计算的商品推荐的前提。

基于信任的商品推荐的优点显而易见，生活中人们比较倾向于购买信任的朋友推荐的商品，社会化电子商务网站中同样如此，而且普通用户也比较愿意听取专业的、权威的购物达人对商品的意见，因此基于朋友之间、用户对意见领袖的信任的商品推荐更能够让目标用户获得可信的商品信息，提高用户的满意度和购买意愿。

但基于信任的商品推荐同样存在一些缺点或问题：首先，对于隐性

信任，信任网络构建的依据和边界的确定是一个难点。目前，很多信任关系确立的依据是用户之间的关注关系和朋友关系，这是否接近真实的信任关系有待验证，是否还有别的关系作为参考依据也有待进一步研究。网络边界的确定一般借助广度优先搜索算法，选取 $1 \sim k$ 个中间用户作为信任传递媒介，但如何确定 k 值的大小尚没有定论；其次，信任值的确定也很复杂，不管是直接信任的参数确定，还是间接信任的路径计算都是根据实际情况的仁者见仁、智者见智的工作；再次，国内很多社会化电子商务网站的用户关系、产品评分是分离的，难以结合基于传统打分的协同过滤推荐方法，也就是难以根据信任值去修正打分预测值的方法预测用户对产品的评分，需要考虑其他方法；最后，本书的推荐算法中，用户之间的信任关系难以实时更新，若有更新需重新计算信任度，这样会加大计算量。因此，引入原始数据动态更新机制而不是更新算法显得尤为必要。

6.4.2 基于信任关系的商品推荐的应用平台归纳

国外有基于信任评分和商品评分的社会化电子商务网站，如 Epinions。但国内缺少直接信任评分的社会化电子商务网站，只有有熟人关系（如微商）和关注关系，关注关系比较普遍。像基于传统电子商务发展起来的社会化交易社区，如淘宝的圈子；还有基于社会化媒体的商务社区，如微博商务社区、豆瓣东西频道；以及第三方社会化电子商务网站，如蘑菇街、翻东西等。需要将这些隐性关系转化为信任关系，建立信任关系网络，才能开展基于信任的商品推荐。

6.5 本 章 小 结

社会化电子商务中用户之间的信任关系通常以关注、生意伙伴等关系表示，但是信任具有方向性，A 信任 B 不一定代表 B 信任 A，即使 B 也信任 A，A 对 B 的信任度值也不一定与 B 对 A 的信任度值相同。社会关系不同会对信任关系带来影响，朋友关系的信任建立在共同的兴趣和对双方的了解、认同和尊重的基础之上，而生意伙伴之间的信任主要以生意为纽带，以利益为基础。在交易型社区中，商家与普通之间的关注关系不对等，且相似度不高。反过来，信任关系对用户兴趣的影响并不总是正相关。社会化电子商务中用户的社会影响力也影响推荐效果，如何综合多种因素确立用户间的信任网络、如何确定不同信任影响的权重、如何计算间接信任值以及如何进的商品推荐是基于信任的商品推荐需要逐个解决的问题。

　　本书基于社会化电子商务中的隐性信任关系（关注关系）建立用户之间的信任关系，根据关注关系、用户关注的用户的影响力、用户对其关注用户的熟悉度三者的加权求和计算用户对直接信任用户的信任值。并基于前人的研究和六度分割理论及其改进，确定信任网络中用户的间接信任用户，根据信任的传递性，利用路径传递算法计算目标用户对其间接信任用户的信任值。由于目标用户与其信任用户的兴趣是多样的，而用户一般倾向于接受在某一领域有专长或经验的信任用户的推荐信息。因此在计算用户之间信任度的基础上，预测用户之间兴趣相似度，将用户之间的相似度去过滤掉兴趣不同或相似度低的信任用户，将信任度高的用户的商品与目标用户兴趣相似的推荐给目标用户，以提高商品推荐的准确率和用户满意度。实验证明了该方法相对于单纯基于信任的推荐方法在提高推荐准确率和多样性方面是有效的。最后，归纳了依据信任的商品推荐方法的使用前提、优缺点和适用平台。

7

基于评论挖掘的商品推荐

与西方国家不同的是，中国消费行为受群体影响巨大，西方社会个体因素强，中国社会集体因素强。中国消费者在购买商品时很重视别人的意见和建议，更注重个人消费的群体效应。社会化电子商务平台不仅提供用户在线购物入口，更满足了用户表达购后感受或使用体验的需求。商品评论社区就是这样一个平台，评论社区中的用户感受或体验是用户对产品的情感倾向，反映了用户对产品的一些属性或功能肯定或否定的态度，是其他用户在决策购买时的重要依据。据调查，99%的网购者在浏览商品的同时会看其他用户关于该商品的评论。因此，在线产品评论是极具研究价值的数据，它是用户关于产品的真实看法。将这些评论内容进行分类和序化，并进一步挖掘用户潜在需求，将是商家急需的商业情报。商家不仅可以从中了解用户对其所提供商品/服务的态度，从而改进产品质量；还可以发掘用户兴趣偏好，提供个性化的推荐服务。

本章按照"社会化电子商务推荐的模型框架"一章中基于用户社会行为的主要表现提出的基于评论挖掘的推荐方法，研究社会化电子商务中基于评论挖掘的推荐方法实现过程，在缓解传统电子商务推荐系统存在的数据稀疏性的同时提高推荐的准确性。

7.1　基于评论挖掘的商品推荐问题定义

基于评论挖掘的商品推荐主要要说明的问题是评论信息为什么可以作为推荐系统的数据源，作为推荐系统数据源使用之前为什么要进行评论挖掘。而主要解决的问题是如何进行面向商品推荐的评论挖掘，如何基于在线评论数据建立用户需求模型，如何实现基于评论挖掘的商品推荐。本节将提出这些问题的基本解决思路，首先进行问题描述，关键问题理清之后，提出总体解决框架。以下各小节根据总体解决框架，探索具体的实现路径和方法，并进行实验验证。最后，探讨该方法的优缺点和适用范围。

7.1.1　基于评论挖掘的推荐问题描述

在线产品评论是消费者生成内容（consumer-generated content，CGC）之一，是消费者参与社会化电子商务活动的早期形式，一直延续至今。在线产品评论信息内容丰富，主要由购买或使用过该产品的客户发表的对产品的一些属性、功能方面的真实看法或评价。这些看法或评价表达了客户对该产品某方面特征肯定或否定的态度，字里行间也流露出对产品偏好、感兴趣或厌恶、不喜欢的情感。这些评论内容不仅对该用户自身和其他用户产生影响，还对产品的生产设计商调整设计和投产方向和销售商以及电子商务平台调整营销策略起到关键作用。

对参与评论用户自身而言，自己对商品好的评论是个人良好购物体验的真情流露。加上其他用户良好的评价，将增强自己对该产品的认知，并通过学习、总结，自定义好的产品判断标准，甚至建立品牌意识。对其他浏览此产品的消费者来说，产品评论将影响其他消费者的购买意愿，关于产品本身特征的正面评论将增强其他用户的购买意愿；反之，将促使其他用户放弃购买。对于产品的生产设计商而言，来自终端用户的使用反馈是获取用户需求的第一手资料。正面的反馈和中肯的建议将是产品继续保持领先的动力，负面的反馈或批评将使生产设计商不得不重新定位产品设计和生产理念。以改进设计或质量上的缺陷，设计并生产出满足用户喜好的产品。对于产品的销售商和电子商务平台（有时二者为一家，如京东自营商品）而言，用户产品评论不仅影响该产品的销量，还影响网店的声誉。因而重视用户评论，为用户提供更好的产品，是销售商提升声誉，扩大销量的关键。这就需要获取用户评论，对其进行精准分析，挖掘用户偏好或兴趣，将用户没有发现的更满足用户需求的产品推荐给用户。

总之，产品评论亦如产品评分一样表达了用户对产品的偏好程度或兴趣度，而且具有比产品评分更丰富的内容。不仅对用户的购买意愿产生影响，而且对商家的营销策略提供数据支持。商品推荐被认为是一种精准的广告策略，将产品评论信息加入到产品推荐系统中，不仅可以缓解基于评分的协同推荐的数据稀疏性问题，也可以获得更全面的推荐数据源，提供更加准确的推荐。

但是，用户产品评论是用户自由生成的一种文本内容，其特点是量大且分散、语言表达不规范、价值稀疏，给用户需求的获取带来很多障碍，从而影响推荐的效果，具体表现为：

（1）量大且分散，增加了数据收集的难度

产品评论数据量大，仅一个商品交易社区中动辄几百条上千条，而对于同一商品评论往往分散在不同的社会化电子商务平台、社会化媒体平台中，很难全面收集这些评论信息，造成信息质量密度低，也给数据的整理带来困难。

（2）语言表达不规范，语义获取难度增大

用户的网络语言是一种非正式文本，追求简明达意，并不追求语言的规范和完整，拼写错误、不规范用语、网络新词以及表情符号代替情感表达等司空见惯，如"同学"写成"童靴"、"再见"写成"886"、

"乐爆了"等。这就需要用相应的规范词语来替换，否则难以用语义分析工具获取这些词的真正含义。

（3）价值稀疏

很多评论条目是系统自动生成的，并没有具体内容；有些有内容的评论，有的内容简短，如"不错""还可以"等并没有表达标的物或其属性，而有的则是对物流、服务态度的评价，并没有涉及商品本身。而不同商品评论数据量不同，很难根据评论的时间特征及其评论内容来分析用户兴趣偏好的变化。

因此，产品评论作为推荐系统数据源使用之前要采用有效的方法进行评论挖掘，获取其中有价值的评论内容。

7.1.2 基于评论挖掘的推荐框架

虽然推荐系统为解决互联网信息过载问题提供了有效途径，但即便是目前最成功的基于用户评分的协同推荐，由于评分的稀疏性也带来了推荐的准确性。另外，面对从未评分的新用户也显得束手无策。随着Web 2.0 技术的普及，越来越多用户在网络上自由发表产品评论，用户在购买之前也会关注其他用户关于该产品的评论信息。研究者们越来越意识到将在线产品评论数据应用到推荐中对解决以上稀疏性和新用户问题的意义，也进行了一些尝试，取得了一定的效果。从已有的研究成果来看，基于评论挖掘的商品推荐的主要内容包括：从评论中挖掘用户的意见，根据用户意见及用户评分推断用户偏好，根据用户偏好实现商品推荐。

产品意见挖掘（也称评论挖掘），指的是通过自动或半自动的方法，从用户的在线产品评论中获得产品及其特征，并分析和得出用户对该产品及其各特征的褒贬意见。产品意见挖掘是最近几年文本挖掘领域的一个研究热点，相对于基于评论挖掘的产品推荐，该领域研究较为独立，开始时间也比较早，研究方法较为成熟，该研究的基本任务是产品特征词发现和评价情感词识别。产品特征词发现的研究方法主要有基于名词或名词短语的关联规则挖掘方法、基于无监督信息挖掘系统的产品属性文本抽取。评价情感词识别方法主要包括基于统计和基于语义的方法，前者主要利用词与种子词之间的"互信息"确定词语的情感倾向和基于语料库中获取的主观表达模板来提取主观词；基于语义的方法主要是利用现有的本体知识库，如 WordNet、HowNet 中的极性词来判断形容词的情感倾向。

虽然评论挖掘的研究已经成为一个相对独立的研究领域，但由于其是基于评论挖掘的产品推荐必不可少的一个阶段，因此，现有的基于评论挖掘的产品推荐研究，一般系统的包括评论挖掘、偏好获取和推荐算法三个过程。

章诗杰、姚俭平[①]综合考虑评论文本、评论时间和评分数据，构建了一个基于评论挖掘的协同过滤推荐模型。该模型利用网络评论文本提取产品特征值，计算产品特征偏好相似度；利用评分数据计算总评分相似度；考虑评论时间点对用户兴趣的影响，将评论时间作为调节变量计算综合相似度；通过相似性传递解决矩阵稀疏性问题，并设定阈值获取目标用户邻居集，计算出推荐预测分。

张付志等[②]提出一种融合商品评论和环境信息的协同过滤推荐算法。首先，该算法利用句法关系获取评论中的特征意见对，并计算评论集的整体极性和强度作为用户对商品的喜爱程度，根据喜爱程度和用户评分计算用户之间的评分相似度；其次，借助领域知识构建环境信息树，通过计算不同用户所在树中位置的距离分别计算用户间环境相似度；最后，综合评分相似度和环境相似度对目标用户产生推荐。实验结果表明该推荐算法可以提高推荐精度。

---

① 章诗杰，姚俭平. 基于评论挖掘的新协同过滤推荐模型［J］. 科技创新与生产力，2013，3：52－54.

② 张付志，刘赛，李忠华，等. 融合用户评论和环境信息的协同过滤推荐算法［J］. 小型微型计算机系统，2014，35（2）：228－232.

王全民等①结合评论挖掘和协同过滤算法，首先，从评论中提取用户偏好标签，并依据此标签计算用物品细粒度特征的极性值；其次，结合物品特征值和用户评分计算物品相似度，预测物品评分值并填充用户—物品评分矩阵；最后，根据基于用户的协同过滤思想对用户产生推荐。实验结果表明该算法显著提高了推荐结果的精确度。

扈中凯等②通过深入挖掘电子商务社区中的用户评论，开发产品特征提取算法，建立用户兴趣偏好模型，利用相似度传递缓解推荐系统中数据稀疏性问题，结合用户评分数据来改善协同过滤推荐算法的准确性。实验结果表明，对于稀疏数据该算法仍可较好地拟合用户兴趣偏好，并明显提高传统协同过滤推荐的准确性。

现有的推荐研究大多以评分为推荐数据源，很少考虑在线评论中的用户意见和情感，目前考虑情感计算的粒度略显粗糙。鉴于此，那日萨等③建立了用户评论和情感模糊语料库，并将消费动机分类理论作为用户偏好建模的依据，提出综合评论情感计算方法，进而产生推荐。

以上研究成果充分认识到在线评论中蕴含的用户意见与情感对推荐效果的重要影响，都将在线评论作为评分数据的有益补充，在进行评论挖掘的基础上，建立用户偏好模型，进行用户偏好的相似度计算，在偏好相似度高的用户之间产生推荐，以减少协同过滤推荐的数据稀疏带来的准确率下降的问题。不仅如此，有的学者还将环境信息、用户心理因素考虑进来，以增强基于在线评论挖掘的推荐效果。这些研究成果为本书的研究提供了很好的借鉴，本章提出改进的产品评论挖掘方法，更精确获取评论数据，以获取有效的评分补充数据；利用消费者心理理论将评论用户分类，根据用户对产品及其属性的关注度和需求度计算用户满

---

① 王全民，王莉，曹建奇. 基于评论挖掘的改进的协同过滤推荐算法 [J]. 计算机技术与发展，2015，10：24 – 28.

② 扈中凯，郑小林，吴亚峰，等. 基于用户评论挖掘的产品推荐算法 [J]. 浙江大学学报（工学版），2013：1475 – 1485.

③ 那日萨，刘影，李媛. 消费者网络评论的情感模糊计算与产品推荐研究 [J]. 广西师范大学学报（自然科学版），2010，28（1）：143 – 146.

意度，构建用户偏好模型；根据整体产品得分计算产品相似度，在考虑产品价格因素的同时提出基于项目的协同过滤推荐，将用户满意度高的若干产品推荐给用户。基于评论挖掘的推荐框架是这一序列工作过程的方法模型，本书构建的基于评论挖掘的商品推荐模型，见图7-1。

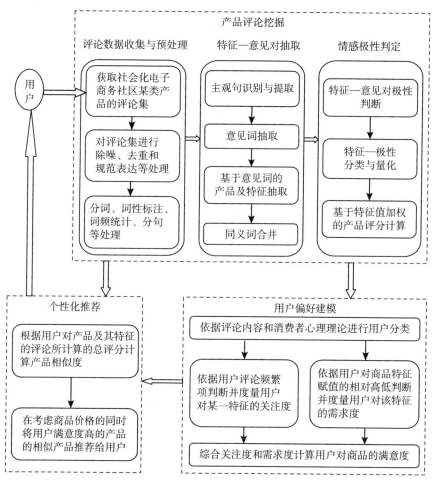

图7-1 基于评论挖掘的商品推荐模型

第一，产品评论挖掘。首先，进行评论数据收集和预处理：利用社会化电子商务社区获取在线评论文本集，并对其进行除噪、去重、去掉停用词和规范化表达等预处理，利用自然语言处理方法对预处理的文本进行分词、词性标注、词频统计和分句等处理。其次，进行产品特征—意见对抽取：主要工作包括抽取主观句、抽取意见词、根据意见词抽取产品特征、同义词合并。这里，传统方法一般是先抽取产品特征，根据产品特征抽取意见词，但会漏掉很多隐式特征，造成产品特征—意见对抽取的遗漏，影响下一步用户的意见和情感倾向分析的准确性。本书从主观句中抽取意见词和情感词。再基于这些词抽取产品特征—意见对，根据评论词定向补充隐式特征，可以大大提高产品特征—意见对抽取的准确率。最后，进行评论的情感极性判定：判断特征—意见对极性，设置极性量化规则，根据用户关注度及产品各特征得分，加权计算每一个产品总的得分，作为产品相似度计算的依据。

第二，用户偏好建模。根据用户对产品特征的评论倾向，运用消费者心理倾向理论，将用户分类；根据单一用户评论频繁项及打分高低，推算用户关注度和需求度，以此计算用户满意度，建立用户偏好模型。

第三，个性化产品推荐。根据产品得分计算产品之间的相似度，在考虑商品价格因素影响的同时，将用户满意度高的产品的若干相似产品进行排序，推荐给用户。

下面将分节讨论以上过程的具体实现方法，并进行实证，最后讨论其优缺点和适用的社会化电子商务平台。

7.2 面向商品推荐的评论挖掘

7.2.1 评论数据收集与预处理

7.2.1.1 数据收集

本章数据来源于京东评论库中关于手机的评论数据，利用网络数据爬取工具八爪鱼采集器采集。京东评论库中评论对象较多，为了获取关于手机的评论，我们打开京东商城网站关于手机的页面，选取大众比较熟悉的手机品牌，如华为、小米、苹果、魅族、三星、联想、中兴、OPPO、诺基亚、vivo，选取京东自营手机中评论数为 100 条以上的手机，爬取每种商品最近三个月内的评论数据，爬取的每一条记录内容包括手机名、价格、用户名、会员级别、评论内容、评论时间、评分，采集到的所有数据导出到 Excel 文件保存。

7.2.1.2　数据预处理

数据预处理的目的是将一些对研究主题无用、有干扰的数据去掉，保留对研究有价值的数据。通过对京东手机评论数据进行分析发现，需要去掉的数据主要有：第一，没有评论，随便打的乱码，或只是陈述一个事实，如"帮朋友买的"；第二，与手机特征无关的评论，如关于物流的评论、降价或其他京东活动的评论等，这些评论与手机本身无关，只是关于销售商的服务，与产品推荐的主题关系不大，因此忽略这些评论。

7.2.1.3　评论数据的自然语言处理

用户评论都是用户的自然语言，并不一定是具有严格句法的书面语，有的是口语，还有很多网民自创的网络语言。意见挖掘是要从中挖掘出用户对产品的意见或情感倾向，因此需要对评论数据进行分词、词性标注、词频统计、分句等自然语言处理，以便为下一步进行分句和主观句提取做铺垫。

分词与词性标注是在线评论情感分析的基础，目前有很多分词工具，而分词的正确率是选择分词工具首要考虑的因素，中科院 ICTCLAS 3.0 分词系统分词正确率达到 98.45%，是用户公认的分词系统，本书运用该系统对预处理后的评论集进行分词、词性标注和词频统计，我们主要关注的是名词、形容词、动词和副词，因为这些词对中文情感分析起关键作用。

中文一般以句号、感叹号、问号为一句完整的话的断句符号，我们也以这三种符号为分句依据。由于在线评论语言表达的随意性，可能存在一个用户评论内容的末尾没有标点符号或不是断句符号的现象，我们将人工添加上句号，以使该用户的评论内容完整。

7.2.2 特征—意见对抽取

特征—意见对的抽取指的是从每个用户的每个评论句中抽取特征—意见对，抽取结果为包括用户名、项、特征—意见对、情感极性（初始值为空）的四元组。

已有的特征和意见对的抽取方法分为有监督和无监督两种，有监督方法需要构建训练集，比较费力；无监督方法一般借助知识库或采用统计的方法自动从评论中抽取特征和意见词，不需要构建训练集，这一点较有监督方法有优势。常用的知识库有 WordNet 和领域本体等。波佩斯库和埃特齐奥尼（Popescu & Etzioni）[①] 提出的特征提取方法将产品特征分为显式特征和隐式特征，其中显式特征分为属性、部件、部件的特征、相关概念和相关概念的特征五类。将评论经过词法分析和过滤后输入信息抽取系统，通过整理产品与特征之间的各种关系表达，根据互信息识别名词和产品之间的整体—部分、包含—被包含等关系。

胡和刘（Hu & Liu）[②] 通过数据挖掘方法和根据研究对象设计特征抽取规则来抽取产品特征。该方法将产品特征分为频繁特征（用户经常评论的特征）和非频繁特征（用户不经常评论的特征），由于特征通常是名词或名词词组，首先对评论词进行词性标注，然后进行频繁项集发现[③]找出频繁出现的名词和名词词组，经过同义词合并等过滤之后的名

[①] Popescu A. M., Etzioni O. Extracting Product Features and Opinions from Reviews ［M］// Natural Language Processing and Text Mining. Springer London，2007：9 – 28.

[②] Hu M., Liu B. Mining and summarizing customer reviews ［C］//Tenth Acm Sigkdd International Conference on Knowledge Discovery & Data Mining. ACM，2004：168 – 177.

[③] Liu B., Hsu W., Ma Y. Integrating Classification and Association Rule Mining ［J］. Proc of Kdd，1998：80 – 86.

词和名词词组作为频繁特征，通过频繁特征找出其周围的意见词，根据
意见词找到非频繁集。但用此方法对中文特征提取后发现，很多频繁出
现的名词或名词词组并非特征词，因此查准率较低。另外，没有出现在
特征词周围的意见词难以被发现。因此，本书改变思路，从意见词抽取
入手，通过意见词来发现特征词。带有意见词的句子为主观句，因此首
先从分好的句子中抽取主观句。

7.2.2.1 主观句识别

将词性标注后的单句逐一与 HowNet 词典进行比对，如果不包含情
感词语或评价词语，表示该句可能只是叙述或客观描述句，没有发表意
见，不是主观句，不进行情感分类；否则，表示该句为主观句，我们将
这些主观句进行保存，每个主观句保存为一条记录，每条记录除了保存
一个主观句之外，还需保存这条记录原用户名、会员级别、手机名、价
格、特征—意见对（初始值为空）、评论时间，另外，每条记录有一个
自动编号字段。通过对主观句的表达方式进行分析发现，主观句的表达
方式分为两类：特征—意见词模式和情感动词—特征词模式，有时特征
词隐含了。第一类占主观句的 90% 以上，本书主要研究第一类主观句中
特征—意见对抽取方法；对于第二类，由于情感动词数量有限，因此可
以列出情感动词词表，对照词表找出评论中的情感动词类意见词。

7.2.2.2 意见词抽取

为了能够很好地解释评论挖掘的过程，这里先对相关概念进行界
定。通常一个评论是针对一个对象的，这个对象可以是一件商品，本书
选取手机作为研究对象；也可能是一次服务，如住酒店后对酒店服务的
评论。我们把评论的对象统称为项（item）。因此，一款手机就对应一个
项。假设我们选取项的个数为 k，项的集合为 R，$R = \{r_1, r_2, \cdots, r_k\}$；
每个项的评论数为 m，评论集 $D = \{d_1, d_2, \cdots, d_m\}$，这里，不同项的
评论数不同；评论的作者数 n，构成集合 $U = \{u_1, u_2, \cdots, u_n\}$；假设
评论中涉及的产品特征个数为 l，则产品特征集合 $F = \{f_1, f_2, \cdots, f_l\}$；
对这些特征的意见词集合为 $P = \{p_1, p_2, \cdots, p_q\}$。

定义1：特征，项的属性或组件。如酒店服务特征可能包括环境、价格、卫生、服务等。对于手机产品，用户经常评价的特征可能包括价格、外观、屏幕、电池等，其中前两项指手机属性类特征，后两项属于手机组件类特征。

定义2：意见词，表达用户对一个项的某一特征的情感倾向、态度或褒贬意向的词，一般由情感动词和形容词担当。如"电池耐用"这句评论，其中的"电池"是特征，"耐用"是意见词。

定义3：显式和隐式特征，评论中明确给出了特征词，即为显式特征；评论中没有明确给出特征词，但意见词中隐含了对应的特征，则该特征为隐式特征。如"这款手机外观漂亮，就是有点贵"，"外观"是显性特征，"贵"隐含了手机的价格特征，因此，价格是隐式特征。

定义4：特征—意见对：特征和对应的意见词构成特征意见对。如前面的"电池耐用""外观漂亮"，以及"屏幕清晰""系统流畅""音质好"等都是特征—意见对。

定义5：极性：指意见的情感倾向，正面或负面。为了能细粒度反映用户的意见，在研究中一般按程度副词对极性的分类更细化，如"还行""好""很好"表达正面意见的程度不断加深，需要分别赋值以区分不同的极性和程度。

定义6：特征支持度，对于评论集 D 及其包含的产品特征集 F，对于一个特征 $1 \in F$，其支持度 $S(F)$ 是 D 中评论了特征 1 的评论个数。

评论对象不同相应的意见词也相差甚远，例如对手机、汽车和餐馆的评论，各自所用意见词各不相同，依赖于产品特征。如手机屏幕清晰、汽车座位舒适、餐馆环境优雅。因此，想一劳永逸地设计基于跨领域意见词抽取方法是不现实的。但中文（特别是口语）情感表达中，常常在形容词前后加副词以强调情感程度，而经常使用的副词数量很有限，且不同产品评论中副词使用比较稳定，在不同领域中所使用的副词差别不大，如"这款手机很/非常/大气""口味很/超好"等，基于这个现象，本书首先基于常用的跨领域的副词来发现其修饰的形容词性的意见词，再利用形容词与名词的修饰关系找出特征词。

根据以上的分析，抽取意见词的基本规则是：一个评论句中在副词之前或之后的形容词为意见词。在抽取意见词之前，先要设计一个副词词表，称为种子副词，将种子副词与评论中的副词比对，将相匹配的副词前后的形容词抽取，然后根据这些形容词去找出其周围更多的副词，这样不断迭代相互抽取，直到副词和形容词列表不再变化为止。

7.2.2.3　基于意见词的产品特征抽取与同义词合并

传统方法是基于特征的意见词抽取的迭代方法，即先抽取部分频繁特征，基于这些特征抽取意见词，然后基于意见词进一步抽取非频繁特征，如此迭代下去。由于隐式特征的存在，这种抽取方法会漏掉部分隐式特征的特征—意见对，因此本书采取与传统方法相反的过程，先抽取部分意见词，然后基于这些意见词抽取特征词，或补充特征词，然后基于特征词进一步抽取意见词，如此循环迭代，可以大大提高特征—意见对抽取的准确率，也可以避免非特征名词或名词词组被抽取。

为了抽取意见词对应的特征词，需要把每个意见词周围一定距离内的种子名词都抽取出来，作为候选特征。也就是说，假设相邻两个词的距离为1，以意见词为中心，假设意见词与相距最远的名词或名词词组的距离为5（若不足5便有标点符号，以标点符号为结束标志），则将距离为5及其以内的名词或名词词组（最多包含 N 个名词或名词词组）全部抽取出来，作为候选特征，并统计每个词的支持度，即评论了该候选特征的数目。若没有出现名词或名词词组，则视为隐式特征，根据上下文，手动补充隐式特征。然后基于候选特征，将候选特征一定距离范围内的形容词抽取出来，作为候选意见词，反复迭代，直至没有新的候选特征词和候选意见词为止。对于情感动词作为意见词的情况，首先设计情感动词列表，将此列表与评论中的情感动词比对，抽取评论中情感动词周围的名词和名词词组，也作为候选特征，累计其支持度，最后同义词或近义词合并，设置一定的阈值，将小于阈值的候选特征词和候选意见词删除，剩下的即为特征词和意见词。

特征—意见词抽取算法:

输入:评论集 $D = \{d_1, d_2, \cdots, d_m\}$,副词集合 advlist,情感动词集合 V,

支持度阈值 minsup,相似度阈值 simmin,n-gram 长度 n

输出:意见词集合 P,特征集合 F 及特征—意见对 FOP

过程:

P = ExtractOpinion(D, advlist)

F = $\varnothing$, tempAdj = P;

Do

  tempF = $\varnothing$;

  For each sentence s of each review in D

   For each adj in tempAdj

   nounPhrases = ExtractNoun(s, adj) ;

    For each n-gram phrase nph in nounPhrase

      insert nph into tempF and accumulate support if it is repeated;

      if $\exists$ f $\in$ FOP such that f. feature is null, f. s_id = s. s_id and f. adj = adj

        f. feature = nph

      else insert(d. user_id, d. item_id, s. s_id, nph, adj) into FOP;

    if tempF is empty return;

    tempAdj = $\varnothing$;

    For each sentence s of review d in D

      For each adj extracted from s based on tempF

        if(adj is not in P)

          insert adj into tempAdj;

          insert(d. user_id, d. item_id, s. s_id, $\varnothing$, adj) into FOP;

      P = P $\cup$ tempAdj, F = F $\cup$ tempF;

  while(tempAdj $\neq \varnothing$) ;

For each sentence s of review d that contains no feature in F and no opinion in P

    if s contains any emotion verb v $\in$ V;

insert(d. user_id, d. item_id, s. s_id, $\varnothing$, v) into FOP

nounPhrase = ExtractNounE(s, v) ;

Insert nounPhrase into F and accumulate support for repeated ones;

For each n-gram nph in nounPhrase

　　insert(user_id. item_id, s_id, nph, v) into FOP;

MergeSynonym(FOP, F, sim_{min}) ;

emove from FOP and F with features that have support less than threshold min_{sup} ;

在评论中，同义词的使用比较普遍，由于不同评论者的用词偏好不同，不同评论者会使用不同的词表达相同的特征。识别这些同义词，并进行归纳合并，可以避免由于表达分散而漏掉正确的特征，分散了支持度。同义词的识别可以从特征的相似度视角来衡量其可能性，并基于特征共享最长子串长度和特征共现次数两方面因素来度量。关于特征共享最长子串，将每一个特征看成一个字符串，由于中文名词词组由字组成，每个字的含义与词组的含义非常相关，两个特征共享的最长子串的长度越长，则成为同义词的可能性越大；关于特征共现次数，通常，一个评论者不会用两种不同的描述表达同一个特征，而不同的评论者则可能使用不同的描述表达同一个特征，因此，两个特征经常出现在一个评论中，则其为同义词的可能性较小，相反如果两个特征出现在同一个评论中的可能性越小，其成为同义词的可能性越大。综合这两个因素，两个特征 f_1 和 f_2 的相似度 $sim(f_1, f_2)$ 的计算公式为：

$$sim(f_1, f_2) = \frac{len[substr(f_1, f_2)]}{max[co\text{-}occur(f_1, f_2), 0.5]} \qquad (7-1)$$

公式（7-1）中，$substr(f_1, f_2)$ 返回特征 f_1、f_2 的共享子串，函数 len(.) 返回字符串的长度，$co\text{-}occur(f_1, f_2)$ 代表两个特征出现在同一个评论中的次数，给定最小相似度 sim_{min}，若 $sim(f_1, f_2) > sim_{min}$，则 f_1 与 f_2 是同义词，支持度较小的特征用较大的替代，否则二者不能算是同义词，不做同义词处理。

同义词合并算法：

MergeSynonym(FOP:a set of quintuples,F:a set of feature,simmin:sim threshold)

    For each feature $f_i \in F$

        For each feature $f_j \neq f_i \in F$

            if $sim(f_i,f_j) > = simmin$ and $S(f_i) > S(f_j)$

                Replace the feature f_j in F with f_i

                Replace the feature f_j of element in FOP with f_i

7.2.3　情感极性判断及产品评分计算

7.2.3.1　特征—意见对极性判断与量化

对上一步的特征—意见对抽取结果中特征—意见对的极性进行判断、赋值量化，并填补"情感极性"字段的空白。

特征—意见对极性判断是意见挖掘的重要内容，也是评论分类及可视化的基础工作。得到很多相关学者的重视，也做了很多研究工作，取得了很多相关成果。意见极性判断的难点在于自动化极性判断，这是因为计算机难以像人一样理解人类语言的语义。目前意见词极性判断的方法也分为有监督方法和无监督方法。

有监督方法主要采用分类方法，如支持向量机、朴素贝叶斯分类、最大熵等。基本思想是对主观评论进行分类训练，构建分类模型，来判断一条评论的整体极性。该方法需要人工构建训练集，比较费人力；另外整体极性判断有时不免失真，因为有时一条评论中会对一个特征进行正面评论，而对另一特征进行负面评论，如"（手机）外观不错但价格偏贵"，不能笼统地判断为正向极性或负向极性。

无监督方法首先给定一个人工标注的典型意见极性的种子词集合，然后判断目标词与种子词的极性关系，计算目标词的极性及其强度。常见的方法主要有基于知识库（如 WordNet、HowNet）、基于连词的方法和基于统计的方法。

　　胡和刘（Hu & Liu）[①] 提出的意见极性判别方法是基于 WordNet 的，该方法依据已知极性的种子词集合，然后根据 WordNet 将目标词与该种子词比较，判断前者与后者是同义还是反义关系，并将目标词加入相应种子词中，继续判断新的目标词的极性。该方法的缺陷也很明显，一是只能判断形容词的极性，不能判断情感动词的极性；二是只适合判断上下文无关意见词的极性，不能判断有上下文语境的意见词极性；三是其准确性依赖种子词的数量，太多种子词需要费时间，太少种子词判断的覆盖率有限。

　　结合连词代表的语义和种子词的极性可以在一定程度上提高极性判断的准确度。该方法有一个假设前提：同极性的意见词趋于在一条评论中同现，不同极性的意见词在一条评论中同现的概率较小。常用的连词有 and（和、并且）、or（或者）、not（但是），很明显 and 和 or 连接的前后意见词具有相同极性，not 连接的前后意见词则极性相反。这种方法除了依然存在依赖种子词的数量的缺陷外，也会遗漏不存在连接关系的意见词的极性判断。

　　点互信息（PMI）可以看成基于统计方法的代表。点互信息可以表达未知极性目标词 w 与已知极性意见词 q（代表正向和负向意见词 q_1 和 q_2）的关联关系，计算方法如下：

$$\mathrm{PMI}(w,\ q) = \log_2 \frac{p(w,\ q)}{p(w) \times p(q)} \qquad (7-2)$$

　　计算 PMI 值时，分别遍历只包含 w、q 和同时包含 w、q 的评论，统计符合的评论数，其中 $p(w)$ 是包含 w 的评论数，$p(q)$ 是包含 q 的评论数，$p(w,\ q)$ 是同时包含 w、q 的评论数。如果与正向意见词 q_1 共现计算的 PMI 值大于与负向意见词 q_2 共现计算的 PMI 值，则目标意见词

　　① Hu M., Liu B. Mining and summarizing customer reviews［C］//Tenth Acm Sigkdd International Conference on Knowledge Discovery & Data Mining. ACM, 2004: 168 - 177.

属于正面的概率大于负面，反之则不同。这种方法的缺点是计算量大，不仅要遍历不同的评论数，而且要反复进行正负向极性 PMI 值的计算和比较，不够直观。

本书认为，抽取特征—意见词对以后，需要考虑两方面的问题：一方面确定特征是否是研究对象的特征。本书选取手机评论为研究对象，这里的特征指的是手机的属性特征，根据前人的研究，已有很多关于手机的领域本体，将手机的属性进行了划分，本书对提取的特征进行词频统计，发现用户关注的手机特征，结合前人研究成果中对手机属性划分和手机评论文本中用户关注的特征确定评论中描述手机的特征词，并对特征—意见词对过滤。另一方面，如何判断和计算意见词极性。首先判断意见词极性，如果意见词不含任何否定词或程度副词，根据手机评论中系统对评论的分类，手动归纳出代表正负向极性的种子词，利用词语相似度计算工具，计算目标意见词与种子词的相似度，设置相似度阈值，将大于阈值的意见词极性与种子词归为一类。如果意见词前后有否定或程度副词，关于否定词的处理，这里可能有三种情况：如果是否定词修饰的是另一个否定词，则为双重否定，抽取的特征—意见词对的极性不变；如果否定词修饰的是意见词，则将抽取的特征—意见词对的极性进行反转；如果否定词修饰的是包含程度副词的意见词，则调整特征—意见词对的极性程度。关于程度副词的处理，如果有程度副词修饰意见词，调整特征—意见词对的极性程度。

为了量化计算用户对产品某一特征的总体情感倾向，分别对不同程度的表达赋值，我们对比较正面、正面、很正面分别赋值 1、1.5、2；对比较负面、负面、很负面分别赋值 -1、-1.5、-2。有些意见词的倾向与上下文语境无关，如"好""漂亮"永远代表正面的极性；而有些意见词却与语境有关，如"高"描述产品质量是正面极性，若用来描述价格，就是负面极性，这样的词需要根据上下文语境来判断极性。

7.2.3.2　产品总体评分计算

根据上一步特征—意见对极性判断与量化，可以对每一对特征—意见对的极性进行量化赋值，得到其极性值。按特征进行分类，计算每一个特征的总极性值，然后除以该特征的总特征—意见对数，得到每一个特征的得分均值。考虑到用户对产品特征的关注热点的不同，在计算产品总体得分时，运用加权求和计算产品的总体得分。假设评论中涉及的产品特征个数为 l，每一个特征的最后均值分别为 f_1，f_2，$\cdots$，f_l，则产品特征值集合 $F = \{f_1, f_2, \cdots, f_l\}$，对应的评论数分别为 n_1，n_2，$\cdots$，n_l，则总的评论数 $N = n_1 + n_2 + \cdots + n_l$。则产品总评分值 S 计算公式如下：

$$S = \frac{\sum\limits_{n \in F} n_i \times f_i}{N} \qquad (7-3)$$

鉴于评论中有些特征指的是产品总体特征，跟产品其他特征值计算方法一样计算产品总体特征值后，与以上根据产品特征计算的产品总评分值 S 进行平均，得到产品最终的总体评分。

7.3 用户偏好分析

以上产品评论挖掘最终结果为每一个产品的总体得分，可以作为产品相似度计算的依据。但是产品个性化推荐是根据目标用户对产品特征或总体喜好，将类似产品推荐给用户，这就需要分析用户的偏好。本节从消费者心理的视角，根据用户评论中反映出的用户对产品特征关注点，对用户进行分类，以辅助定位用户需求；根据用户关注度和需求度计算用户对产品及其特征的满意度，以便准确定位用户偏好。

7.3.1 基于消费心理理论的评论用户分类

任何一种产品，对消费者到底意味着什么？消费者购买它到底是为什么？消费者购买这种产品的感觉如何？这些问题并非是浅层的表面的认知，是消费者购买的深层求解。中国国产手机在与国外手机在中国市场上阶段性竞争中，国产手机从 2000 年的零市场到 2003 年的半壁江山，主要靠的是找准了消费者对于手机的感觉。国际手机巨头，如诺基亚、摩托罗拉、爱立信等将国际市场上对手机的定位应用于中国市场，认为手机的功用就是通信，开始的产品都是黑的方块形。殊不知，当时在中国，手机是时尚产品，是一种炫耀消费，拥有手机象征着成功、时尚、高贵，镶嵌宝石的手机被认为是尊贵。跨国手机巨头没有意识到这一点，没有改变手机款式，也没有意识到一些特殊功能的需求，如使用短信频率明显高于国外，因而失去了很多机会。而国产手机看准了这一点，以巧补弱，引用外来核心技术，对手机外形进行包装，设计时尚外形迎合了大众需求。因而，找准品类在消费者心目中的感觉非常重要，是打开消费需求密码的关键。

消费心理学对消费者心理的研究不断深入，已取得很多成果，成为进一步研究和应用的基础。那日萨等（2010）用评论中关于产品及其属性评价的模糊计算来量化实用值；用评论的情感值来反映用户享乐型需求的满足程度①。卢泰宏等运用时尚指数（S）和花钱指数（R）的高低组合，将区域消费分为四种类型，并构建 TOFA 模型②。其中 T 型指的是保守型（Traditionalism），用户时尚指数 S 低和花钱指数 R 也低，传统而节俭；O 型指的是乐天型（Optimism），用户低 S 高 R，传统而舍得花钱；F 型指的是理财型（Fashion&Financing），用户高 S 低 R，时尚而精明；A 型指的是前卫型（Advance），用户高 S 高 R，时尚而舍得花钱。

如今，时代发展步伐加快，人们的购买能力急剧提升，信息接收渠道更加畅通，追赶时尚、面子消费（包括攀比消费、炫耀消费、象征（或品牌）消费）在中国人，特别是年轻人心目中显得更为突出。除了

---

① 那日萨，刘影，李媛. 消费者网络评论的情感模糊计算与产品推荐研究［J］. 广西师范大学学报：自然科学版，2010，28（1）：143－146.

② 卢泰宏，周懿瑾. 消费者行为学（第二版）［M］. 中国人民大学出版社，2015：226－233.

时尚心理倾向、面子心理倾向外，中国的消费心理还呈现怎样的倾向呢？百度百科网站总结了中国消费者的消费心理中还包括求实心理、求廉心理、从众心理、名人（权威）心理、恐惧心理、自尊心理等。俗话说"言为心声"，用户评论可以反映这些心理特征。如评论中强调经济实惠、使用方便、耐用等特征，表明该用户偏重商品的实际效用和质量，具有求实心理倾向；评论中一味强调价格太贵，或注重价格方面的评价，具有求廉心理倾向；评论中并不怎么关注产品价格或质量，强调其款式新颖、外观时尚的，具有追赶时尚心理倾向。通过用户评论分析用户心理倾向类型，有利于提供更准确的产品推荐。

日本著名质量管理专家狩野纪昭 1984 年建立了关于产品质量认知的心理学模型，表达了质量特性满足状况与用户满意程度的双维度认知关系，该模型将产品质量特性分为魅力质量、期望质量、基本质量、无差异质量和反向质量五类①。

笔者认为，用户需求随情境变化，并不是一成不变的，在某个阶段有一定的需求心理倾向。学者们分别从不同视角构建的消费类型模型为我们研究基于在线评论的用户消费心理类型打开了思路，本书拟从用户所关注的产品特征项及其对该特征项所表达的褒贬情感程度对用户分类，在进行推荐排名时，优先考虑对同类用户推荐，以提高推荐的准确性。考虑到向用户推荐的产品应该是用户喜欢的产品的相似产品，而不是用户不喜欢的产品的相似产品，而产品评论却有正向评论和负向评论之分，因此，本书以推荐为目的的基于评论的用户分类主要关注那些正向评论，忽略负向评论。这样，用户分类主要考虑的因素就是用户评论过的产品特征项及其正向评价值。首先按产品特征项进行用户分类，再按评价值区间进行用户细分，假设用户 n 评论过的产品特征个数为 l，则该用户评论过的产品特征集合 $F = \{f_1, f_2, \cdots, f_l\}$，将其正向评论按

① Kano N. , et al. Attractive quality and must-be quality ［J］. The Journal of Japanese Society for Quality Control, 1984, 14 （2）: 39 – 48.

以上赋予的评价值 1、1.5、2 分为三个等级，设 $m_1 = 1$、$m_2 = 1.5$、$m_3 = 2$，则 $M = \{m_1, m_2, m_3\}$。对于任意一个用户，其所属类为（F，M）。

7.3.2 基于关注度与需求度的用户满意度计算

关注度和需求度的定义[①]：如果一个用户只对某个或某些特征进行评论或进行多次评论，则说明该用户比较关注这些特征，基于此可以推断该用户对该特征的关注度；如果一个用户为产品的同一个特征的赋值总是较其他用户赋值低，则该用户对此特征的要求较高，基于此可以推断该用户对该特征的需求度。这里假设用户 u_i 对某特征 f_j 的关注度为 C，需求度为 R，则 C 和 R 可以用如下计算方法量化：

$$C(u_i, f_j) = \frac{Cr(u_i, f_j) + 1}{Cr(u_i)} \times \log \frac{Nr}{Cr(f_j) + 1} \qquad (7-4)$$

其中，$Cr(u_i, f_j)$ 指的是用户 u_i 评论过其特征 f_j 的手机个数；$Cr(u_i)$ 是用户 u_i 评论过的不同手机个数；N_r 是评论数超过 100 的手机总数；$Cr(f_j)$ 是被评论过特征 f_j 的手机个数。由公式可以看出，如果一个用户频繁地评论某个特征，而此特征总体来说又不被频繁评论，则关注度用户 u_i 对特征 f_j 的关注度 C 就会较高，说明用户比较偏爱该特征。

有些人比较宽容，所以对同一件商品评价较高；而有些人比较苛刻，对产品要求比较高或比较追求完美，对同一件商品的评价较低。为了减少不同人由于个人评价习惯对偏好的影响，在计算需求度 R 之前需要对特征值进行处理，为此，首先计算用户 u_i 对手机 p_k 的各特征评论均值 $\text{avg}(u_i, p_k)$，并找出所有用户对手机 p_k 的特征 f_j 的评论最大值 $\max(f_j, p_k)$，然后对用户 u_i 关于手机 p_k 的特征 f_j 的评价值进行如下处理：

$$S_{ijk} = S_{ijk} - \text{avg}(u_i, p_k) + \max(f_j, p_k) \qquad (7-5)$$

---

① 刘红岩. 社会计算：用户在线行为分析与挖掘 [M]. 清华大学出版社，2014：129-131.

假设 R_j 为被评论过特征 f_j 的手机集合，则用户 u_i 对手机特征 f_j 的需求度计算公式为：

$$R(u_i, f_j) = \begin{cases} \dfrac{\sum\limits_{p_k \in R_{ij}} \partial(u_i, f_j, p_k)}{Cr(u_i, f_j)} & \text{若 } Cr(u_i, f_j) \neq 0 \\ \dfrac{1}{Cr(f_j)} \sum\limits_{p_k \in R_j} \dfrac{0.1}{\text{avg}(f_j, p_k)} & \text{其他} \end{cases} \quad (7-6)$$

$$\partial(u_i, f_j, p_k) = \begin{cases} \dfrac{\text{avg}(f_j, p_k) - S_{ijk} + 1}{\text{avg}(f_j, p_k)} & \text{若 avg}(f_j, p_k) > S_{ijk} > 0 \quad (7-7) \\ \dfrac{1}{\text{avg}(f_j, p_k)} & \text{其他} \quad (7-8) \end{cases}$$

需求度计算公式中有三种情况：

①用户 u_i 至少评论过一部手机的特征 f_j，即 $Cr(u_i, f_j) \neq 0$，且对手机 p_k 特征值 S_{ijk} 不低于 p_k 的特征 f_j 的特征均值 avg(f_j, p_k)，即 avg$(f_j, p_k) \leqslant S_{ijk}$，此时，$R(u_i, f_j) = 1/\text{avg}(f_j, p_k)$。

②用户 u_i 至少评论过一部手机的特征 f_j，即 $Cr(u_i, f_j) \neq 0$，但对手机 p_k 特征值 S_{ijk} 比 p_k 的特征 f_j 的特征均值 avg(f_j, p_k) 低，即 avg$(f_j, p_k) > S_{ijk}$。此时，差值 avg$(f_j, p_k) - S_{ijk}$ 越大，用户对该特征的要求就越高，且要比第①种情况要大，因此，$R(u_i, f_j) = [\text{avg}(f_j, p_k) - S_{ijk} + 1]/\text{avg}(f_j, p_k)$。

③用户未评论过任何手机特征 f_j，即 $Cr(u_i, f_j) = 0$，此时，为了使 $R(u_i, f_j)$ 比第①种情况下的值小，并且具有可比性，分子中用 0.1 代替了 1。

结合关注度和需求度，就可以计算用户 u_i 对产品特征 f_j 的偏好程度 $W(u_i, f_j)$：

$$W(u_i, f_j) = C(u_i, f_j) \times R(u_i, f_j) \quad (7-9)$$

这样，用户 u_i 的偏好就可以用 $U_i = (w_{i1}, w_{i2}, \cdots, w_{im})$ 表示。其中 w_{ij} 表示 $W(u_i, f_j)$。

7.4　个性化商品推荐

根据评论挖掘结果中各商品的综合得分，可知得分相近的商品，并利用相似度计算公式计算商品之间的相似度；在考虑价格因素的前提下（目标推荐商品价格与用户喜欢的商品价格比较接近），利用用户偏好（满意度）的计算结果，将用户偏好程度较高的相似商品推荐给用户。

7.4.1　商品相似度计算

相似性计算方法有很多，如斯皮尔曼等级相关系数、皮尔逊相关系数相关、熵、余弦方法、修正余弦方法、条件概率方法，由于单用户对产品评分的稀疏性，本书已经计算每个产品的各特征及其总体得分均值，因此本书选择基于距离的方法计算产品之间的相似度，并设置阈值，获得相似度较高的若干产品集合，作为基于用户满意度的产品推荐的约束条件之一。基于距离的相似度计算方法将要计算相似度的两个产品看作多维坐标中的两个点，计算这两个点之间的距离 L，L 越小，则这两个点越靠近，相应的两个产品越相似。假设产品 p_1、p_2 的特征及总体均值分别是（x_1，y_1，…，n_1）和（x_2，y_2，…，n_2），则二者的距离计算公式为：

$$L_{(p_1,p_2)} = \sqrt[n]{\sum_{i=1}^{n} (x_i - y_i)^n} \qquad (7-10)$$

其中，$n-1$ 为产品的特征数，i 为产品的第 i 个特征。

计算产品相似度后，根据用户对产品的打分预测用户对相似产品的打分。

7.4.2　基于用户满意度的商品协同推荐

基于以上的用户对产品（手机）偏好计算模型，可以预测用户 u_i 对产品 p_k 的满意度 $S(u_i, p_k)$，计算方法如下：

$$S(u_i, p_k) = \left(\frac{\sum_{j=1}^{m} W(u_i, f_j) \times S_{jk}}{\sum_{j=1}^{m} W(u_i, f_j)} \right) \qquad (7-11)$$

对用户 u_i 关于每个手机的满意度从高到低排名，取前 k 个用户满意的手机作为候选推荐产品，在考虑手机的综合评价相似度和手机价格，过滤掉部分候选产品，剩余产品即为目标推荐产品，将之推荐给用户 u_i。根据用户分类，将推荐给用户 u_i 的产品集继续推荐给 u_i 的同类用户。

基于评论的商品推荐算法如下：

输入：四元组（用户 u_i，手机 p_k，特征 f_j，特征值 s_{ijk}）集合 U，P，F，S

输出：为每个用户推荐的 k 个手机

主要步骤：

for 每个手机 $p_k \in P$ 和每个特征 $f_j \in F$ do

　　计算每个手机的每个特征均值 S_{jk}

for S 中的每个四元组 do

　　预处理 S_{ijk}，并将其归一化至 [0, 1]

for 每个用户 $u_i \in U$ do

　　for 每个特征 f_j do

　　　　计算 $C(u_i, f_j)$

　　　　计算 $R(u_i, f_j)$

　　　　计算 $w(u_i, f_j)$

for 每个用户 $u_i \in U$ do

for 每个手机 $p_k \in P$ do

 计算 $S(u_i, p_k)$，并按降序排序

返回每个用户满意度高的前 k 个手机

计算这 k 个手机的相似度 L，作为过滤条件

根据用户分类去掉价格不符合用户要求的产品

将相似度高、价格合理的用户满意度高的其余产品推荐给用户

end

7.5 实验及结果分析

7.5.1 实验数据的描述与处理

为了检验本章提出的基于评论挖掘的商品推荐方法的有效性，我们利用网络数据抓取工具八爪鱼采集器6.0在京东商城的手机评论库中获取了211个手机的36852条评论，将评论数据和用户关于商品评分数据进行保存。保存的部分原始数据见图7-2。

手机名	价格	用户	会员级别	时间	评论内容		
vivo Xplay5 全网通4G手机	¥3698.00	z懒羊	金牌会员	2015/8/20 15:11	昨天下午下单，今天上午就收到了，京东的速度杠杠滴	收到打开一看，心情一阵激动。首先外观	
vivo Xplay5 全网通4G手机	¥3698.00	saraw	金牌会员	2015/8/17 22:15	屏幕大	电池耐用	待机时间长	通话
vivo Xplay5 全网通4G手机	¥3698.00	jd_6f8	金牌会员	2015/8/17 8:00	软件也不错	系统流畅	通话质量好
vivo Xplay5 全网通4G手机	¥3698.00	圆***	钻石会员	2015/8/16 10:04	手机很好，很时尚，2K大屏高高清晰，手感很好，运行速度很快。后置1600万摄像头，功能应有		
vivo Xplay5 全网通4G手机	¥3698.00	西城	钻石会员	2015/8/16 10:47	反应快	系统流畅	
vivo Xplay5 全网通4G手机	¥3698.00	138**	银牌会员	2015/8/17 9:21	国民手机	性价比高	外观漂亮	照相
vivo Xplay5 全网通4G手机	¥3698.00	宁静	金牌会员	2015/8/17 20:12	比较一般		
vivo Xplay5 全网通4G手机	¥3698.00	zhw_1	银牌会员	2015/8/17 15:28	手机收到手感不错！非常喜欢！另有赠品！客服很有耐心！?????????京东值得信赖！支持国货，一		
vivo Xplay5 全网通4G手机	¥3698.00	符***	银牌会员	2015/8/16 10:11	甚不错的购物经历，京东速度就是快，手机好漂亮，装了个应用，一点都不卡，迄的完整好的		
vivo Xplay5 全网通4G手机	¥3698.00	ghb1	银牌会员	2015/8/16 15:18	信号稳定	外观漂亮	通话质量好	性
vivo Xplay5 全网通4G手机	¥3698.00	真***9	银牌会员	2015/8/16 11:02	手机外观很美，手感也很好，反应真的很快，值得购买。		
vivo Xplay5 全网通4G手机	¥3698.00	jd_72	金牌会员	2015/8/16 14:46	宝贝不错，京东就是给力，手机运行速度也快，一次完美的购物。		
vivo Xplay5 全网通4G手机	¥3698.00	胡***	银牌会员	2015/8/16 17:52	刚刚收到京东快递感动力，打开包装一下子被手机屏幕吸引的确很漂亮很非常有质感。国产第一歌曲		
vivo Xplay5 全网通4G手机	¥3698.00	j***z	金牌会员	2015/8/16 12:30	非常喜欢，就是电池没来说有点不禁用		
vivo Xplay5 全网通4G手机	¥3698.00	j***p	金牌会员	2015/8/16 10:01	很棒！真心不错！屏幕清晰，运行很快！京东快递很快，第二天就到！		
vivo Xplay5 全网通4G手机	¥3698.00	-***	金牌会员	2015/8/21 20:28	比较漂亮，就是电池还是有些不够用，屏幕分辨率好于没有想象中精细，与苹果相比还是有差距		
vivo Xplay5 全网通4G手机	¥3698.00	j***	金牌会员	2015/8/16 10:13	大棒了，好喜欢啊		
vivo Xplay5 全网通4G手机	¥3698.00	c***r	银牌会员	2015/8/19 11:26	非常好的一款手机，真心不错		
vivo Xplay5 全网通4G手机	¥3698.00	j***i	金牌会员	2015/8/21 11:23	好，，，，，，，		
vivo Xplay5 全网通4G手机	¥3698.00	4***m	银牌会员	2015/8/20 20:46	满意		
vivo Xplay5 全网通4G手机	¥3698.00	j***k	银牌会员	2015/8/20 23:45	很高级的样子，好给力		
vivo Xplay5 全网通4G手机	¥3698.00	j***姐	钻石会员	2015/8/21 20:29	好好好好好好好好好好好好好好好好好好好好好好好好		

图7-2 爬取的评论数据（部分）

按照前面的方法，对原始数据进行去噪、利用意见词提取主观句，并提取特征—意见对，结果见图7-3。

D 用户	E 会员级别	F 时间	G 特征—意见对
j***z	银牌会员	2015/8/21 10:05	很/d 喜欢/vi
jd_18	银牌会员	2015/8/21 11:59	电池/n 有点/d 发热/n 过/uguo 快/a
jd136	金牌会员	2015/8/18 7:47	分辨率/n 高/a 反应/vi 快/a 稳定/an 屏幕/n 大/a 外观/n 漂亮/a
mujia	银牌会员	2015/8/16 10:04	功能/d 齐全/a 反应/a 快/a 通话/n 质量/n 好/a 照相/a 不错/a 待机/vn 时间/n 长/a
j***2	金牌会员	2015/8/20 11:27	很/d 不错/a 的/ude1 机子/n 好/a 潇洒/a 满意/a
h***7	钻石会员	2015/8/19 11:17	手机/n 质感/d 很/d 好/a 曲面/n 设计/a 完美/a 手机/n 功能/vn 强/ng 运行/n 很/d 快/a
c***s	铜牌会员	2015/8/22 8:13	货物/a 很/d 新/a 运行/n 概/a 快/a 的/ude1
j***w	银牌会员	2015/8/20 15:53	很/d 喜欢/vi
默	银牌会员	2015/8/17 17:31	感觉/n 很/d 不错/a 手感/d 特别/d 好/a 屏幕/n 很/d 清晰/a 运行/vi 很/d 快/a 内存/a
jd_18	银牌会员	2015/8/20 20:36	系统/n 流畅/a 音质/n 好/a 软件/n 也/d 不错/a 屏幕/n 大/a 外观/a 漂亮/a
j***c	铜牌会员	2015/8/21 22:33	很/d 不错/a
霸气	金牌会员	2015/8/16 12:00	电池/n 耐用/d 外观/n 漂亮/a 音质/n 好/a 性/ng 价/h 比/p 高/a 分辨率/n 高/a
j***4	银牌会员	2015/8/16 10:23	很/d 喜欢/vi
0***j	金牌会员	2015/8/18 15:43	好/d 用/a 喜欢/vi
MuIo	金牌会员	2015/8/21 1:12	看/vi 起来/vf 不错/a
K***n	银牌会员	2015/8/20 16:26	很/d 不错/a 很/d 好/a 看/a 速度/n 很/d 快/a
jd_68	银牌会员	2015/8/22 10:19	非常/d 不错/a
购物	银牌会员	2015/8/16 10:05	软件/n 也/d 不错/a 系统/n 流畅/a
j***5	银牌会员	2015/8/21 19:26	手感/n 很/d 好/a 很好/a 外观/n 很/d 好/a 音质/n 不错/a
jd_Gy	银牌会员	2015/8/16 10:07	手机/n 概/d 好/a 反应/vi 也/d 快/a
t***0	钻石会员	2015/8/20 11:36	非常好/d 的/ude1 手机/n 概/a
5***2	钻石会员	2015/8/21 16:26	外观/n 好看/a 漂亮/a 运行/vi 很/d 流畅/a 屏幕/n 很/d 清晰/a

图7-3 特征—意见对提取（部分）

根据每个产品中所有评论用户对其特征的评分加权求和，计算所得的产品总体得分情况，部分数据见图7-4[①]。

序号	产品名	价格	总评分
1	华为（HUAWEI）P8max 移动联通双4G 双卡双待 日晖金	¥3,388	4.85
2	华为 P8 高配版 64G ROM 双卡双待手机 流光金 电信4G	¥3,288	4.6
3	华为 Mate 8 3GB+32GB版 月光银 移动联通电信4G手机 双卡双待	¥3,199	4.9
4	荣耀 7 (PLK-AL10) 3GB+64GB内存版 荣耀金 移动联通电信4G手机 双卡双待双通	¥2,599	4.85
5	华为 P8 标配版 皓月银 移动联通4G手机 双卡双待	¥2,288	4.8
6	华为 Mate7 月光银 电信4G手机 双卡双待	¥1,999	4.8
7	荣耀7i (ATH-AL00) 3GB+32GB内存版 沙滩金 移动联通电信4G手机 双卡双待	¥1,999	4.85
8	华为 G7 Plus 香槟银 移动联通4G手机 双卡双待	¥1,899	4.8
9	荣耀7i (ATH-AL00) 3GB+32GB内存DM定制版 沙滩金 移动联通电信4G手机 双卡双待	¥1,899	4.8
10	荣耀 6 (H60-L11) 3GB+32GB内存版 黑色 移动4G手机	¥1,499	4.75
11	荣耀 6 Plus (PE-TL20) 3GB+16GB内存版 黑色 移动4G手机 双卡双待双通	¥1,399	4.8
12	荣耀 7i (ATH-TL00H) 2GB+16GB内存版 海岛蓝 移动4G手机 双卡双待	¥1,399	4.85
13	华为 P8 青春版 白色 移动联通4G手机 双卡双待	¥1,388	4.75
14	华为 畅享5S 金色 移动联通电信4G手机 双卡双待	¥1,199	4.85
15	华为 P7 白色 移动4G手机	¥999	4.75

图7-4 产品总体评分（部分）

---

① 作者根据查找资料所得。

根据词频统计结果，用户关注的排名靠前的 10 个特征词或属性词及其出现的次数见表 7 - 1。

表 7 - 1   评论中出现最多的 10 个特征词

特征词	出现次数	特征词	出现次数
外观	5887	拍照	4175
操作系统	5322	屏幕	4001
性价比	5279	分辨率	3236
功能齐全	4697	通话质量	3177
反应速度	4539	信号	2312

7.5.2 推荐测评方法与结果

参照清华大学刘红岩老师基于酒店评论的推荐中的评价方法[①]，本章采用平均绝对误差 MAE 来衡量推荐效果，其计算方法是：

$$\text{MAE} = \frac{\sum_{u,i \in T} |\gamma_{u,i} - \overline{\gamma}_i|}{|T|} \qquad (7 - 12)$$

其中，$\gamma_{u,i}$ 为用户 u 对产品 i 的预测评分，而 $\overline{\gamma}_i$ 为产品 i 的实际评分，$|T|$ 为测试集中的评分数量。从公式可以看出，MAE 越小代表系统为用户预测的评分与用户真实评分之间的误差越小，推荐的准确率越高。

将数据集按产品分为五个小的数据集，采用交叉验证的方法，将本章基于用户满意度计算所得的对产品的评分与基于产品的相似度计算所得的产品预测分用于 MAE 值的计算，比较这两个值的大小。

两种方法所得 MAE 的值及其平均值见表 7 - 2。

---

① 刘红岩. 社会计算：用户在线行为分析与挖掘 [M]. 清华大学出版社，2014：132 - 133.

表 7 - 2　　　　　　　　　　　**两种方法的 MAE 值**

算法	MAE1	MAE2	MAE3	MAE4	MAE5	平均 MAE
基于满意度	0.616	0.623	0.602	0.598	0.598	0.607
基于产品相似度	1.231	1.191	1.323	1.323	1.257	1.265

从表 7 - 2 中可以看出，本书基于满意度的产品评分预测的 MAE 值显著小于基于产品相似度计算的产品评分预测值，因此本书基于满意度的商品推荐方法相比基于产品的协同过滤推荐方法的效果更好。

7.6　基于评论挖掘的商品推荐的应用平台

7.6.1　基于评论挖掘的商品推荐的应用前提、优缺点

基于评论挖掘的商品推荐的数据源是用户关于产品的评论数据，因此，必须先创造条件让用户自由表达个人关于产品使用的感受和体会。社会化电子商务平台相对于传统的购物平台更注重用户体验，注重引导用户将其需求表达出来，不管是交易型社区还是传统电子商务平台的用户评论区域都是用户评论数据聚集地，也是评论挖掘的数据获取来源。评论数据多是用户即兴所发，有很多口语和网络用语以及网络符号，缺乏规范，获取这些数据源后，需要先对其进行初始化处理，然后进行评论挖掘，获取用户关于产品及其特征的评价倾向和情感极性，并进行量化，到此才完成基于评论挖掘的商品推荐的准备工作——评论挖掘。

基于评论挖掘的商品推荐的优点是产品评论数据较为丰富，用评论数据充实评分数据，降低数据的稀疏性；用户自发的评论数据真实可靠，具有很好的利用价值，使得推荐结果更可信；评论数据字里行间表

达了用户对产品的褒贬态度，是用户需求挖掘的重要数据源，通过评论数据挖掘用户需求，产生面向需求的推荐可使得推荐更有的放矢。该方法的缺点也显而易见：前期工作需要获取目标产品的评论数据并进行自然语言处理和评论挖掘，该过程工作量大，较为烦琐，有些过程目前需要手工进行，比较费时费力；用户评论是不断更新的，也具有时效性，目前的数据处理技术还不能做到全过程的自动化处理，能够做到的是自动数据获取，但很难自动跟踪评论的变化，也很难随之自动更新获取的数据和评论挖掘结果；对于没有评论数据的平台难以使用该方法，若用其他平台的评论数据作为数据源来产生推荐将带来解释上的困难和用户的信任困境。

7.6.2 基于评论挖掘的商品推荐的应用平台归纳

基于以上应用前提和优缺点的分析，本书归纳出基于评论挖掘的商品推荐的应用平台：

（1）产品评论丰富的基于传统电子商务的社会化电子商务平台

这样的平台聚集了大量的用户和产品，也聚集了大量用户关于产品的评论数据，是基于评论挖掘的商品推荐方法的首选。常见的网站有京东商城、淘宝、天猫、当当、亚马逊等。

（2）基于社会化媒体的商务社区

该平台虽不直接销售产品，但有转向电子商务网站的链接，最重要的是其中聚集了关于某个主题产品的大量用户评论，有些是一些购物达人的专业点评，对其他用户的参考价值重大，因此受众也很感兴趣，如果获取这些评论，并基于此进行推荐，不仅可以序化评论信息，推荐结果也更准确。这样的平台有微信的微商平台、微博的商务社区等。

（3）聚集大量评论的第三方社会化电子商务平台

如大众点评、美团网等，但并不是所有第三方社会化电子商务平台都适合基于评论挖掘的产品推荐，因为有些第三方社会化电子商务平台注重兴趣分享和导购，评论数据稀疏。

7.7　本　章　小　结

　　本章内容是社会化电子商务推荐模型实现的方法体系的内容之一——基于评论挖掘的商品推荐方法研究。本章要解决的主要问题是降低数据稀疏性的同时提高推荐的准确性。通过用户关于产品评论的挖掘，构建用户偏好模型，预测用户对未评分产品的满意度，将满意度高的 k 个产品推荐给用户。首先在明确定义问题的基础上，构建了本章的方法模型，基于此方法模型，将研究内容分为三个阶段：第一阶段是评论挖掘阶段，首先利用网络数据爬取工具获取产品评论数据，并利用自然语言处理技术对获取的原始数据进行去噪、词性标注、分词、分句、主观句识别与提取等初始化处理；然后基于意见词，对提取的主观句进行特征—意见词抽取，补充隐含特征；通过词频统计，确定产品的主要特征；设置情感极性值规则，计算抽取的特征、意见词的情感极性值；计算所有产品的所有特征的情感极性均值及其总评均值。第二阶段是用户偏好计算阶段，首先通过用户评论过的特征及其情感极性值对用户分类；然后计算用户对产品特征的关注度和需求度，并基于关注度和需求度计算用户对产品特征的偏好程度。第三阶段是产品推荐阶段，根据用户对每个产品所有特征的偏好程度预测每个用户对每个产品的满意度，将满意度高的 k 个产品作为推荐的候选产品，考虑产品相似度及手机价格因素，过滤掉部分相似度低或手机价格相差太远的产品，将其余产品推荐给目标用户，根据用户分类，将这些产品同时推荐给目标用户的同类用户。

　　最后，实验验证了该方法的有效性，并归纳了该方法的使用前提、优缺点以及合适的使用平台。该方法对评论数据丰富的平台比较使用，能够降低数据稀疏性，同时提高推荐的准确性。

总结与展望

　　社会化媒体与电子商务的融合催生了社会化电子商务的兴起。社会化电子商务相对于传统电子商务最大的特点是利用社会化媒体平台和技术为消费者提供极大参与的空间。社会化电子商务中，人们不仅能够通过电子商务网站购买自己所需的商品，通过网站提供的即时商务沟通工具与商家取得直接联系，发表产品评论，更能够让消费者自由分享自己的购物体验，管理自己感兴趣的商品，让消费者之间可以交流购物经验和相互推荐好的商品。消费者在购物的同时将互动交流、广泛交流、自由分享等活动贯穿于购物的全过程。在线消费者的广泛参与产生了大量的网络社会关系和消费者生成信息内容，这些用户关系维系着用户之间的情感，寄托着人与人之间的共同兴趣，大量的用户关系形成一个巨大的在线社会网络。而大量的消费者生成内容表达了用户对商品的褒贬意见和正负情感，包含着用户对商品的满意与否的态度，隐含中消费者的潜在需求。总之，社会化电子商务中用户的大量参与产生的社会关系网络和用户生成内容是用户需求挖掘的重要源泉，而如果不对这些内容进行组织和利用将会产生新的信息过载，让消费者再次陷入因信息来源过多而难以全面获取和正确选择，以致最终还是花巨大时间和精力成本才能找到所需商品的无奈境地。

　　商品推荐被认为是解决信息过载的有效手段，通过商品推荐可以将消费者可能需要的产品主动推荐给消费者。传统的推荐方法虽然能够实现商品信息的有序组织，有效缓解信息过载的同时提高了商品个性化服务水平，但由于商品属性的复杂性和推荐所需数据的稀疏性，导致推荐的准确性并不理想。鉴于此，基于社会化电子商务的用户参与所产生的对推荐有用的重要数据，本书提出了面向社会化电子商务环境下的商品推荐研究。本书基于消费者网络行为理论与马斯洛需求层次理论，揭示社会化电子商务中消费者购物过程的行为所体现的需求层次，并将这些需求的数据源映射到社会化电子商务中用户关系网络和消费者生成信息内容，提出基于用户兴趣标签、用户信任关系和用户评论的商品推荐策略。研究将商品推荐的理论模型、技术实现与实证研究相结合，以期在理论、思路和方法上拓展传统商品推荐服务。纵观全书，由于笔者水平有限，研究工作深度尚且不够，希望能为后续更深入的科学研究抛砖引玉。

8.1　总　　结

　　本书研究在梳理国内外传统个性化商品推荐方法和应用现状的前提下，在揭示社会化电子商务特征所蕴含的用户需求的基础上，从网络消费者用户行为和需求层次视角出发，提出面向社会化电子商务环境的商品推荐模型框架及其实现方法体系。以下是对全书的几点总结：

　　（1）探索了消费者产生内容与需求层次的关系

　　依据马斯洛提出的需求层次理论，消费者需求具有层次性，当低层次的需求得到满足后，高一层次的需求才会凸显出来。但在同一时期，允许多层需求共存。马斯洛将人类的需求从低到高分为五个层次，前两层（生理和安全需求）归为物质需求，后三层（社交、尊重和自我实现需求）归为精神需求。消费者在网上所购买的商品包罗万象，从基本的生活必需品到满足精神需求的音乐电影等产品应有尽有。而社会化电子商务不仅是提供这些商品的交易，更多的提供了广大消费者在购物过程中互动参与、交流分享，以增强购物体验，辅助购物决策。这也是消费者的一种精神需求，是一种不以物质为载体的精神诉求。社会化电子商务中的消费者需求已经超越了单纯满足物质生活的功能型需求，更注重享乐型购物的精神需求。社会化电子商务的应用本质上更多地为人们了提供社会交往、尊重以及自我价值实现这些更高的精神需求。不管是熟人之间的强关系维系的情感诉求，还是陌生人之间的弱关系维系的新商品信息诉求，都体现了消费者的社交需求；消费者有权利对所购商品发表评论意见，这种意见的表达源自用户渴望消费者权利得到尊重，所发表的意见体现了消费者尊重的需求；消费者可以自由随心地标记、分类收藏、分享所喜欢的商品信息，体现了消费者自我价值实现的需求。因此，从需求层次视角定位社会化电子商务特征，为社会化电子商务环境下的商品推荐框架模型的提出奠定了理论基础。

（2）提出了面向社会化电子商务环境的商品推荐模型

根据网络消费者行为理论和马斯洛需求层次理论，将社会化电子商务中的消费者需求的具体表现映射为好友互动、产品评论和购物分享三个方面。提出社会化电子商务环境下的商品推荐模型，该模型基于好友互动挖掘其中隐含的信任关系，提出基于加权直接信任和路径传递的间接信任计算的商品推荐方法；基于产品评论进行评论挖掘，进而计算消费者对产品的满意度和需求度，综合二者得到用户的产品偏好，基于用户偏好实现商品推荐；基于用户购物分享，分析购物分享形式和内容，重点分析反映用户兴趣偏好的内容和形式，选取社会化标签作为研究对象，利用本体技术规范化标签语义表达和对产品分类，提出基于兴趣标签—本体的商品推荐。

（3）研究了社会化电子商务中的用户需求模型构建

用户需求挖掘是个性化商品推荐的前提，用户需求建模是用户需求挖掘的保障和可行路径。与用户需求建模相关的概念有用户需求建模、用户偏好建模、用户兴趣建模，鉴于用户建模的主要目的是用户需求获取，所以将"用户需求建模"与"用户建模"视为同一概念。需求有主观与客观之分，本书将用户兴趣、偏好归为用户的主观需求，将用户兴趣、需求、偏好统一为用户需求。首先根据社会化电子商务用户行为特征和用户模型构建的一般过程，构建了社会化电子商务用户需求模型。根据此模型，分别分析了用户需求获取、表示、模型更新的过程和方法。本书确定用户生成内容、用户社交关系作为用户需求获取的主要信息源，分别根据不同的信息源特征选择不同的需求获取、表示方法。针对反映用户兴趣偏好的社会化标签，利用网络爬取工具获得后，进行去噪等预处理，在考虑标签使用频率和标注时间对用户偏好的影响下，利用加权向量表达用户需求；针对用户社交关系中隐含的用户需求，先构建用户关系网络，计算用户关系强度，根据用户关系计算用户之间的信任，为基于信任的推荐提供依据；针对用户评论，进行情感倾向分类，并根据 KANO 模型将分类结果进行用户需求转换，获得用户关于主题—属性的需求类型，为后续章节基于评论挖掘的推荐提供数据源。

（4）提出了基于评论挖掘的商品推荐方法

该方法的基本思想是基于产品评论的挖掘，构建用户偏好模型，预测用户对未评分产品的满意度，将满意度高的 k 个产品推荐给用户。该方法分为三个部分：

①产品评论挖掘。产品评论表达了用户对产品的褒贬态度和正负情感，通过评论挖掘可以分类并量化用户关于产品的情感极性值。具体实现过程是利用网络数据爬取工具获取产品评论数据，并利用自然语言处理技术对获取的原始数据进行初始化处理，获得主观句后基于意见词，对提取的主观句进行特征—意见词抽取，补充隐含特征；通过词频统计，确定产品的主要特征；设置情感极性值规则，计算抽取的主要特征—意见词的情感极性值；计算所有产品的所有特征的情感极性均值及其总评均值。

②用户偏好计算。通过用户评论过的特征及其情感极性值对用户分类；再计算用户对产品特征的关注度和需求度，并基于关注度和需求度

计算用户对产品特征的偏好程度。

③商品推荐。根据用户对每个产品所有特征的偏好程度预测每个用户对每个产品的满意度，将满意度高的 k 个产品作为推荐的候选产品，考虑产品相似度及手机价格因素，过滤掉部分相似度低或手机价格相差太远的产品，将其余产品推荐给目标用户，根据用户分类，将这些产品同时推荐给目标用户的同类用户。

（5）提出了基于信任关系的商品推荐方法

本章在社会关系的基础上探索用户信任因素，并基于信任关系开展商品推荐研究。从信任的存在形式上看，信任不仅体现在社会互动关系上面的显性信任，也体现为具有共同兴趣偏好的隐性信任，隐性信任往往占据更大的空间，对隐性信任的探索并基于隐性信任扩展用户之间的信任路径，可以为商品推荐提供数据支撑。基于信任的商品推荐的主要任务有三个方面：一是构建用户信任网络，本书通过原有的社会关系构建显性信任网络；二是改进信任值计算的问题，本书通过综合用户的影响力和用户之间联系的紧密度计算用户的直接信任，以"路径取短、信任取大"原则计算间接信任度值；三是在筛选出信任用户的基础上计算信任用户兴趣商品与目标用户兴趣商品的相似度，将信任用户目标用户的相似商品推荐给目标用户。

（6）提出了基于标签—本体的商品推荐方法

社会化电子商务中用户自由标注的商品标签不仅可以描述商品特征，而且隐含了用户的偏好。但标签自由、松散的分类方式使标签存在冗余、歧义以及一词多义的问题，使用户难以找到自己需要的产品，因此在基于标签的推荐系统中，推荐精确性低，用户体验差。因此，本书提出了一种结合产品标签本体与标签权重的商品推荐方法，以缓解以上问题。该方法基于本体规范化标签语义并对产品分类，基于标签的权重向量表达用户偏好，基于用户偏好和产品类型的匹配计算用户标签与产品标签的相似度，将相似的产品推荐给用户。因此，该方法分为三个部分：首先，构建产品标签本体。参照用户标注的标签信息和相关电子商务网站关于产品检索条件，构建基于标签的产品本体，该本体表达了产品之间、产品与其属性之间的层次关系，依据该本体与同义词典，一方面规范化初始标签集语义表达，另方面对产品进行分类。其次，用户偏好建模。同时考虑用户使用标签的频率与标注时间因素对用户偏好漂移的影响，运用 TF－IDF 公式计算用户标签的使用频率权重；运用指数遗忘函数计算用户标注标签的时间权重，集成两个权重计算用户对产品标签的偏好值。最后，商品推荐。将产品分类簇与用户偏好模型所获得用户权重标签进行匹配，找出相匹配的类簇，过滤掉用户已标注的产品后，计算用户偏好产品标签与类簇中产品标签的相似度，并将相似度值进行排序，将相似度最高的 k 个产品推荐给用户。

8.2 不　　足

本书主要针对社会化电子商务中大量的用户参与产生的新的信息过载问题，以产品个性化服务为最终目标，提出了面向社会化电子商务环境的商品推荐模型研究。在理论研究方面，探索社会化电子商务特征中获取用户需求源并构建需求模型，基于网络消费行为理论和需求层次理论提出了社会化电子商务环境下的商品推荐的框架模型；在方法研究层面，基于社会化电子商务中的用户关系与用户生成内容蕴含的用户兴趣偏好，提出基于用户偏好的商品推荐方法；在应用方面，分别对应社会化电子商务中不同类型的数据集，分析每种方法的应用前提、优缺点以及适用范围。本书的研究涉及用户需求建模、评论挖掘、信任度计算和基于本体标签语义规范化等多个理论模型和方法，但研究深度仍很欠缺，存在很多问题。

（1）用户需求数据获取不够全面

受限于数据的可获得性和可利用性以及考虑到数据的代表性，本书基于社会化电子商务特征分析所揭示的用户关系数据、兴趣标签、用户评论只是反映用户需求的、可供推荐使用的隐性评分数据的典型代表数据，并不是所有数据，也没有加入传统的显性评分数据。有些隐性评分数据能够反映用户需求但难以获得，如用户的交易数据；有些数量可以获得但受限于目前所掌握的处理技术，难以有效利用，如图片、视频等多媒体数据。而全面的用户需求数据不仅包括用户的行为数据还应该包含用户的基本信息以及用户所处的情境因素。用户需求数据越全面，推荐的效果会越好，如何尽量全面获取用户需求数据并将其综合合理利用到推荐系统中是需要进一步研究的内容。

（2）研究框架不尽完善

本书在研究框架的设计上主要基于马斯洛的需求层次理论将社会化电子商务用户需求归结为社交需求、尊重的需求和自我价值实现的需求，并结合社会化电子商务特征中这些需求的具体表现提出面向社会化电子商务环境的商品推荐框架模型。一方面，社会化电子商务是融合了社会化媒体与传统电子商务的新的商务模式，既体现出大众参与的媒体特征，又固守商务交易活动的本质，还产生出社交购物的独特个性。因此影响社会化电子商务用户需求的因素是多方面的，其推荐方法与传统推荐方法也有较大区别。而本书所提出的研究框架的完善性有待商榷。另一方面，事物的复杂性在于多因素的交织。社会化电子商务中影响用户需求的因素也是相互关联的，而由于个人能力水平的局限性，尚未能对多因素需求进行整合或提出能够同时考虑多种需求信息的新的推荐方法。

（3）提出的推荐方法有待深入

本书提出的三种推荐方法都是针对社会化电子商务用户需求的某一方面的具体表现，提出的相应方法，虽然在现有的方法上有所改进，但有些固有的问题还是悬而未决，仍有深入的研究空间。基于标签的推荐中，虽然引入本体来规范标签语义和对用户分类，并综合频率权重和时间权重突出标签表达用户偏好的逼真性，但本体构建本身是一个难题，影响兴趣标签的因素也有待扩展；基于评论挖掘的推荐中，虽然挖掘出评论中反映的用户对产品的满意度，并将其作为用户偏好产生推荐，但满意度与用户兴趣偏好之间的关系有待进一步研究；基于信任关系的推荐中，虽然提炼出用户之间隐性信任的参数，并基于此计算用户之间的直接信任度值，进而进行路径扩展计算用户的间接信任度值，但信任网络结构复杂，路径选择涉及多因素，导致间接信任计算的复杂度高，如何简化计算又可以保证准确的信任度值，值得深入研究。

（4）实证研究有待改进

考虑到数据权限、方法比较的方便和时间紧迫性，在本书的实验中只选取不同社会化电子商务网站的三个数据集，而并未对各个社会化电子商务网站上的数据进行搜集，数据量也有限，虽然实验结果取得了预期效果，但实验过程比较粗糙，基于该方法在其他数据集上的有效性有待进一步验证；实验中所用到的评测指标较为单一，没有进行多指标的数据验证；此外是否在存在更好的评测指标也是一个有待研究的问题。

总之，本书的研究不尽完善，仍有许多纰漏和疏忽之处，对于上述问题的研究仍有待继续深入。

8.3 展　望

上述章节中总结了本书的研究工作及不足，也由此引出了后续的研究重点和方向。鉴于此，后续工作由以下方面展开：

（1）对以上不足的改进

为了更科学完善本书的研究工作，后续过程中我们将全面分析并收集反映用户需求的数据，合理构建用户需求模型，为更准确的商品推荐奠定坚实基础；进一步完善面向社会化电子商务的商品推荐框架；继续改进每个推荐方法，包括影响因素的设置、参数的设定以及算法优化等；在权限允许的范围内搜集更多研究数据集，并进行数据集上的实验验证，探索新的可行测评标准，以支持完善框架的重新设计，取得更科学的研究成果。

（2）基于大数据技术的商品推荐研究

社会化电子商务中反映用户需求的数据，包括每一个用户的基本信息、购买行为数据、用户关系和生产内容数据以及影响变化的情境数据，体量大、多源、异构且更新快，完全具备大数据的特征。因此，需要应用大数据处理技术（如 Hadoop Map/Reduce、NoSQL）来分块存储和分布式计算这些复杂数据，以获得全面的用户需求数据，从而提供更加实时、准确的推荐。

（3）融合情境因素的用户需求预测与商品推荐研究

时间、空间、事件、环境等因素对用户需求变化的影响越来越引起研究者的重视，这些复杂的外部影响因素统称为情境。现实生活中，人们所处的情境时刻改变着人们的需求和行为。如由于旅游目的地发生地震，人们会临时取消出行；由于会议取消，预订的会场用品不得不退回，等等。因此，为了提高商品推荐的用户满意度，不得不考虑情境因素的影响。考虑情境因素可以帮我们更准确预测用户需求，目前考虑最多的是时空情境对用户需求的影响，如根据人们所处的地理位置推荐最近的服务；根据季节或年龄的变化，给妈妈们推荐儿童用品等。社会化电子商务环境下，综合多种情境因素来预测用户需求并产生商品推荐是未来的一个研究方向。

参 考 文 献

［1］Amblee N. , Bui T. Harnessing the influence of social proof in on-line shopping: The effect of electronic word of mouth on sales of digital micro-products ［J］. International Journal of Electronic Commerce, 2011, 16 （2）: 91 –114.

［2］A Moreno, A Valls, S Martínez, et al. Personalised recommenda-tions based on novel semantic similarity and clustering procedures ［J］. Ai Communications, 2015, 28: 127 – 142.

［3］Aristotle. "Organon", in The Works of Aristotle translated into Eng-lish under the editorship of W. D. Ross, Vol. 1, Oxford, 1928.

［4］Au Yeung C. M. , Gibbins N. , Shadbolt N. A Study of User Profile Generation from Folksonomies ［EB/OL］. ［2008 – 04 – 25］. http: //citese-erx. ist. psu. edu/viewdoc/download? doi = 10. 1. 1. 142. 8329&rep = rep1& type = pdf.

［5］Brickley D. , Miller L. FOAF Vocabulary Specification 0. 97. EP, 2010, 23 （3）: 21 –30.

［6］Chen C. , Hou C. , Nie P. , et al. Personalized Recommendation of Item Category Using Ranking on Time – Aware Graphs ［J］. Ieice Trans. inf. & Syst, 2015, 98 （4）: 948 –954.

［7］Cheng Y. , Qiu G. , Bu J. J. , et al. Model Bloggers' Interests Basedon Forgetting Mechanism ［C］. In: Proceedings of the 17th International Conference on World Wide Web. New York: ACM Press, 2008: 1129 –1130.

［8］ Chung – Wei Hang, Yonghong Wang and Munindar P Singh. Operators for propagating trust and their evaluation in social networks ［C］. Proceedings of The 8th International Conference on Autonomous Agents and Multiagent Systems – Volume 2, 2009: 1025 – 1032.

［9］ Colombo – Mendoza L. O. , Rafael Valencia – García, Giner Alor – Hernández, et al. RecomMetz: A context-aware knowledge-based mobile recommender system for movie showtimes ［J］. Expert Systems with Applications, 2015, 42: 1202 – 1222.

［10］ Corallo A. , Lorenzo G. , Solazzo G. A Semantic Recommender Engine Enabling an eTourism Scenario ［J］. Lecture Notes in Computer Science, 2006: 1092 – 1101.

［11］ D Wu, G Zhang, J Lu. A Fuzzy Preference Tree – Based Recommender System for Personalized Business-to – Business E – Services ［J］. IEEE Transactions on Fuzzy Systems, 2015, 23: 29 – 43.

［12］ Deng W. Y. , Zheng Q. H. , Lian S. , et al. Adaptive personalized recommendation based on adaptive learning ［J］. Neurocomputing, 2011, 74 (11): 1848 – 1858.

［13］ Deshpande, M; Karypis, G. Item-based top – N recommendation algorithms ［J］. Acm Transactions on Information Systems, 2004, 22 (1): 143 – 177.

［14］ E Rojsattarat, N Soonthornphisaj. Hybrid Recommendation: Combining Content – Based Prediction and Collaborative Filtering ［J］. Springer Berlin Heidelberg, 2003, 2690: 337 – 344.

［15］ Eirinaki M. , Louta, M. D. , Varlamis I. A Trust – Aware System for Personalized User Recommendations in Social Networks ［J］. Systems Man & Cybernetics Systems IEEE Transactions on, 2014, 44 (4): 409 – 421.

［16］ Feng H. , Qian X. Mining user-contributed photos for personalized product recommendation ［J］. Neurocomputing, 2014, 129 (4): 409 –

420.

[17] Formoso V. , Fernández D. , Cacheda F. , et al. Using profile expansion techniques to alleviate the new user problem [J]. Information Processing & Management, 2013, 49 (3): 659 – 672.

[18] Gambetta D. Can we trust trust [J]. Trust: Making and breaking cooperative relations, 2000: 213 – 237.

[19] Gan M. , Jiang R. Improving accuracy and diversity of personalized recommendation through power law adjustments of user similarities [J]. Decision Support Systems, 2013, 55: 811 – 821.

[20] Gans G. , Jarke M. , Kethers S. , et al. Modeling the impact of trustand distrust in agent networks [C]. Proceedings of the Third International-Bi – Conference Workshop on Agent-oriented Information Systems, Montreal, Canada, 2001.

[21] Gauch, S. , Speretta, M. , Chandramouli, A. , and Micarelli, A. User profiles for personalized information access [C]. In: Brusilovsky, P. , Kobsa, A. and Neidl, W. (eds.): The Adaptive Web: Methods and Strategies of Web Personalization. Springer, Berlin, 2007.

[22] Gemmell J. , et al. Personalizing navigation in folk-sonomies using hierarchical tag clustering [C]//Proceedings of the DaWaK 2008. LNCS 5182, 2008: 196 – 205.

[23] Geng B. , Li L. , Jiao L. , et al. NNIA – RS: A multi-objective optimization based recommender system [J]. Physica A Statistical Mechanics & Its Applications, 2015, 424: 383 – 397.

[24] Gilbert E. , Karahalios K. Predicting tie strength with social media. In: Proc. of the SIGCHI Conf. on Human Factors in Computing Systems. New York: ACM Press, 2009. 211 – 220.

[25] Goh, K. Y. , Heng, C. S. , Lin, Z. Social Media Brand Community and Consumer Behavior: Quantifying the Relative Impact of User-and

Marketer – Generated Content [J]. Information Systems Research, 2013, 24 (1): 88 – 107.

[26] Golbeck, J. Computing and applying trust in Web-based social networks [D]. University of Maryland, College Park, 2005.

[27] Golbeck J. , Hendler J. Inferring Binary Trust Relationships in Web – Based Social Networks [J]. ACM Transactions on Internet Technology (TOIT), 2006, 6 (4): 497 – 529.

[28] Golbeck J. Computing and Applying Trust in Web-based Social Networks [C]. PhD. thesis, University of Marland at College Park, 2005: 695 – 701.

[29] Golder S. A. , Huberman B. A. Usage patterns of collaborative tagging systems [J]. Journal of information science, 2006, 32 (2): 198 – 208.

[30] Granovetter M. The strength of weak ties. American Journal of Sociology, 1973, 78 (6): 1360 – 1380.

[31] Gu Y. , Yang Z. , Kitsuregawa M. Towards effective recommendation in asocial annotation systemthrough group extraction [EB/OL]. [2011 – 12 – 1]. http://db-event.jpn.org/deim2011/proceedings/pdf/f96.pdf.

[32] Gu, B. , Park, J. , Konana, P. The Impact of External Word-of-Mouth Sources on Retailer Sales of High-Involvement Products [J]. Information Systems Research, 2012, 23 (1): 182 – 196.

[33] Guha R. , Kumar R. , Raghavan P. , et al. Propagation of trust and distrust [C]//International Conference on World Wide Web. ACM, 2004: 403 – 412.

[34] Guha R. , Kumar R. , Raghavan P. , et al. Propagation of trust anddistrust [C]. Proceedings of the 13th Annual International World Wide Web Conference, New York, 2004.

[35] Guo G. , Zhang J. , Yorke-smith N. Leveraging multiviews of trust

and similarity to enhance clustering-based recommender systems ［J］. Knowl-edge Based Systems, 2015 （9）: 14 – 27.

［36］ Guo L. , Ma J. , Chen Z. , et al. Learning to recommend with so-cial contextual information from implicit feedback ［J］. Soft Computing, 2014, 19 （5）: 1351 – 1362.

［37］ Haitao Zoua, Zhiguo Gonga, Nan Zhangb, et al. TrustRank: a Cold – Start tolerant recommender system ［J］. Enterprise Information Systems, 2015, 2 （9）: 117 – 138.

［38］ Han J. , Lee H. Adaptive landmark recommendations for travel planning: Personalizing and clustering landmarks using geo-tagged social media ［J］. Pervasive & Mobile Computing, 2015: 4 – 17.

［39］ Hawalah A. , Fasli M. Dynamic user profiles for web personalisa-tion ［J］. Expert Systems with Applications, 2015, 42: 2547 – 2569.

［40］ Hawalah A. , Fasli M. Utilizing contextual ontological user profiles for personalized recommendations ［J］. Expert Systems with Applications, 2014, 41 （10）: 4777 – 4797.

［41］ HD Zhong, S Zhang, Y Wang, Y Shu. Study on Directed Trust Graph Based Recommendation for E – commerce System ［J］. International Jour-nal of Computers Communications & Control, 2014, 9 （4）: 510 – 523.

［42］ He, Yue, and J. Tan. "Study on SINA micro-blog personalized recommendation based on semantic network. " Expert Systems with Applica-tions, 2015 （42）: 4797 – 4804.

［43］ Hemalatha Chandrashekhar, Bharat Bhasker. Personalized Recom-mender System Using Entropy Based Collaborative Filtering Technique ［J］. Journal of Electronic Commerce Research, 2011, 12 （3）: 214 – 237.

［44］ Holland S. , Ester M. Preference Mining: A Novel Approach on Mining User Preferences for Personalized Applications ［J］. Lecture Notes in Computer Science, 2003, 2838: 204 – 216.

［45］ Hong W. , Li L. , Li T. Product recommendation with temporal dynamics ［J］. Expert Systems with Applications, 2012, 39 (16): 12398 – 12406.

［46］ Hong W. , Li L. , Li T. Product recommendation with temporal dynamics ［J］. Expert Systems with Applications, 2012, 39 (16): 12398 – 12406.

［47］ Hopfgartner F. , Jose J. M. Semantic user profiling techniques for personalised multimedia recommendation ［J］. Multimedia Systems, 2010, 16.

［48］ Hsu C. N. , Chung H. H. , Huang H. S. Mining Skewed and Sparse Transaction Data for Personalized Shopping Recommendation ［J］. Machine Learning, 2004, 57 (1 – 2): 35 – 59.

［49］ Leandro Balby Marinho, Lars Schmidt – Thieme. Collaborative Tag Recommendations ［EB/OL］. ［2009 – 5 – 25］. http: //www. springerlink. com/index/m5688r6761448612. pdf.

［50］ Hotho A. , Jäschke R. , Schmitz C. , et al. FolkRank: A Ranking Algorithm for Folksonomies ［C］//Lwa 2006: Lernen – Wissensentdeckung – Adaptivität, Hildesheim, October – 2006, Joint Workshop Event of Several Interest Groups of the German Society for Informatics, 2006: 111 – 114.

［51］ Hu J. , Wang B. , Liu Y. , et al. Personalized Tag Recommendation Using Social Influence ［J］. Journal of Computer Science & Technology, 2012, 27 (3): 527 – 540.

［52］ Hu M. , Liu B. Mining and summarizing customer reviews ［C］// Tenth ACM Sigkdd International Conference on Knowledge Discovery & Data Mining. ACM, 2004: 168 – 177.

［53］ Huang C. L. , Yeh P. H. , Lin C. W. , et al. Utilizing user tag-based interests in recommender systems for social resource sharing websites ［J］. Knowledge – Based Systems, 2014, 56: 86 – 96.

［54］ Huang J. , Qi J. , Xu Y. , et al. A privacy-enhancing model for location-based personalized recommendations ［J］. Distributed & Parallel Databases, 2014, 33 (2): 253 – 276.

［55］ Hussein W. , Ismail R. M. , Gharib T. F. , et al. A Personalized Recommender System Based on a Hybrid Model ［J］. Journal of Universal Computerence, 2013, 19 (15): 2224 – 2240.

［56］ IBM. Black Friday report 2012: IBM digital analytics benchmark ［EB/OL］. ［2013 – 07 – 13］. http: //www – 01. ibm. com/software/marketing-solutions/benchmarkreports/benchmark – 2012 – blackfriday. pdf.

［57］ J Lu, Q Shambour, Y Xu, QL and, G Zhang. A Web – Based Personalized Business Partner Recommendation System Using Fuzzy Semantic Techniques ［J］. Computational Intelligence, 2013, 29: 37 – 69.

［58］ J. Golbeck, Computer science – Weaving a Web of trust ［J］. Science, 2008, 9 (321): 1640 – 1641.

［59］ J. S Golbeck. Computing and applying trust in web-based social networks ［J］. PhD. thesis, University of Maryland, 2005.

［60］ J. Weng and C. Miao. Improving Collaborative Filtering with Trust-based Metrics ［C］. Dijon: Proceedings of the 2006 ACM symposium on Applied Coputing, 2006: 1860 – 1864.

［61］ Jamali M. , Ester M. Trust Walker: a Random Walk Model for Combining Trust – Based and Item – Based Recommendation ［C］. Proceedings of the 15th ACM SIGKDD International Conference on Knowledge Discovery and Data Mining. ACM. 2009: 397 – 406.

［62］ Jesse Vig, Shilad Sen, John Riedl. Tagsplanations: Explaining Recommendations using Tags ［J］. Group Lens Research, 2010, 1 – 3.

［63］ Ji A. T. , Yeon C. , Kim H. , et al. Collaborative tagging in recommender systems ［C］//Proceedings of the 20th Australian Joint Conference on Artificial Intelligence. Berlin: Springer – Verlag, 2007: 377 – 386.

[64] Jiang S. , Qian X. , Shen J. , et al. Author Topic Model – Based Collaborative Filtering for Personalized POI Recommendations [J]. Multimedia IEEE Transactions on, 2015, 17: 907 – 918.

[65] Jiang Y. , Shang J. , Liu Y. Maximizing customer satisfaction through an online recommendation system: A novel associative classification model [J]. Decision Support Systems, 2010, 48 (3): 470 – 479.

[66] Josang A. , Ismail R. , Boyd C. A survey of trust and reputation systems for online service provision [J]. Deci sion support systems, 2007, 43 (2): 618 – 644.

[67] Junzhong Ji, Chunnian Liu, Zhiqiang Sha, et al. Personalized Recommendation Based On A Multilevel Customer Model [J]. International Journal of Pattern Recognition & Artificial Intelligence, 2011, 19 (7): 895 – 916.

[68] Kang H. , Yoo S. J. SVM and Collaborative Filtering – Based Prediction of User Preference for Digital Fashion Recommendation Systems [J]. Ieice Transactions on Information & Systems, 2007, 90 (12): 2100 – 2103.

[69] Kano N. , Seraku N. , Takahashi F. , et al. Attractive Quality and Must – Be Quality [J]. Journal of the Japanese Society for Quality Control, 1984, 14 (2): 147 – 156.

[70] Kano N. , et al. Attractive quality and must-be quality [J]. The Journal of Japanese Society for Quality Control, 1984, 14 (2): 39 – 48.

[71] Kim S. , Park H. Effects of various characteristics of social commerce (s-commerce) on consumers' trust and trust performance [J]. International Journal of Information Management, 2012, 33 (2): 318 – 332.

[72] K. Y. Jung. User Preference Through Bayesian Categorization for Recommendation [J]. Springer Berlin Heidelberg, 2006, 4099: 112 – 119.

[73] Lai L. Social commerce to e-commerce in social media context

［C］//Proceeding of World Academy of Science, Engineering and Technology. Paris: Republic of Engineering and Technology, 2010: 39 – 44.

［74］Le H. S. HU – FCF + +: A novel hybrid method for the new user cold-start problem in recommender systems ［J］. Engineering Applications of Artificial Intelligence, 2015, 41: 207 – 222.

［75］Lee C. S., Chang Y. C., Wang M. H. Ontological recommendation multi-agent for Tainan City travel ［J］. Expert Systems with Applications, 2009, 36（3）: 6740 – 6753.

［76］Lee S., Choi K., Suh Y. A personalized trustworthy seller recommendation in an open market ［J］. Expert Systems with Applications, 2013, 40（4）: 1352 – 1357.

［77］Lee, S. H., DeWester, D., and Park, S. R. Web 2.0 and opportunities for small business ［J］. Service Business, 2008: 335 – 345.

［78］Li D., Xu Z., Xua Z., et al. Item recommendation in social taggingsystems using tag network ［J］. Journal of Information and ComputationalScience, 2013, 10（13）: 4057 – 4066.

［79］Li Y. M., Wu C. T., Lai C. Y. A social recommender mechanism for e-commerce: Combining similarity, trust, and relationship ［J］. Decision Support Systems, 2013, 55（3）: 740 – 752.

［80］Liang T. P., Turban E. Introduction to the Special Issue Social Commerce: A Research Framework for Social Commerce ［J］. International Journal of Electronic Commerce, 2011, 16（2）: 5 – 14.

［81］Liu B., Hsu W., Ma Y. Integrating Classification and Association Rule Mining ［J］. Proc of Kdd, 1998: 80 – 86.

［82］Liu H., He J., Wang T., et al. Combining user preferences and user opinions for accurate recommendation ［J］. Electronic Commerce Research & Applications, 2013, 12（1）: 14 – 23.

［83］Liu H., Hu Z., Mian A., et al. A new user similarity model to improve the accuracy of collaborative filtering [J]. Knowledge – Based Systems, 2014, 56 (3): 156 – 166.

[84] Liu K. , Fang B. , Zhang W. Exploring Social Relations for Personalized Tag Recommendation in Social Tagging Systems [J]. Ieice Transactions on Information & Systems, 2011, 94 – d (3): 542 – 551.

[85] Liu Y. , Huang X. , An A. Personalized recommendation with adaptive mixture of markov models [J]. Journal of the American Society for Information Science & Technology, 2007, 58 (12): 1851 – 1870.

[86] Ma H. , King I. , Lyu M. R. Learning to recommend with social trust ensemble [C]//Proceedings of the 32nd international ACM SIGIR conference on Research and development in information retrieval. ACM, 2009: 203 – 210.

[87] Majid A. , Chen L. , Chen G. , et al. A context-aware personalized travel recommendation system based on geotagged social media data mining [J]. International Journal of Geographical Information Science, 2012, 27 (4): 662 – 684.

[88] Marsden, P. The 6 Dimensions of Social Commerce: Rated and Reviewed [EB/OL]. [2009 – 12 – 22] http: //socialcommercetoday. com/the – 6 – dimensions-of-social-commerce-rated-and-reviewed.

[89] Marsh S. Formalisingtrust as a computational concept [D]. Srirling. Scotland, UK: University of Stirling, 1994.

[90] Martinez – Cruz C. , Porcel C. , J. Bernabé – Moreno, et al. A model to represent users trust in recommender systems using ontologies and fuzzy linguistic modeling [J]. Information Sciences, 2015, 311: 102 – 118.

[91] Martín – Vicente M. I. , Gil – Solla A. , Ramos – Cabrer M. , et al. Semantic inference of user's reputation and expertise to improve collaborative recommendations [J]. Expert Systems with Applications, 2012, 39 (9): 8248 – 8258.

［92］ Massa P. , Avesani P. Trust-aware Recommender Systems ［C］// In Proc. of Conference on Recommender Systems. 2007: 17 - 24.

［93］ Massa P. , Avesani P. Trust-aware collaborative filtering for recom-mender systems ［C］. Proc. of the Federated International Conference On the Move to Meaningful Internet, 2004: 492 - 508.

［94］ Massa P. , Bhattacharjee B. Using Trust in Recommedation Sys-tems: an Experimental Analysis ［M］. In Proc. of the Trust. Oxford, Spring-er, 2005, 2995 (5): 221 - 235.

［95］ Matthew Peneycad. Unignorable Stats About How Social Media In-fluences Purchase Behaviour ［EB/OL］. ［2013 - 07 - 13］. http: //www. In boundjournals. com5-stats-about-how-social-media-influences-purchase-behaviour/.

［96］ Memon I. , Chen L. , Majid A. , et al. Travel Recommendation Using Geo-tagged Photos in Social Media for Tourist ［J］. Wireless Personal Communications, 2015, 80 (4): 1347 - 1362.

［97］ Meng S. , Dou W. , Zhang X. , et al. KASR: A Keyword - Aware Service Recommendation Method on MapReduce for Big Data Applica-tions ［J］. IEEE Transactions on Parallel & Distributed Systems, 2014, 25 (12): 3221 - 3231.

［98］ Meyffret S. , Dini L. , Laforest, Fr&#. Trust - Based Local and Social Recommendation ［C］//Proceedings of the 4th ACM RecSys workshop on Recommender systems and the social web. ACM, 2012: 53 - 60.

［99］ Miao C. , Yang Q. , Fang H. , et al. A cognitive approach for agent-based personalized recommendation ［J］. Knowledge - Based Systems, 2007, 20 (4): 397 - 405.

［100］ Michlmayr E. , Cayzer S. Learning user profiles from tag-ging da-ta and leveraging them for personal (ized) informationaccess ［C］//Proceed-ings of the 16th International World Wide Web Conference on Tagging and Metadata for Social Infor-mation Organization. Eigenverlag, 2007.

［101］Mingxin G. Walking on a user similarity network towards personalized recommendations ［J］. Plos One, 2014, 9: e114662 - e114662.

［102］Mishra R. , Kumar P. , Bhasker B. A web recommendation system considering sequential information ［J］. Decision Support Systems, 2015, 75: 1 - 10.

［103］Moradi P. , Ahmadian S. , Akhlaghian F. An effective trust-based recommendation method using a novel graph clustering algorithm ［J］. Physica A Statistical Mechanics & Its Applications, 2015: 462 - 481.

［104］Mudambi, S. M. , Schuff, D. What Makes a Helpfiil Online Review? A Study of Customer Reviews on Amazon. Com ［J］. MIS Quarterly, 2010, 34 (1): 185 - 200.

［105］Mui L. , Mohtashemi M. , Halberstadt A. A Computational Model of Trust and Reputation for E - businesses ［C］. In: Proceedings of the 35th Annual Hawaii International Conference on System Sciences, 2002: 188 - 196.

［106］Nakamoto R. , et al. Tag-based contextual collaborative filte-ring ［J］. IAENG International Journal of Computer Science, 2007, 34 (2): 214 - 219.

［107］Niwa S. , Doi T. , Honiden S. Web page recommender sys-tem based on folksonomy mining ［C］//Proceedings of the 3rd International Conference on Information Technology. New Generations, ITNG, 2006: 388 - 393.

［108］Olbrich R. , Holsing C. Modeling consumer purchasing behavior in social shopping communities with clickstream data ［J］. International Journal of Electronic Commerce, 2011, 16 (2): 15 - 40.

［109］Paolo Massa, Paolo Avesani. Trust-aware Collaborative Filtering for Recommender Systems ［C］. Heidelberg: In Proc. of the International Conference on Cooperative Information Systems Springer Berlin, 2004: 492 - 508.

[110] Park, D. - H., Lee, J. Han, I. The Effect of on-line Consumer Reviews on Consumer Purchasing Intention: The Moderating Role of Involvement [J]. International Journal of Electronic Commerce, 2007, 11 (4): 125 - 148.

[111] Patra B. K., Launonen R., Ollikainen V., et al. A new similarity measure using Bhattacharyya coefficient for collaborative filtering in sparse data [J]. Knowledge - Based Systems, 2015, 82: 163 - 177.

[112] Pitsilis G., Wang W. Harnessing the power of social bookmarking for improving tag-based recommendations [J]. Computers in Human Behavior, 2015: 239 - 251.

[113] Popescu A. M., Etzioni O. Extracting Product Features and Opinions from Reviews [M]//Natural Language Processing and Text Mining. Springer London, 2007: 9 - 28.

[114] Rafailidis D., Daras P. The TFC Model: Tensor Factorization and Tag Clustering for Item Recommendation in Social Tagging Systems [J]. IEEET Ransactions on Systems, Man, and Cybernetics: System, 2013 (3): 673 - 688.

[115] Ramanathan K., Giraudi J., Gupta A. Creating Hierarchical User Profiles Using Wikipedia [EB/OL]. [2008 - 10 - 06]. http://www. Hpl. hp. com/techreports/2008/HPL - 2008 - 127. pdf.

[116] Robles V., Larranaga P., Menasalvas E., et al. Improvement of naive Bayes collaborative filtering using interval estimation [C]//Web Intelligence, 2003. WI 2003. Proceedings. IEEE/WIC International Conference on IEEE, 2003: 168 - 174.

[117] Rotter J. B. A new scale for the measurement of interpersonal trust [J]. Journal of personality, 1967, 35 (4): 651 - 665.

[118] Sabel C. F. Studied trust: building new forms of cooperation in a volatile economy [J]. Human relations, 1993, 46 (9): 1133 - 1170.

[119] Sahoo N. , Singh P. V. , Mukhopadhyay T. A Hidden Markov Model for Collaborative Filtering [J]. Mis Quarterly, 2010, 36 (4): 1329 – 1356.

[120] Said A. , Lucus W. D. , Albayrak S. How social relationships affect user similarities [C]. Proceedings of the 4th International Workshop on Modeling Social Media, 2010: 1 – 4.

[121] Sanghyun K. , Hyunsun P. Effects of various characteristics of social commerce on consumers'trust and trust performance [J]. International Journal of Information Management, 2013, 33: 318 – 332.

[122] Schmitz C. , et al. Mining association rules in folksonomies [C]//Proceedings of the IFCS2006 Conference. Berlin: Springer – Verlag, 2006: 261 – 270.

[123] Shambour Q. , Lu J. A hybrid trust-enhanced collaborative filtering recommendation approach for personalized government-to-business e-services [J]. International Journal of Intelligent Systems, 2011, 26 (9): 814 – 843.

[124] Shambour Q. , Xu Y. , Zhang G. , et al. Biz Seeker: A hybrid semantic recommendation system for personalized government-to-business e-services [J]. Internet Research, 2010, 20 (3): 342 – 365.

[125] Shang M. S. , Zhang Z. K. , Zhou T. , et al. Collaborative filtering with diffusion-based similarity on tripartite graphs [J]. Physica A Statistical Mechanics & Its Applications, 2010, 389 (6): 1259 – 1264.

[126] Shi, Lin Lin, Feiyu Yang, Tianchu Qi, Jun Ma, Wei Xu, Shoukun. Context-based Ontology-driven Recommendation Strategies for Tourism in Ubiquitous Computing [J]. Wireless Personal Communications, 2014, 76: 731 – 745.

[127] Stephen A. T. , Toubia O. Deriving value from social commerce networks [J]. Journal of Marketing Research, 2010, 47 (2), 215 – 228.

［128］Stephen A. T. , Toubia O. Explaining the power-law degree distribution in a social commerce networkf ［J］. Social Networks, 2009, 31 (4): 262 – 270.

［129］Sun J. , Wang G. , Cheng X. , et al. Mining affective text to improve social media item recommendation ［J］. Information Processing & Management, 2015, 51: 444 – 457.

［130］Tang X. , Zhou J. Dynamic Personalized Recommendation on Sparse Data ［J］. Knowledge & Data Engineering IEEE Transactions on, 2013, 25 (12): 2895 – 2899.

［131］Tian L. F. , Cheung K. W. Learning User Similarity and Rating Style for Collaborative Recommendation ［J］. Information Retrieval, 2004, 7 (3): 135 – 145.

［132］Tong Q. L. , Park Y. , Park Y. T. A time-based approach to effective recommender systems using implicit feedback ［J］. Expert Systems with Applications, 2008, 34 (4): 3055 – 3062.

［133］Vashisth P. B. P. Argumentation-enabled interest-based personalised recommender system ［J］. Journal of Experimental & Theoretical Artificial Intelligence, 2014, 27: 1 – 28.

［134］Wang Wei, Zhang Guangquan, Lu Jie. Collaborative Filtering with Entropy – Driven User Similarity in Recommender Systems ［J］. International Journal of Intelligent Systems, 2015, 30: 854 – 870.

［135］Wang. Applying HOSVD to Alleviate the Sparsity Problem in Context-aware Recommender Systems ［J］. 电子学报: 英文版, 2013, 22 (4): 773 – 778.

［136］Weijun Wang, Lin Li. Research on Social Commerce in Web 2. 0 environment. In E – Business and E – Government (ICEE). Wuhan, China. Department of Information Management Hua Zhong Normal University, 2011.

［137］X Qian, H Feng, G Zhao, T Mei. Personalized Recommendation

Combining User Interest and Social Circle [J]. Knowledge & Data Engineering IEEE Transactions on, 2014, 26 (7): 1763 – 1777.

[138] Xia H. , Fang B. , Gao M. , et al. A novel item anomaly detection approach against shilling attacks in collaborative recommendation systems using the dynamic time interval segmentation technique [J]. Information Sciences, 2015, 306: 150 – 165.

[139] Xiang R. , Neville J. , Rogati M. Modeling relationship strength in online social networks. In: Proc. of the 19th Int'l Conf. on World Wide Web. New York: ACM Press, 2010. 981 – 990.

[140] Xie Shengjun. A collaborative filtering recommendational gorithmim proved by trus tworthiness [J]. International Journal of Future Generation Communication and Networking, 2014, 7 (2): 35 – 46.

[141] Y Feng, H Li, Z Chen. Improving Recommendation Accuracy and Diversity via Multiple Social Factors and Social Circles [J]. International Journal of Web Services Research, 2014, 11: 32 – 46.

[142] Yang Jie, Chen En-hong. The detection of user interest model in recommendation system [EB/OL]. [2014 – 09 – 14]. http: ///www. paper. edu. cn, 2014.

[143] Yang, Haiqin, Ling, Guang, Su, Yuxin, et al. Boosting Response Aware Model – Based Collaborative Filtering [J]. IEEE Transactions on Knowledge & Data Engineering, 2012, 27: 1 – 11.

[144] Yeung, Gibbins, Shadbolt. A study of user profile generation from folksonomies. In Proceedings of the WWW 2008 Workshop on Social Web and Knowledge Management, 2008: 356.

[145] Yin H. , Cui B. , Chen L. , et al. Modeling Location – Based User Rating Profiles for Personalized Recommendation [J]. ACM Transactions on Knowledge Discovery from Data, 2015, 9: 1 – 41.

[146] Yuan Quan, Chen Li, Zhao Shi-wen. Factorization vs. regulari-

zation: fusing heterogeneous social relationships in top – N recommendation [C]. Proceedings of the 5th ACM Conference on Recommender Systems, 2011: 245 – 252.

[147] Zarghami A. , Fazeli S. , Dokoohaki N. , Matskin M. Social trust-aware recommendation system: A t-index approach. In: Proc. of the 2009 IEEE/WIC/ACM Int'l Joint Conf. on Web Intelligence and Intelligent Agent Technology, Vol. 3. Washington: IEEE Computer Society, 2009. 85 – 90.

[148] Zenebe A. , Zhou L. , Norcio A. F. User preferences discovery using fuzzy models [J]. Fuzzy Sets & Systems, 2010, 161 (23): 3044 – 3063.

[149] Zhang Fu-guo. Research on trust based collaborative filtering algorithmfor user's multiple interests [J]. Journal of Chinese Computer Systems, 2008, 29 (8): 1415 – 1419.

[150] Zhang J. , Peng Q. , Sun S. , et al. Collaborative filtering recommendation algorithm based on user preference derived from item domain features [J]. Physica A Statistical Mechanics & Its Applications, 2014, 396 (2): 66 – 76.

[151] Zhang Y. , Jiang – Qin W. U. , Zhuang Y. T. Random walk models for top – N recommendation task [J]. Journal of Zhejiang University SCIENCE A, 2009, 10 (7): 927 – 936.

[152] Zhang Y. , Feng B. Tag-based User Modeling Using Formal Concept Analysis [C]. In: Proceedings of the 8th IEEE International Conference on Computer and Information Technology. Sydney: IEEE, 2008: 485 – 490.

[153] Zhang Z. , Liu H. Social recommendation model combining trust propagation and sequential behaviors [J]. Applied Intelligence, 2015, 43 (3): 695 – 706.

[154] Zhang Z. , Zhou T. , Zhang Y. Personalized recommendation viaintegrated diffusion on user-item-tag tripartite graphs [J]. Physica A: Statis-

tical Mechanics and its Applications, 2010, 389 (1): 179 – 186.

[155] Zhao Shiwan, Du Nan, Nauerz A., et al. Improved rec-ommen-dation based on collaborative tagging behaviors [C]//Proceedings of the International Conference on Intelligent User Interfaces. New Mexico: ACM Press, 2008: 413 – 416.

[156] Zhao W., Guan Z., Liu Z. Ranking on heterogeneous manifolds for tag recommendation in social tagging services [J]. Neurocomputing, 2015: 521 – 534.

[157] Zheng N., Li Q. A recommender system based on tag and time information for social tagging systems [J]. Expert Systems with Applications, 2011, 38 (4): 4575 – 4587.

[158] Zhong J., Li X. Unified collaborative filtering model based on combination of latent features [J]. Expert Systems with Applications, 2010, 37 (8): 5666 – 5672.

[159] Zhou X., He J., Huang G., et al. SVD – based incremental approaches for recommender systems [J]. Journal of Computer & System Sciences, 2015, 81 (4): 717 – 733.

[160] Zhu H., Chen E., Xiong H., et al. Mining Mobile User Preferences for Personalized Context – Aware Recommendation [J]. ACM Transactions on Intelligent Systems & Technology, 2014, 5 (4): 1 – 27.

[161] Zou B., Li C., Tan L., et al. Gputensor: Efficient tensor factorization for context-aware recommendations [J]. Information Sciences, 2015, 299: 159 – 177.

[162] 艾丹祥, 左晖, 杨君. 面向 C2C 电子商务平台的三维个性化推荐方法研究 [J]. 现代图书情报技术, 2013, 01: 36 – 42.

[163] 艾尔·强森. 跨位 [M]. 延边人民出版社, 2002: 1 – 6.

[164] 鲍玉斌, 王大玲, 于戈. 关联规则和聚类分析在个性化推荐中的应用 [J]. 东北大学学报, 2003, 12: 1149 – 1152.

[165] 蔡强，韩东梅，李海生，胡耀光，陈谊．基于标签和协同过滤的个性化资源推荐 [J]．计算机科学，2014，01：69-71．

[166] 蔡志文，林建宗．面向社会化电子商务的信任感知协同过滤推荐方法 [J]．计算机应用，2015，01：167-171．

[167] 曹高辉，毛进．基于协同标注的 B2C 电子商务个性化推荐系统研究 [J]．图书情报工作，2008，52（12）：126-128．

[168] 曾春，邢春晓，周立柱．个性化服务技术综述 [J]．软件学报，2002，13（10）：1952-1961．

[169] 曾子明，周红．知识网络社区中基于声誉的协同过滤推荐技术研究 [J]．情报理论与实践，2015，05：116-120．

[170] 陈冬玲，王大玲，于戈，于芳．基于 PLSA 方法的用户兴趣聚类 [J]．东北大学学报（自然科学版），2008，01：53-56．

[171] 陈洪涛，肖如良，倪友聪，杜欣，龚平，蔡声镇．融合推荐潜力的个性化趋势预测的混合推荐模型 [J]．计算机应用，2014，01：218-221．

[172] 陈平华，何婕，梁琼．一种综合 LBS 和社会网络标签的个性化推荐方法 [J]．计算机应用与软件，2015，06：83-86．

[173] 陈易思．面向社会化商务的第三方网站推荐效果评价研究 [D]．哈尔滨工业大学，2013．

[174] 仇学琴．论情感分享与饭店营销 [J]．思想战线（云南大学人文社会科学学报），2001（3）：42-441．

[175] 崔春生．电子商务推荐系统的理论与应用研究 [M]．经济科学出版社，2013，10：9-10．

[176] 崔大志，李媛．网络评论情感语料库的构建研究 [J]．中国社会科学院研究生院学报，2010，04：119-123．

[177] 戴维·刘易斯，达瑞恩·布里格．新消费者理念 [M]．机械工程出版社，2002．

[178] 邓双义．基于语义的标签推荐系统关键问题研究 [D]．华东

师范大学，2009.

[179] 邓晓懿，金淳，樋口良之，等．面向个性化推荐的快速关联规则挖掘算法 [J]．情报学报，2011，30（9）：963-972.

[180] 第35次中国互联网络发展状况统计报告 [EB/OL]．[2015-02-03]．http：//www．cnnic．net．cn/hlwfzyj/hlwxzbg/hlwtjbg/201502/t20150203_51634.htm.

[181] 丁绪武，吴忠，夏志杰．社会化电子商务用户兴趣图谱构建的研究 [J]．情报理论与实践，2015，03：90-94.

[182] 丁绪武．基于兴趣图谱的社会化电子商务社区发现研究 [D]．上海工程技术大学，2015.

[183] 丁振国，陈静．基于关联规则的个性化推荐系统 [J]．计算机集成制造系统——CIMS，2003，10：891-893.

[184] 窦羚源，王新华，孙克．融合标签特征和时间上下文的协同过滤推荐算法 [J]．小型微型计算机系统，2016，37（1）：48-52.

[185] 段建勇，魏晓亮，张梅，徐骥超．基于网络日志的用户兴趣模型构建 [J]．情报科学，2013，09：78-82.

[186] 段黎明，黄欢．QFD和Kano模型的集成方法及应用 [J]．重庆大学学报，2008，05：515-519.

[187] 菲利普·科特勒，凯文·莱恩·凯勒．王永贵，陈荣，何佳讯，等．译．营销管理：第14版 [M]．格致出版社，2012：151-177.

[188] 菲利普·科特勒，凯文·莱恩·凯勒．王永贵，陈荣，何佳讯，等．译．营销管理：第14版 [M]．格致出版社，2012：124-135.

[189] 傅敏．基于信任和不信任的协同过滤推荐模型研究 [D]．燕山大学，2012.

[190] 感谢Facebook向"六度分隔理论"说再见 [EB/OL]．[2011-11-23]．http：//article．yeeyan．org/view/Henrish/234464.

[191] 龚卫华，杨良怀，金蓉，丁维龙．基于主题的用户兴趣域算法 [J]．通信学报，2011，01：72-78.

[192] 顾亦然，陈敏．一种三部图网络中标签时间加权的推荐方法[J]．计算机科学，2012，08：96-98+129．

[193] 郭磊，马军，陈竹敏，姜浩然．一种结合推荐对象间关联关系的社会化推荐算法[J]．计算机学报，2014，01：219-228．

[194] 郭艳红，邓贵仕．协同过滤的一种个性化推荐算法研究[J]．计算机应用研究，2008，01：39-41+58．

[195] 何炎祥，刘续乐，陈强，等．社交网络用户兴趣挖掘研究[J]．小型微型计算机系统，2014（11）：2385-2389．

[196] 何友沁．基于信任的推荐方法及应用研究[D]．大连理工大学，2014．

[197] 贺桂和，曾奕棠．基于情境感知的电子商务平台个性化推荐模型研究[J]．情报理论与实践，2013，06：81-84．

[198] 扈维，张尧学，周悦芝．基于社会化标注的用户兴趣挖掘[J]．清华大学学报（自然科学版），2014，04：502-507．

[199] 扈中凯，郑小林，吴亚峰，等．基于用户评论挖掘的产品推荐算法[J]．浙江大学学报：工学版，2013（08）：1475-1485．

[200] 黄世平，黄晋，陈健，汤庸．自动建立信任的防攻击推荐算法研究[J]．电子学报，2013，02：382-387．

[201] 贾冬艳．基于多维信任模型的可信推荐方法研究[D]．燕山大学，2013．

[202] 江海洋．基于评论挖掘和用户偏好学习的评分预测协同过滤[J]．计算机应用研究，2010，12：4430-4432．

[203] 琚春华，鲍福光，刘中军，等．基于社会化评分和标签的个性化推荐方法[J]．情报学报，2014（12）：131-149．

[204] 琚春华，鲍福光，许翀寰．基于社会网络协同过滤的社会化电子商务推荐研究[J]．电信科学，2014，09：80-86．

[205] 琚潇．社会化电子商务的用户使用意向研究[D]．北京邮电大学，2012．

[206] 李慧，马小平，胡云，施珺．融合上下文信息的社会网络推荐系统 [J]．智能系统学报，2015，02：293 - 300.

[207] 李慧，张舒，顾天竺，陈晓红，吴颜．一种新颖的 CRE 用户评论信息抽取技术 [J]．计算机应用，2006，10：2509 - 2512.

[208] 李霞，李守伟．面向个性化推荐系统的二分网络协同过滤算法研究 [J]．计算机应用研究，2013，07：1946 - 1949.

[209] 李湛，吴江宁．基于用户行为特征分析的隐性信任协同过滤推荐方法 [J]．情报学报，2013，32 (5)：490 - 496.

[210] 林霜梅，汪更生，陈弈秋．个性化推荐系统中的用户建模及特征选择 [J]．计算机工程，2007，17：196 - 198.

[211] 刘畅，吴清烈．基于协同过滤的大规模定制个性化推荐方法 [J]．工业工程，2014，04：24 - 28.

[212] 刘红岩．社会计算：用户在线行为分析与挖掘 [M]．清华大学出版社，2014：129 - 131.

[213] 刘红岩．社会计算：用户在线行为分析与挖掘 [M]．清华大学出版社，2014：132 - 133.

[214] 刘晶，李妍，侯会茹．移动电子商务多源关联个性化推荐架构 [J]．情报理论与实践，2014，04：98 - 100.

[215] 刘世光．基于初始信任的协同过滤方法研究 [D]．燕山大学，2014.

[216] 刘英南．在线社会网络中基于动态信任的推荐机制研究 [D]．华东师范大学，2014.

[217] 卢泰宏，周懿瑾．消费者行为学（第二版）[M]．中国人民大学出版社，2015：226 - 233.

[218] 罗永泰，王丽英，卢政营．基于顾客需求的隐性营销模式及其适应性边界 [J]．当代经济科学，2004 (1)：44 - 46.

[219] 马春平，陈文亮．基于评论主题的个性化评分预测模型 [J]．北京大学学报（自然科学版），2015，5：1 - 6.

[220] 毛进, 易明, 操玉杰, 等. 一种基于用户标签网络的个性化推荐方法 [J]. 情报学报, 2012, 31 (1): 24 – 30.

[221] 孟庆良, 邹农基, 陈晓君, 倪自银. 基于 KANO 模型的客户隐性知识的显性化方法及应用 [J]. 管理评论, 2009, 12: 86 – 93.

[222] 那日萨, 刘影, 李媛. 消费者网络评论的情感模糊计算与产品推荐研究 [J]. 广西师范大学学报: 自然科学版, 2010, 28 (1): 143 – 146.

[223] 尼尔森. 全球消费者在线调查 [EB/OL]. [2009 – 07 – 20] http: //cn. nielsen. com/site/0720cn. shtml.

[224] 乔秀全, 杨春, 李晓峰, 等. 社交网络服务中一种基于用户上下文的信任度计算方法 [J]. 计算机学报, 2011, 34 (12): 2403 – 2413.

[225] 社会化电子商务 [EB/OL]. [2015 – 05 – 05]. http: //baike. baidu. com/view/4033709. htm.

[226] 社会化商业 [EB/OL]. [2014 – 10 – 01]. http: //baike. baidu. com/view/4545837. htm.

[227] 石伟杰, 徐雅斌. 微博用户兴趣发现研究 [J]. 现代图书情报技术, 2015, 01: 52 – 58.

[228] 司新霞, 余肖生. 基于加权关键词的用户兴趣模型的构建方法 [J]. 现代情报, 2012, 11: 10 – 13.

[229] 宋媛媛, 孙坦. 个性化推荐系统中的用户模型问题 [J]. 图书馆杂志, 2004, 12: 53 – 56.

[230] 宋真真, 王浩, 杨静. 协同过滤技术在个性化推荐中的运用 [J]. 合肥工业大学学报 (自然科学版), 2008, 07: 1059 – 1062.

[231] 孙国豪. 社交网络中基于信任的推荐系统 [D]. 苏州大学, 2015.

[232] 唐晓波, 张昭. 基于混合图的在线社交网络个性化推荐系统研究 [J]. 情报理论与实践, 2013, 02: 91 – 95.

[233] 田保军, 张超, 苏依拉, 刘利民. 基于 Hadoop 的改进协同

过滤算法研究 [J]. 内蒙古农业大学学报（自然科学版），2015，01：132-138.

[234] 田超，朱青，覃左言，李鹏. 基于评论分析的查询服务推荐排序 [J]. 小型微型计算机系统，2011，09：1740-1746.

[235] 田莹颖. 基于社会化标签系统的个性化信息推荐探讨 [J]. 图书情报工作，2010，54（1）：50-54.

[236] 田雨晴. 社会化电子商务研究综述 [J]. 北京邮电大学学报（社会科学版），2013，15（4）：32-39.

[237] 王国霞，刘贺平，李擎. 基于万有引力的个性化推荐算法 [J]. 工程科学学报，2015，02：255-259.

[238] 王茜，钱力. 大数据环境下电子商务个性化推荐服务发展动向探析 [J]. 商业研究，2014，08：150-154.

[239] 王全民，王莉，曹建奇. 基于评论挖掘的改进的协同过滤推荐算法 [J]. 计算机技术与发展，2015（10）：24-28.

[240] 王伟军，宋梅青. 一种面向用户偏好定向挖掘的协同过滤个性化推荐算法 [J]. 现代图书情报技术，2014，06：25-32.

[241] 王勋，凌云，费玉莲，等. 基于 Web 日志和缓存数据挖掘的个性化推荐系统 [J]. 情报学报，2005，24（3）：324-328.

[242] 危世民，戴牡红. 多 Agent 协同的电子商务推荐系统模型 [J]. 计算机应用，2014，04：1118-1121.

[243] 吴昊. 基于数据挖掘的个性化推荐 [J]. 河南师范大学学报（自然科学版），2013，03：167-170.

[244] 吴慧，卞艺杰，赵占吉，等. 基于信任的协同过滤算法 [J]. 计算机系统应用，2014（7）：131-135.

[245] 邢星. 社交网络个性化推荐方法研究 [D]. 大连海事大学，2013：58-79.

[246] 邢哲，梁竞帆，朱青. 多维度自适应的协同过滤推荐算法 [J]. 小型微型计算机系统，2011，11：2210-2216.

［247］熊忠阳，刘明，王勇，等．Markov 逻辑网在基于信任的推荐系统中的应用［J］．计算机工程与应用，2012（23）：81－84．

［248］宣照国，苗静，党延忠，等．基于扩展邻居的协同过滤算法［J］．情报学报，2010，29（3）：443－448．

［249］闫艳，王锁柱．基于多 Agent 的电子商务个性化推荐系统模型研究［J］．情报杂志，2007，05：59－61．

［250］严隽薇，黄勋，刘敏，朱延波，倪亥彬．基于本体用户兴趣模型的个性化推荐算法［J］．计算机集成制造系统，2010，12：2757－2762．

［251］杨朝中．物品分享与推荐系统服务端设计与实现［D］．南京大学，2012．

［252］杨丹，曹俊．基于 Web 2.0 的社会性标签推荐系统［J］．重庆工学院学报：自然科学版，2008（7）：52－53．

［253］叶航．西方经济学效用范式批判［J］．经济学家，2003（1）：1－5．

［254］于洪，李俊华．结合社交与标签信息的协同过滤推荐算法［J］．小型微型计算机系统，2013，34（11）：2467－2471．

［255］俞琰，邱广华．用户兴趣变化感知的重启动随机游走推荐算法研究［J］．现代图书情报技术，2012，04：48－53．

［256］袁金凤．基于信任扩散机制的推荐系统研究［D］．西南大学，2014．

［257］原福永，蔡红蕾．一种在信任网络中随机游走的推荐算法［J］．现代图书情报技术，2014（10）：70－75．

［258］岳训，苗良，巩君华，岳荣．基于矩阵聚类的电子商务网站个性化推荐系统［J］．小型微型计算机系统，2003，11：1922－1926．

［259］张付志，刘赛，李忠华，等．融合用户评论和环境信息的协同过滤推荐算法［J］．小型微型计算机系统，2014，35（2）：228－232．

［260］张洪．社会化商务环境下顾客交互行为研究［D］．华中科技

大学，2014.

　[261] 张家龙. 亚里士多德对"偏好"如是说 [J]. 逻辑学研究，2008，1：99-107.

　[262] 张亚明，刘海鸥. 面向云环境的移动信息服务情景化协同过滤推荐 [J]. 情报学报，2014，33（5）：508-519.

　[263] 章诗杰，姚俭平. 基于评论挖掘的新协同过滤推荐模型 [J]. 科技创新与生产力，2013（3）：52-54.

　[264] 赵玲，鲁耀斌，邓朝华. 虚拟社区信任与社区成员购买行为研究 [J]. 工业工程与管理，2009，14（3）：105-111.

　[265] 赵伟，李俊锋，韩英，张红涛. Hadoop 云平台下的基于用户协同过滤算法研究 [J]. 计算机测量与控制，2015，06：2082-2085.

　[266] 赵艳，王亚民. P2P 环境下基于社会化标签的个性化推荐模型研究 [J]. 现代图书情报技术，2014，05：50-57.

　[267] 周超，李博. 一种基于用户信任网络的推荐方法 [J]. 北京邮电大学学报，2014，04：98-102.

　[268] 周林轲. 电子商务中基于信任的推荐算法研究 [D]. 湖南大学，2011.

　[269] 朱清香，侯会茹，刘晶，戴培森，晏霄. 基于矩阵多源加权关联规则在个性化推荐中的应用 [J]. 科技管理研究，2015，01：183-187.

　[270] 朱玉如. 基于社会化电子商务网站的口碑传播研究 [D]. 湖南大学，2014.

　[271] 宗乾进. 国外社会化电子商务研究综述 [J]. 情报杂志，2013，32（10）：118-121.

后　　记

　　本书是在本人博士论文的基础上修改得来，本书的出版仰仗了很多老师的悉心教导，有太多的人需要感谢。

　　首先需要感谢的是我的博士恩师，武汉大学信息管理学院的唐晓波教授。关注社会化电子商务推荐问题受唐老师的国家自然科学基金项目"社会化媒体集成检索与语义分析方法研究"中的子课题"基于社会化媒体的用户需求发现研究"的启发。原本专注于用户需求获取的研究，关于此主题本人在《情报学报》《情报杂志》等学术期刊上发表了相关成果。随着研究的深入，经过与唐老师反复讨论，最后一致认为用户需求研究不应该是研究的终结，需要应用支撑，结合导师课题和自己的教学领域，确定了"社会化电子商务推荐模型研究"作为博士论文的选题。写作过程中唐老师多次耐心地帮我梳理研究思路，从论文选题、实验、行文到修稿都细心指导，直至论文定稿。恩师不断地用那温文尔雅的话语鼓励着我不畏艰难、勇往直前，引导着我如何进行研究，教导我做人做事的道理和应有的姿态。恩师那渊博的学识、敏锐的洞察力和严谨的治学态度，深深打动并影响着我，他的言传身教使我深刻领悟到对待科研要严谨深究，对待学生要耐心温和，让我终身受益。感激之情言表苍白，先生之恩永记心间！

　　其次要感谢的是指导过我博士论文的所有老师，首先是武汉大学人文社科资深教授马费成老师，在对本书的点评中，他细心指出后续研究的方向，使我在以后的研究中目标更明确，少走弯路。还要感谢的是武汉大学信息管理学院的胡昌平教授，胡老师对我的论文提出了很多宝贵的意见，强调信息服务要以用户需求为中心，对我的博士论文很有启发。还有要感谢的老师有武汉大学信息管理学院的陆伟教授、查先进教授、邓仲华教授、邓胜利副教授，他们给了我博士论文写作上非常中肯和宝贵的意见，谢谢他们！

最后感谢我的家人，感谢母亲无微不至地照顾孩子和我们的生活，了去了我的后顾之忧。感谢老公长期以来的包容和鼓励，也谢谢他的陪伴以及为家庭更多的付出！

本书的顺利出版获得了"东华理工大学学术专著出版基金"的资助，作为东华理工大学教师中的一员，特别感谢学校的大力支持！也得到了经济科学出版社李雪编辑的鼎力帮助，感谢李老师！此外，本书参考了国内外大量的研究成果，在此向所有被引用和参考过的文献作者们表示衷心的感谢！由于作者水平有限，文中难免有不足和疏漏，望各位读者批评指正！

涂海丽

2018 年 4 月